トレーニングの基礎と栄養管理の実践

編著
岩田　純

著
川俣　幸一
古泉　佳代
鈴木　省三
清野　隼
平良　拓也
津吉　哲士

アイ・ケイ コーポレーション

はしがき

健康の維持・増進には適度な身体活動や栄養が必要である。競技スポーツにおいては競技種目に応じた体づくりのためのトレーニングや栄養摂取が不可欠である。さらにパフォーマンスの向上には，トレーニングの質や量に合った栄養摂取の内容や量，タイミングが重要となる。

スポーツ栄養学は健康維持や体力向上を目的に運動する人や，競技力向上を目指すアスリートが様々なスポーツや運動の場面における必要な栄養学的理論・知識・スキルを体系化した応用的学問であるといえる。スポーツ栄養学を学ぶにあたっては，栄養学や運動生理学に加えてトレーニングやスポーツ種目の競技特性などについても理解しておくことが必要となる。

管理栄養士・栄養士養成校のカリキュラムにおいては，栄養学や調理，給食に関する知識や技能を身につける時間が多く確保されているのに対して，スポーツ栄養の実践に必要となるトレーニングや競技特性などのスポーツに関する知識の習得が十分でないことが多い。スポーツ現場において管理栄養士や栄養士が，監督やコーチ，トレーナーなどのスタッフと信頼関係を構築したうえで密に連携するためにはそれらの知識は不可欠である。一方で，体育・スポーツ系大学や専門学校のカリキュラムにおいて栄養関連の講義はスポーツ栄養学のみが開設されていることが多く，栄養学の基礎的な知識をもたないままスポーツ栄養学を受講することになる。そのため，前半部分に栄養学の基礎的な内容を入れながら授業を進めることになるが，実践的な内容に関心が高い学生の学習意欲を低下させない工夫が必要となる。先に実践的内容から入った場合でもそれらを理解するためには基礎的な知識を確認しなくてはならない場面が必ず出てくる。

そこで，本書では体育・スポーツ系大学や専門学校の学生が栄養学の基礎的な理論を学習できるようにしつつ，スポーツ場面における実践的内容へのつながりが理解しやすいように配慮した。また，管理栄養士・栄養士養成校などのスポーツに関する知識の習得が十分でない学生においても，トレーニングの基本的な知識を習得できるようにし，全ての学生においてスポーツと栄養・食事の関連性について専門的に学ぶことができるように構成した。

基礎編 では，1章でトレーニングの原則からプログラム作成のための戦略に至る基礎知識を，2章で栄養の基礎的な内容をはじめ各栄養素の役割を具体的に説明し，トレーニングとの関連を加えて学べるようにした。

実践編 では，3章でスポーツ栄養マネジメントによる栄養管理の流れについて説明し，4～6章でアセスメントとなる身体組成，エネルギー消費量，食事摂取状況の評価を，そして7～12章では様々なスポーツ場面や状況における具体的な栄養管理の実践につながる内容を盛り込んだ。

本書を将来，管理栄養士や栄養士として，あるいはスポーツ分野で指導者として活躍される方に活用していただければ幸いである。

最後に著者の先生方には，ご多忙にもかかわらず快く執筆をお引き受けくださり，貴重なお時間を割いていただきました。また本書の構成等に関し，細部行き違いが生じないよう確認のため通読していただいた平良拓也氏，編集および編集に関するアドバイスなど多大なるご尽力をいただいた株式会社 アイ・ケイコーポレーション社長 森田富子氏，編集部の信太ユカリ氏にこの場をお借りしてお礼申し上げます。

2022年11月

編著者　岩田　純

目　次

基礎編

1章　トレーニングについての基礎知識　鈴木省三

SECTION 1　トレーニングの概念・原則

1　トレーニングとは……2

2　トレーニングの原則……3

SECTION 2　トレーニング期分け

1　期分けの概要……4

(1)ピリオダイゼーション　4
(2)期分けの定義と特徴　4
(3)Matveyev モデル　5

2　トレーニング期分けに関わる重要な用語……6

SECTION 3　トレーニング計画の基礎理論

(1)汎適応症候群　7
(2)超回復理論　8
(3)フィットネス - 疲労モデル　9

SECTION 4　スポーツ分析

1　パフォーマンスの特異性……11

(1)主要なエネルギー源の要素とパフォーマンスの関連　11
(2)技術と体力の割合，技術要素とパフォーマンスの関連　12
(3)大会数　12
(4)体力要素とパフォーマンス　12

2　持久力の分類と筋力・スピードに関する用語……12

トライ：スポーツ種目のパフォーマンスの特異性について，下記の項目をもとに明らかにしよう。　13

SECTION　5 トレーニングプログラムを作成するための戦略

1　トレーニングプログラムの作成……15

(1)長期および短期の試合目標　15
(2)選手の発達段階　15
(3)生理的発達とトレーニング状況　18
(4)試合における要求　18
(5)トレーニングを制限する環境　18
(6)選手をとりまく環境　18
(7)選手の個性　19

トライ：スポーツ種目の年間トレーニングプログラムを，水泳競技およびスピードスケート競技の実例を参考にして作成しよう。　19

2　トレーニング期分けの実例……20

2章　スポーツ栄養についての基礎知識　川俣幸一

SECTION 1　栄養の概念

1　栄養の定義……22
(1)太陽と地球という大きな視点から考える　22
(2)エネルギーを物質化できる生命の存在　22
(3)太陽系に暮らす私たち動物にとっての栄養の定義　23
(4)人間社会が成熟した現在　23

2　栄養素とトレーニングにおける栄養の役割……24

SECTION 2　運動時のエネルギー源

1　糖　質……25
(1)糖質とは　25
(2)糖質はエネルギー源となる　25
(3)糖質の代謝　26
(4)効果的な糖質摂取の戦略　27

2　脂　質……29
(1)脂質とは　29
(2)脂質はエネルギー源となる　30
(3)脂質の代謝　31
(4)効果的な脂質摂取の戦略　31

3　エネルギー代謝……32
(1)エネルギー供給機構　32
(2)エネルギー供給に必要な基質　33
(3)エネルギー効率　34

SECTION 3　身体づくりとたんぱく質

1　たんぱく質……36
(1)たんぱく質とは　36
(2)たんぱく質の役割　38
(3)たんぱく質の摂取量　38
(4)効果的なたんぱく質摂取の戦略　39

SECTION　4　ビタミン，ミネラル

1　ビタミン……41
(1)ビタミンとは　41
(2)トレーニングとビタミン摂取　42

2　ミネラル……44
(1)ミネラルとは　44
(2)トレーニングとミネラル摂取　46

実践編

3章　スポーツ選手の栄養管理　岩田　純

SECTION 1　スポーツ栄養マネジメント

1　スポーツ栄養マネジメントとは……48

2　スポーツ栄養マネジメントの活用方法……48
(1)マネジメントの目的および期間　49
(2)スクリーニング　50
(3)個人サポート　50
(4)マネジメント評価　50

SECTION2　スポーツ栄養マネジメントの実践例

(1)目的と期間およびスクリーニング　52
(2)個人サポート　52
(3)マネジメント評価　53

4章　身体組成と測定方法

古泉佳代

SECTION 1　アスリートと体格と身体組成の評価

1　BMIによる体格の評価……54

(1)BMIを用いた体重の評価方法　54
(2)BMIを用いたアスリートの体格の評価　55

2　身体組成の評価……55

(1)５段階の人体モデルによる身体組成の区分　55
(2)２組成モデルによる区分　56
(3)アスリートの身体組成の評価　56

SECTION 2　身体組成の測定方法

1　体密度法……58

(1)水中体重秤量法　58
(2)空気置換法　59

2　皮脂厚法……59

(1)キャリパーによる測定部位　60
(2)計算式　60

3　DEXA法……60

4　生体電気インピーダンス法……61

5章　エネルギー消費量

平良拓也

SECTION 1　エネルギー消費量の定義と構成

1　エネルギー消費量とは……62

2　基礎代謝量……64

3　食事誘発性体熱産生……64

食事誘発性体熱産生の構成　65

4　活動代謝量……65

(1)身体活動の強度と量を表す指標　65
(2)身体活動基準　66
(3)エネルギー消費量の亢進　66

SECTION 2　エネルギー消費量の測定

1　測定法の種類……68

(1)直接法　68
(2)間接法　68
(3)推定法　72

トライ：一日のエネルギー消費量を推定してみよう。　73

(4)生活活動記録に基づく要因加算法　75

トライ：運動や身体活動などの生活活動記録表を作成してみよう。　76

6章　食事摂取状況の調査

SECTION　1　食事状況の調査　平良拓也

1　食事状況の調査……78

(1)食物摂取頻度調査法　80
(2)24時間思い出し法　81
(3)食事記録法　81

トライ：秤量記録法を使って，食事記録表を作成してみよう。　82
トライ：目安量記録法を使って，食事調査をしてみよう。　83

2　食品成分表を用いて，栄養価計算をする際の注意点……84

サプリメントの取り扱い　84

SECTION 2　食事バランスガイドを用いた評価　岩田　純

1　食事バランスガイドの特徴……86
2　食事バランスガイドの使い方……86

(1) 5つの料理区分と基準　86
(2) 1日分の目安量　87

3　食事バランスガイドを活用した毎日のセルフコンディショニング……87

(1)セルフコンディショニングの方法　87
(2)セルフコンディショニングの事例　88
(3)データの活用と注意事項　89

7章　トレーニング期分けに応じた栄養計画と日誌を活用したセルフコンディショニング

SECTION 1 トレーニング期分けに応じた栄養計画　岩田　純

1　トレーニング期分けに応じた栄養管理のポイント……90
2　年間トレーニングプログラムに合わせた栄養計画の立案……90

(1)目標設定の方法　90
(2)年間トレーニングプログラムに合わせた栄養計画　91

SECTION 2 日誌を活用したセルフコンディショニング

1　栄養コンディショニング日誌の記入方法……94

(1)コンディションの項目　94
(2)トレーニングの項目　94

2　栄養コンディショニング日誌の活用方法……95

(1)日誌の記録方法　95
(2)データの共有　95
(3)フィードバック　95

8章　体重調節と食事　清野　隼

SECTION 1　エネルギー収支のバランスと体重増減

1　エネルギー収支とは……98
2　エネルギー収支に影響を及ぼす要因……98
3　エネルギー収支を理解するためのアセスメント……99
4　体重増減の基本的な考え方……100

SECTION 2　増　量

1　増量の理論……101
2　増量のための食事……101

SECTION 3　減　量
1　減量の理論……103
2　試合に向けた減量の戦略と危険性……103
3　減量のための食事……105

9章　試合期の食事　清野　隼
SECTION 1　試合前に注意すべきこと
1　安全性と体調管理……108
(1)試合前の食中毒対策　108
(2)腸内環境の調整と対策　109
(3)腸内細菌叢　109
2　グリコーゲンローディング……110
SECTION 2　試合当日の食事
1　試合のスケジュールや食環境の把握……112
2　食事や捕食の摂取タイミングと内容(試合前・中・後)……112
(1)試合当日の補給の考え方　112
(2)試合当日の具体的な摂取タイミングと内容　112

10章　運動時の体温調節と水分補給　津吉哲士
SECTION 1　体内での水分の役割
1　水分の体内分布……116
(1)細胞内液　116
(2)細胞外液　116
(3)電解質の組成　117
2　水分出納バランス……117
(1)体内に供給される水分(供給量)　117
(2)体外へ排出される水分(排出量)　117
3　水分の役割と体温調節……118
(1)水分の役割　118
(2)体温調節反応　118
(3)体温調節の仕組み　119
SECTION 2　熱中症とその予防
1　熱中症の分類と発生の原因……120
(1)Ⅰ度(軽度)　120
(2)Ⅱ度(中等度)　121
(3)Ⅲ度(重度)　121
2　熱中症の予防……121
(1)湿球黒球温度　121
(2)暑熱順化　122
(3)身体冷却　122
SECTION 3　運動時の水分補給
1　目安量と摂取タイミング……124
(1)目安量　124
(2)摂取タイミング　125
2　スポーツドリンクの組成……126
(1)浸透圧　126
(2)アイソトニック飲料とハイポトニック飲料　126

11章　サプリメント

清野　隼

SECTION 1　サプリメントとは

1 医薬品と食品の分類……128

2 サプリメントの分類……128

(1)わが国におけるサプリメントの分類　128
(2)国際オリンピック委員会(IOC)が示すサプリメントの分類　129

3 サプリメントの活用……130

SECTION 2　サプリメントとドーピング

(1)ドーピングに関する社会的動向　131
(2)ドーピングから選手を守るために　132
(3)安心・安全・信頼できるサプリメントを活用するために　132

12章　健康維持と食事

SECTION 1　女性アスリートの三主徴　古泉佳代

(1)利用可能エネルギー不足　134
(2)月経異常　135
(3)低骨密度　135

SECTION 2　アスリートの健康問題　古泉佳代

1 貧血と鉄……136

(1)貧　血　136
(2)機能鉄と貯蔵鉄　136
(3)ヘム鉄と非ヘム鉄　137

2 骨障害……137

(1)骨密度に影響を及ぼす因子　137
(2)アスリートの骨障害　138
(3)カルシウムおよびビタミンDの摂取　138

3 摂食障害……140

(1)摂食障害の定義　140
(2)アスリートの摂食障害　140

SSECTION 3　喫煙による運動能力・栄養摂取への影響　岩田　純

1 たばこと健康に関する情報……141

(1)たばこの煙　141
(2)たばこの依存性　142

2 喫煙と運動能力・栄養摂取への影響……142

(1)喫煙による運動能力への影響　142
(2)ビタミンCの必要量　142

索　引……144

執筆者紹介

編著者

岩田　純（いわた　じゅん）

仙台大学体育学部スポーツ栄養学科　准教授

管理栄養士／公認スポーツ栄養士／健康運動指導士／公認スキー準指導員

静岡県立大学食品栄養科学部栄養学科卒業

1998年より病院で管理栄養士として勤務したのち，2003年より仙台大学体育学部運動栄養学科助手

2007年仙台大学大学院スポーツ科学研究科修士課程修了

2016年より現職

主要図書

「スポーツを楽しむための栄養・食事計画—理論と実践—」（共著）光生館

分担執筆者

川俣　幸一（かわまた　こういち）　東北生活文化大学家政学部家政学科　教授

古泉　佳代（こいずみ　かよ）　日本女子体育大学体育学部スポーツ科学科　准教授

鈴木　省三（すずき　しょうぞう）　元仙台大学体育学部体育学科　教授

清野　隼（せいの　じゅん）　筑波大学 体育系／スマートウエルネスシティ政策開発研究センター　助教

平良　拓也（たいら　たくや）　仙台大学体育学部スポーツ栄養学科　准教授

津吉　哲士（つよし　さとし）　大阪国際大学人間科学部スポーツ行動学科　准教授

（五十音順）

1章　トレーニングについての基礎知識

SECTION 1　トレーニングの概念・原則

1　トレーニングとは

一般的に運動刺激に対するからだの適応性を利用し，これを繰り返すことによって，身体能力や体力の向上を図るための行為であると考えられる。しかし，トレーニングだけ実践すれば，目的とする身体能力や体力が増強するということではなく，栄養と休養の科学的な裏づけがあってこそ，トレーニング効果を高めることができる。

図1-1にトレーニング量と栄養・休養の関係を示した(超回復サイクル)。私たちのからだは，トレーニング刺激(トレーニング量：強度 × 時間)に応じて，最初にマイナスの適応(疲労)が生じる。この適応に影響を及ぼすものが ①運動強度，②持続時間，③頻度 の3条件である。この中でトレーニング効果に最も影響を及ぼすのは運動強度であり，筋力トレーニングにおける重量負荷の大きさやランニング速度などが挙げられる。その後，疲労した身体に超回復が生じるまでの回復時間は，いつ，どこで，何を，どのようにして栄養と休養をとるかによって変わってくる。

これらのことから，専門的知識を必要とする栄養士などがスポーツ選手の競技力向上をサポートするためには，トレーニング効果を最大限高めるための基礎的知識と，自らのトレーニング体験を通した経験知が必要となる。

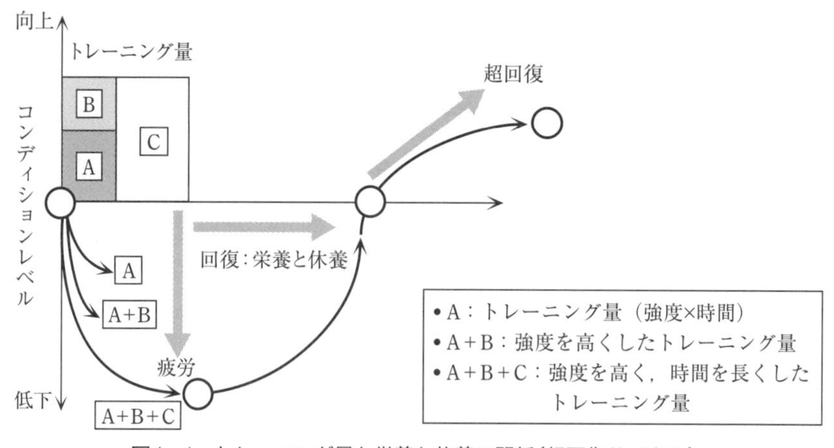

図1－1　トレーニング量と栄養と休養の関係(超回復サイクル)

2 トレーニングの原則

トレーニングは，からだを動かすことで身体能力や体力を鍛えるものであるが，からだがどういう仕組みかを理解しなければ効果を上げることはできない。次に述べるトレーニングの原則を理解し応用できることが，個人の特性や能力に合わせたトレーニングプログラムを作成するうえで重要となる。

① 全面性の原則

スポーツパフォーマンスは，選手の体力，技術水準によって大きく影響を受ける。トレーニングは，上半身だけ，または下半身だけというような片寄った内容ではなく，いわゆる有酸素性能力・筋力・柔軟性などの体力要素をバランスよく高めたからだづくりが必要である。

② 個別性の原則

人の顔や形態が一人ひとり違うように，体力や技術水準も人によってすべて異なる。トレーニングの実施内容は，個々の性別，年齢，体力，技術水準などを十分に分析・評価したうえで実施することが必要である。

③ 過負荷の原則

体力や技術を高めるには，トレーニングで用いられる3条件(強度・時間・頻度)が，日常のトレーニングで発揮される水準以上の負荷でなければ十分な効果が期待できない。負荷を上げずにトレーニングを継続すると，からだがその負荷に慣れてきて，徐々に効果がうすれる。

④ 漸進性の原則

トレーニングは個人の身体能力に応じて行うことが重要である。個人の身体能力に対して，トレーニング刺激が低すぎると効果は期待できず，また高すぎるとオーバートレーニングの原因ともなる。よって，トレーニングの実施内容は，単純から複雑，低強度から高強度へとトレーニングの質や量を少しずつ増加して行うことが必要である。

⑤ 反復性の原則

トレーニングは1回実施したからといって，すぐに効果がでるものではない。何回も繰り返し行うことで，体力や技術が身についてくるため，ある期間継続して行わなければ効果は出ない。したがって，トレーニング効果は，適度な間隔で反復することによって，体力・技術面において神経回路の形成，器官の適応，そして機能の増大という現象が現れる。

⑥ 意識性の原則

トレーニングは，実施する目的や効果を理解したうえで，どのような意図でトレーニングをしているのかをしっかり認識して行う必要がある。

⑦ 特異性の原則

トレーニング内容に適応して効果が現れるという原則である。目的とする体力要素を向上させるためには，その目的に合ったトレーニング内容にしなければならない。したがって，トレーニング内容は，スポーツパフォーマンスの発揮に直接関与する筋群や呼吸循環系を，実際の動作に近い運動様式で実施させるのが最も効果的となる。

SECTION 2　トレーニング期分け

1　期分けの概要

トレーニングの最終目的は，目標とする競技会において最高の競技力を発揮することであり，年間，あるいは複数年にわたりトレーニングや競技力向上の戦略を高度化させることが必要となる。多くの実例は各スポーツ種目の中でみることが可能であり，常に最高の競技力をもつ選手が勝利をおさめるのではなく，決められた時間で最高の準備をした選手が勝利をおさめるといえよう。

(1)　ピリオダイゼーション

1960年代にMatveyev*が考案したトレーニング期分け(ピリオダイゼーション)は，陸上競技，水泳，ウエイトリフィティングなどにおいて，高い能力をもつ数千人の選手を対象に競技力を分析することで，達成すべき競技力の目標や数シーズンにわたる競技力の変動パターンを客観的に明らかにした。これらの変動パターンは，最高の競技力は，選手個々のトレーニング量，および強度に追従しながら発揮されることを示している。

* Matveyev：レオニード・マトヴェーエフ(Leonid Matveyev)は，トレーニングピリオダイゼーションについて初めて執筆した人物である。Matveyevモデルの特徴は，試合期が近づくにつれて，徐々に高強度に移行し，トレーニング量を減らしていくというものである。1960年代から現在に至るまで最もよく認知されている。

(2)　期分けの定義と特徴

期分けは，トレーニングスケジュールを組織化し，試合期の特別な日に向けて選手の競技力を最高水準まで高めていく過程と定義づけられている(Dick, 1980)。競技力の水準を高めていく過程は，定期的なトレーニング周期を連続的にプログラムに組み込むことであり，その周期はトレーニング量と同様に，目的とされるトレーニング種目や内容の変化によって特徴づけられる。年間に実施するトレーニングの複雑さは，スポーツによって異なり，プレーオフで最高のパフォーマンスを発揮する必要がある種目では，長期の試合期が含まれる(ホッケー，フットボールなど)。陸上や水泳競技では，日本代表を選出するための選考会が指定されており，最高の競技力を要求される試合が明確になっている。一方，バレーボールやバスケットボールは，最高の競技力を発揮する試合にトーナメントがある。したがって，トーナメントの組み合わせに応じて，競技力を最高水準に高める試合を最初に確認することが原則となる。

さらにスポーツ種目により，単一の試合期，あるいは複数の試合期からなるスポーツ(年1回以上のピークをつくる)かのどちらか一方に特徴づけられる。その計画のポイントをみると，多くのコーチは1年間(1回のピーク)の計画を立案するが，最終的な目標がオリンピックや世界選手権であれば，2〜4年間の周期でトレーニング計画を作成することになる。

(3) Matveyev モデル

Matveyev によって発展した期分けの古典的なモデルは，単一あるいは複数の試合期のどちらか一方を基本として，多くのスポーツで用いられている。そして，それぞれのトレーニングサイクルには，試合への準備と回復段階が含まれている(図1-1参照)。

単一の期分けからなるスポーツのための年間トレーニング計画は，休息期から始まる。この期間の目的は，次シーズンの準備として前シーズンの試合期後に，選手の精神的・肉体的回復を図ることである(Pedemonte 1983)。さらに休息期後，強いトレーニング負荷をかける前の予備的な練習として，一般的トレーニングを専門的準備期前に実行する。したがって，これらの期間は一般的・専門的準備段階として選定される。試合期の主要な目的は，コンディショニングや試合において必要となる体力や技術を維持・向上させるためのトレーニングを巧妙に配列しながら競技力を向上させることである。選手のコンディションレベルは，試合期であっても体力レベルを維持することが必要となる。目的とする試合に向けたパフォーマンスの向上は，一般的にトレーニング量を減少することによって達成される。

① 休息期

トレーニング期分けでは，すべての選手の休息期間を設定しなければならない。休息期は1〜6週間であり，主要な試合におけるピーク後に必要となる。休息期は選手がもっている体力や専門的技術を失わせるのではなく，リラクゼーション後に心理的回復がなされ，次段階においてより高いレベルでトレーニングすることを可能とする。また障害などからの機能回復は，この期間に成し遂げることが必要である。

② 準備期

準備期は重要な試合に向けて競技力を高めていく期間と考えられている。選手の体力や技術の向上は，パフォーマンスの特異性に応じて準備期に改善される。準備期は，一般的準備期*と専門的準備期*があり，この2つの段階を分離しないことは重要である。

例えば一般的準備期の間，技術が発達していない状態で多くの時間を筋力トレーニングに費やすことは有益ではないと報告されている。筋力トレーニングとパフォーマンスの特異的な動作を切り離すことは，スポーツにおける競技力の改善につながらないことも同様である(Pedemonte 1983)。加えて準備期の間，強度を制限して多くのトレーニング量をこなすことは技術の改善を妨げる。それゆえに技術練習を行うとき，試合中と同様な強度でトレーニングを行うことが重要となる。

選手のトレーニングへの関心を維持する目的で競技会に参加することは，試合期だけではなく，準備期後期においても奨励される(Schmolinsky 1978)。また競技力の評価は選手とコーチにとって重要であり，準備期後半や試合期前半におけるトレーニングの過程で試合に出ることは選手にとって有益であるが，通常の高いトレーニング量を継続しながらの出場となる。

＊一般的準備期：基礎的な体力や身体機能の改善や向上を図る期間
＊専門的準備期：競技種目の特異性に準じて，できる限り実際の競技動作に近づけた身体機能の改善や向上を図る期間

③ 試合期

試合期の目的は，準備期で得た競技的状態を維持しながら，主要な競技会に最高のコンディションで出場し，競技力を発揮させることである。試合期における競技期間は，スポーツ種目によって変わる。陸上や水泳競技などのスポーツ種目では，一つの重要な競技会にトレーニングの焦点を合わせるが，他の種目においては1週間，あるいは2週間にわたり試合期間が継続することもある。選手は重要な試合前に，多くの競技会に参加しなければならない。さらに，チームスポーツの試合期は1か月，あるいはそれ以上継続することから，この段階におけるトレーニング方法はかなり多様に変化させる。試合前の数週間に多くのトレーニング量や高強度でトレーニングを継続することは，高いレベルでの競技力の維持が困難になることが示されている。

試合はすべて主要なものというわけではなく，きわめて重要な試合のためのウォーミングアップとして用いられる。試合は通常のトレーニング環境では得ることができない専門的強度でのトレーニングとなり，高い強度やプレッシャーのもとに技術練習ができる機会でもある。選手が最高レベルの競技力を維持できる期間は変わりやすく，選手の年齢や経験年数，準備段階におけるトレーニングの質や量に大きく依存する。試合期における高強度の身体的・精神的ストレスからの回復は，トレーニングの期分けを行う段階において十分考慮しなければならない。

2 トレーニング期分けに関わる重要な用語

- **ピーキング**　試合期においてパフォーマンスを最高の水準まで高めていく特別な期間
- **トレーニング量**　トレーニングの強度，持続時間，頻度を組み合わせることによるトレーニングの総量
- **トレーニング強度**　一定時間における速度や重量，呼吸・循環系や代謝系の指標，技術の複雑さを表示したもの。
- **テーパーリング**　試合前にトレーニング量を減少させる期間
- **マクロサイクル**　トレーニング期分けの大周期(休息期，準備期，試合期)を示すものであり，複数のメゾサイクルで構成される。
- **メゾサイクル**　2〜6週間の特別なトレーニング目標をもったトレーニング期間であり，複数のミクロサイクルで構成される。
- **ミクロサイクル**　7日間までのトレーニング期間であり，トレーニング内容と強度・量に関する詳細な情報を含む。

SECTION 3　トレーニング計画の基礎理論

トレーニング計画とは，どのような理論を基盤として成り立っているのだろうか。この項では，Selyeが提唱した汎適応症候群(GAS)，Matveyevの超回復理論，そしてBannisterらのフィットネス-疲労モデルについて説明する。

(1)　汎適応症候群(General Adaptation Syndrome：GAS)

GASは，1956年にカナダの内分泌学者Selyeによって示された。Selye, H.は，ストレスを「外部環境からの刺激によって起こる非特異的反応」と考え，ストレッサー(原因)を「ストレスを引き起こす外部環境からの刺激」と定義した。さらに，ストレスによるからだの反応様式も，GASの3つの段階で反応が異なることを示した。

第1の反応は「警告段階(Alarm reaction)」で，ストレスにさらされたからだの生理的状態は低下する。それに続いて起こる第2の反応が「抵抗段階(Stage of resistance)」で，ここでプラスの適応が起こることにより，からだはホメオスタシスを回復し，さらに高い状態に達する可能性が生じる(超回復)。加わったストレスが，そのからだの適応能力を上回ったときには，「疲弊段階(Stage of exhaustion)」が起こる。これは，ストレスの程度が大きすぎたり，別のストレッサーがさらに加わったりすると起こる。これらの反応はすべてのストレッサーに対して共通とみられ，ストレスの強度と継続時間によって，適応の大きさと時間が決まる(図1-2)。

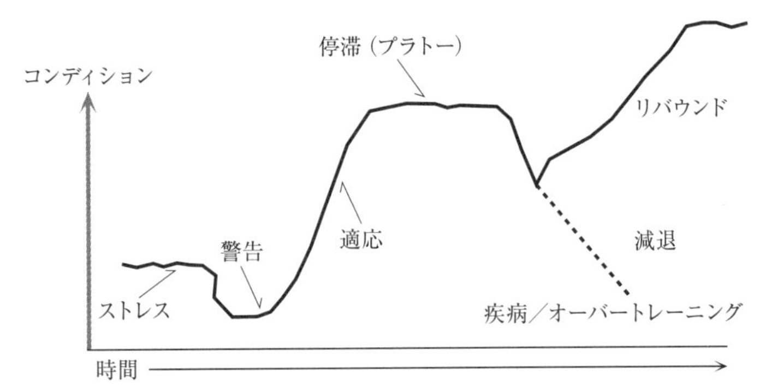

図1－2　SelyeのGAS理論をスポーツコンディショニング領域に適用した模式図

出典：Gregory(2004)

Garhammer(1979)*は，この理論をレジスタンストレーニングとコンディショニングのエクササイズに適用した。バーベルをより重い負荷で挙上した場合，最初のからだ反応は「警告段階」となり，数日か数週間続くことがある。この間に競技者は極度の筋肉痛を起

＊Garhammer：ジョン・ガーハンマー：バイオメカニクスと運動学に多大な貢献をし，広く尊敬されている筋力トレーニング科学者。より高いパフォーマンスを望むアスリートにトレーニングとコンディショニングに関する情報を広めることにより学術的キャリアを捧げた人物である。

こしたり，筋肉の張りが強くなったりする。その結果，パフォーマンスは一時的に低下する。続いて起こる次の「抵抗段階」では，からだが刺激に適応し，正常な機能を取り戻す時期となる。競技者の身体では，パフォーマンスの向上につながる様々な生化学的，構造的，および物理的調節によって筋組織が適応する。

実際のトレーニング期分けでは，複数回のトレーニングを行い，「警告段階」，「抵抗段階」を繰り返すが，定期的に負荷量を減らすことで，「疲弊段階」を防ぐことができる。しかしGAS理論では，疲弊段階に達するとからだのあらゆる生理的機能は減衰状態となり，適応力が顕著に低下する。したがって，このような状況下で，なぜ競技者の筋力値が低下しないかなどの理由を説明できない矛盾が現場で生じている。

また，GASの基礎的理論は，ストレスに対する内分泌反応である。しかし，内分泌反応は運動の様式によって異なる。量的に多いトレーニングでは血液中のテストステロンが短期的に減少するが，高強度のトレーニング直後では増加する。また，トレーニング量が少なく，最大強度のトレーニングでは，成長ホルモンの反応に変化は起こらない。しかし一方で，血液中のホルモンの増減にかかわらず，パフォーマンスの短期的な低下は起こる。

これらのことを考慮すると，GASで述べられている刺激に対する生理的反応をスポーツ現場に適用する試みには，さらなる検討が必要である。

(2) 超回復理論

超回復理論(図1-3)は，1967年にMatveyevによって提案された。この理論は，選手のコンディションと競技力を改善する基礎となり，トレーニング刺激と疲労，回復の過程により説明されている。回復段階では，負荷に対しての適応がみられ，超回復の段階では初期レベル以上のコンディション水準に回復する。もし，十分な回復を待たずに新たな負荷が加えられたら，長期のストレス下に陥り，オーバーストレスさらにオーバートレーニングに移行する(図1-3(a))。したがって，トレーニングを適切に実行するタイミングは，超回復が最大限に生じるポイントで身体に次の負荷をかけることであり，この繰り返しがパフォーマンスを向上させる(図1-3(b))。

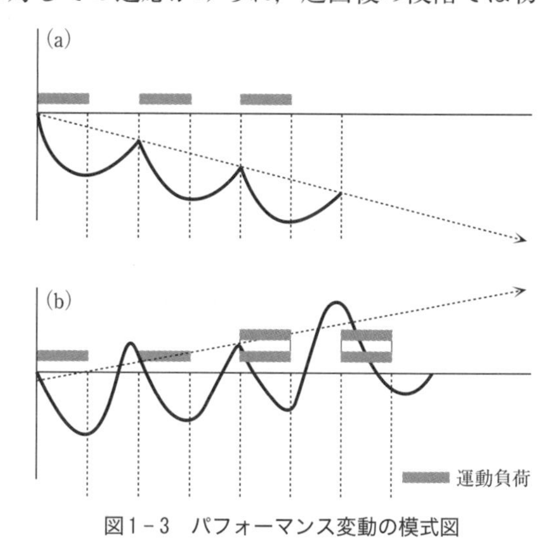

図1－3　パフォーマンス変動の模式図

(a)短すぎる回復期間(オーバートレーニング)
(b)適切な回復期間(パフォーマンス向上)
出典：Harre D, Principles of Sports Training, Sportverag, Berlin, G. D. R.(1982)

超回復を最大限活かすためのもう一つの重要な要素は時間である。各トレーニング期における運動と休息の割合や，ミクロサイクルやメゾサイクルの中に配列した大きい負荷に対する回復の割合は，適応過程において重要な決定因子になる。Harre(1982)は，各トレーニングの間隔が長すぎると超回復は減少し，その後のトレーニング負荷が施される前に初期のコンディションレベルに戻ることを示した。トレーニング刺激は，超回復が生じた早いタイミングにおいて配列すると，さらに効果的になる。しかし，これらの超回復曲線は，研究成果に基づく模式図であり，異なるトレーニング刺激に対して，いつ超回復が生じ，回復状態がいつまで続くのかについて予側できない現状がある。

表1－1　疲労困憊にいたる運動を行う場合の目安とすべき回復時間

回復過程	目安とすべき回復時間	
	最　短	最　長
ATPとPCの回復	2分	3分
非乳酸性酸素負債の返済	3分	5分
酸化ミオグロビンの回復	1分	2分
筋グリコーゲンの回復	10時間 5時間	46時間(継続的運動後) 24時間(断続的運動後)
筋と血液からの乳酸の除去	30分 1時間	1時間(動的回復) 2時間(静的回復)
乳酸性酸素負債の返済	30分	1時間

出典：Fox，朝比奈一男監訳：選手とコーチのためのスポーツ生理学(1982)

Fox(1982)は，数多くの実験結果から，疲労困憊にいたる運動を行った後の回復時間の目安を示した(表1-1)。トレーニング現場では，この表を参考として，エネルギー系のトレーニングと回復時間を把握し，プログラムが作成されているのが現状である。

(3)　フィットネス－疲労モデル

1976年，Bannisterらの研究グループは，従来のモデル(超回復理論)における問題点を解決し，ピークパフォーマンスの出現時期が予測可能な「フィットネス–疲労モデル」を発表した。このモデルは，競技者がトレーニングをしていない休息期のコンディションがベースラインとなり，その個人の総合的フィットネスを示している。トレーニング刺激は，コンディションにプラス(フィットネス)とマイナス(疲労)の影響を及ぼす2つの後効果をもたらす(図1-4)。

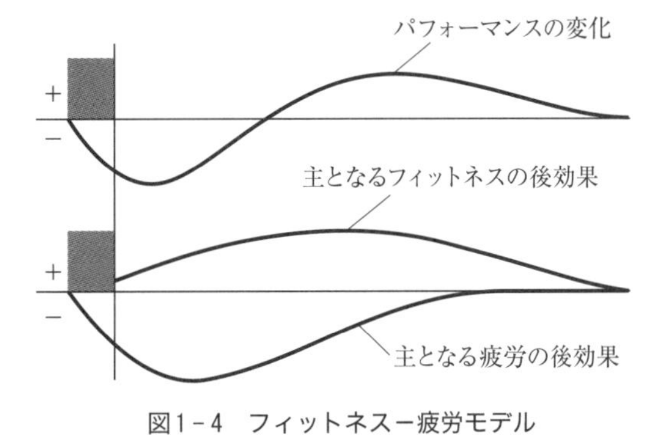

図1－4　フィットネス－疲労モデル

出典：Loren & Jacqe(2003)

総合的フィットネスの増減について，筋力・パワー系の選手は，筋の断面積や収縮タンパク質の組成，代謝酵素活性といった要素が関与する。一方，持久的種目の選手は，心肺持久系と筋の要素が関連し，最大酸素摂取量やミトコンドリア濃度，筋の毛細血管などが関与する。総合的フィットネスは，トレーニングの年数に応じて向上するため，トップレベルの選手は初心者に比べて高くなる。フィットネスの後効果はプラスの生理的反応で，マイナスの反応は疲労としてあらわれる。この相反する二つの相互関係が，トレーニング刺激後のコンディションの変化となる。ここで注目すべき点は，フィットネス－疲労モデルが，GAS や超回復理論に比べて，刺激と反応を経時的によく示すという点である。フィットネス－疲労モデルにおいて，プラスとマイナスの反応の差として示されるパフォーマンス変動は，GAS や超回復理論と一致する。しかし，フィットネス－疲労モデルでは，一つの反応ではなく2種類の後効果がある科学的根拠が示されている。

現在，このモデルを用いたトレーニング期分けを実践することにより，選手のオーバートレーニングを防止しながら，目的とした競技会で最高のパフォーマンスを発揮するための戦略を可能にしている。

Column　フィットネス - 疲労モデル理論のスポーツ現場での応用

フィットネス - 疲労モデルを用い，陸上日本代表選手を対象に作成した年間トレーニングの計画・実践・分析・評価の PDCA サイクルが現場の要請に対して有効に機能するか否かを RPE 数理モデルから算出されたパフォーマンス変動曲線と９試合の 400 m の大会記録との関係から検証した（下図）。その結果，フィットネス - 疲労モデルを用いたコンディション評価システムの運用は，トレーニングの強度，時間，頻度を組み合わせたパフォーマンス変動のシミュレーションが可能となり，オーバートレーニングの予防やねらった大会に向けたコンディショニングの戦略に有効であることが示された。このフィットネス - 疲労モデルを使用した選手が日本選手権 400 m で優勝，アテネ五輪陸上 1,600 m リレーで４位に入賞したことで，スポーツ現場に応用可能なことが示された。

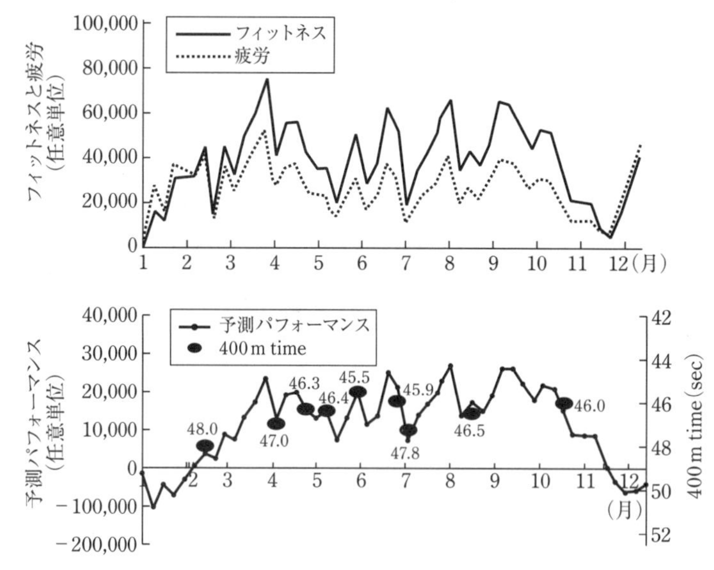

図１－５　RPE 数理モデルによるパフォーマンスの実測値と予測値の年間変動

出典：Suzuki, S., T, sato., A, Maeda., and Y, Takahashi.: Program Design Based on a Mathematical Model Using Rating of Perceived Exertion for an Elite Japanese Sprinter. J.Strength Cond.Res. 20（1）. p.36-42（2006）

SECTION 4　スポーツ分析

1　パフォーマンスの特異性

栄養士などの専門家がスポーツ選手の競技力向上をサポートする場合，そのスポーツ種目のパフォーマンスの特異性を理解しておくことが，選手のコンディショニングを考えるうえできわめて重要となる。具体的には，「そのスポーツの主要なエネルギー源がどのような経路で利用されているのか」，「試合時間は何分で，そのエネルギー源の使用は即時・断続的・連続的のいずれに該当するのか」などを分析することが必要となり，これらの分析を通してサポートするスポーツ選手に適切なアドバイスを与えることができる。パフォーマンスの特異性に関する分析項目を図1-6に示した。

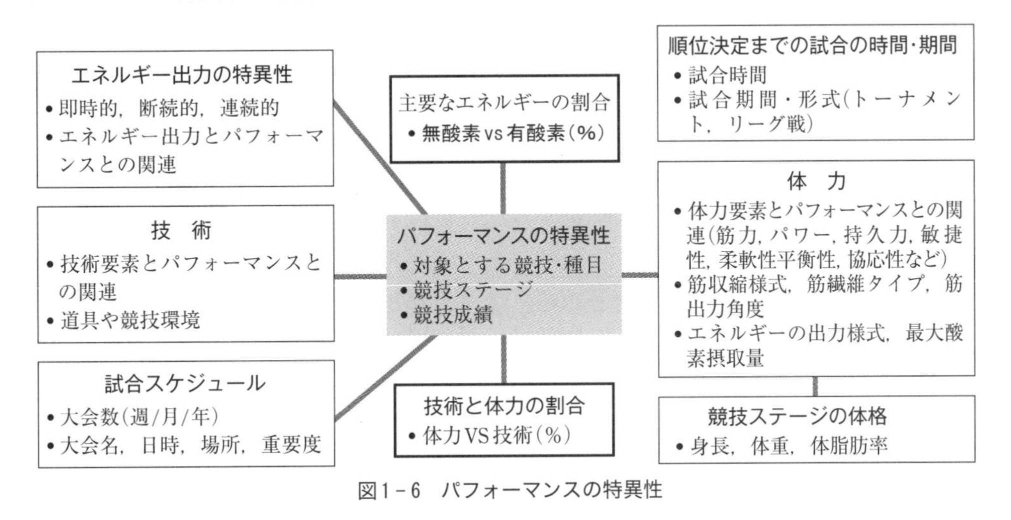

図1－6　パフォーマンスの特異性

（1）　主要なエネルギー源の要素とパフォーマンスの関連

分析するスポーツ種目で使われる無酸素，および有酸素のエネルギー源の割合や主要なエネルギー源が試合でどのように使われるかを明らかにする。例として，連続的（マラソン，ランニング，サイクリングなどのように競技が始まるとゴールするまでエネルギーを連続的に使用する），断続的（バレーボール，テニス，アイスホッケー，バスケットボールなどのように試合中に休息が入り，エネルギーを断続的に使用する），即時的（ウエイトリフティングや砲丸投げのように持続時間が5～10秒以下の種目で，エネルギーを即時的に使用する）のいずれに該当するのかを決定する。

スポーツの持続時間は，試合における時間とそれらスポーツの競技方式の関連を明らかにする（45分で10回の飛び込みを行うダイビング，試技台で1回の最大努力をするウエイトリフティング，トーナメントやリーグ方式の球技系など）。さらに，これらのエネルギー源がスポーツ種目のどのような姿勢や動作，リズムの中で発揮されるかを分析する。

(2) 技術と体力の割合，技術要素とパフォーマンスの関連

技術と体力の割合は，パフォーマンスを決定する要因として大きく関与する。例えば，マラソンは90%の体力と10%の技術，アイスホッケーは40%の体力と60%の技術と考えられる。この割合はトレーニングプログラムの作成上，それぞれの変数(技術あるいは体力トレーニング)に専念する時間の比を決定する重要なものである。技術要素を分析する際は，環境や道具に関連したスキルを細分化し，選手の技術水準やトレーニングの経験年数，選手の年齢を考慮することも重要である。

(3) 大会数

週や月ごとに実施される競技会の数がいくつあるかについても考慮しなければならない。例えば，マラソン選手は1年間に1～2回レースを行うが，アイスホッケー選手では数か月以上にわたって1週間に2～3回の試合を実施している。大会数の分析は，トレーニングや技術を向上させるための時間配分を決定するうえで必要となる。

(4) 体力要素とパフォーマンス

分析の基礎的な部分は，持久力を基盤としたスピードと筋力の相互関係である。持久力は，多くのスポーツにおいて，試合でのパフォーマンスや選手のトレーニング量の増大に伴う素早い回復にとって重要な要素となる。体力要素とパフォーマンスの分析では，持久力が試合におけるパフォーマンスの向上に必要なのかどうかを筋力とスピードを関連させて考える(図1-7)。それに加え，体力要素(筋力，パワー，持久力，敏捷性，柔軟性，平衡性，巧緻性など)の中で，その種目の特異性にきわめて重要な要素をパフォーマンスと関連づけて抽出する。さらに，動作の主動筋である筋繊維タイプや筋の収縮様式，その競技に要求される最大酸素摂取量などの分析を加えることが重要である。

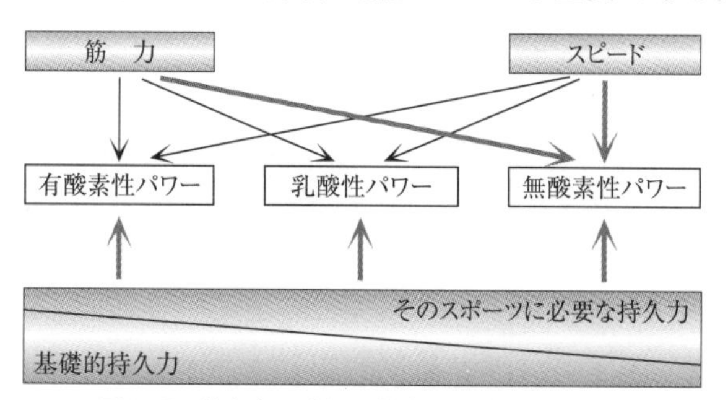

図1-7　持久力の分類と筋力・スピードの関係

出典：Harre, D. : Principles of Sports Training, Sportverag, Berlin, G.D.R.(1982)を一部改変

2 持久力の分類と筋力・スピードに関する用語

- **無酸素性パワー**：5～10秒から約2分までに力を発揮するスポーツ種目にとって重要となる。これらの種目は無酸素的代謝が高く，筋力とスピードに依存する。例としては

100 m 走，自転車のスプリント種目，50〜100 m の水泳などが含まれる。

- **乳酸性パワー**：約2分から8分の持続時間からなる。無酸素的代謝に寄与する割合は，持続時間が長くなるにつれて減少する。そして有酸素的代謝系は，エネルギー産生の最も大きな役割を果たすことになる。スピードと筋持久力は，競技力を向上させる要因として大きく関与する。乳酸性パワーを必要とする種目には，スピードスケートの1,500 m，水泳の200〜400 m，陸上の800〜1,500 m などが挙げられる。
- **有酸素性パワー**：著しくスピードが低下しない状況下において，8分以上から数時間の持続時間を必要とする種目で要求される。パフォーマンスは，筋力やスピード持久力にわずかに関与しながら有酸素性パワーに依存する。すべてのスポーツにおける最終局面では，有酸素性パワーに加えて，最大または最大下強度における特別な持久力を発達させることが必要となる。

トライ

サポートをしている（しようと考えている）

スポーツ種目のパフォーマンスの特異性について，下記の項目をもとに明らかにしよう。

〈スポーツ種目のパフォーマンスの特異性を知るためのポイント〉

1 週，月，年間当たりに予定されている競技会の数を調べる。トーナメント方式を採用しているのであれば，シーズンを通して戦うトーナメントの数，さらにトーナメントの期間を明らかにする。

2 競技の持続時間を明らかにする。

3 選手の年齢や技術水準を明らかにする。

4 サポート以前の選手のトレーニング状況（種目，強度，量）を明らかにする。

5 要求される技術と現在の技術水準を明らかにする。

6 パフォーマンスを向上させるための技術と体力の割合を明らかにする。

7 競技種目の強度を明らかにする。

　a）有酸素性パワー　b）乳酸性パワー　c）無酸素的パワー

8 スポーツ種目は連続的・断続的・即時的のいずれに該当するか明らかにする。また，その種目では時間を延長して競技を行うことがあるかを明らかにする

9 筋力，持久力，または他の体力要素がパフォーマンスとどのように結びついているか明らかにする。また，特異的な筋力とスピード，持久力を発達させるための特別なトレーニングは必要とされているかを明らかにする。

10 選手がパフォーマンスを発揮する際，敏捷性や協応性，柔軟性がどの程度関わっているのかを明らかにする。

11 トレーニングや競技会の環境条件を明らかにする。

　a）温度　b）湿度　c）標高

トレーニングを専門にする指導スタッフが試みた「ボート競技のパフォーマンス特異性」についての分析結果を図1-8にまとめた。

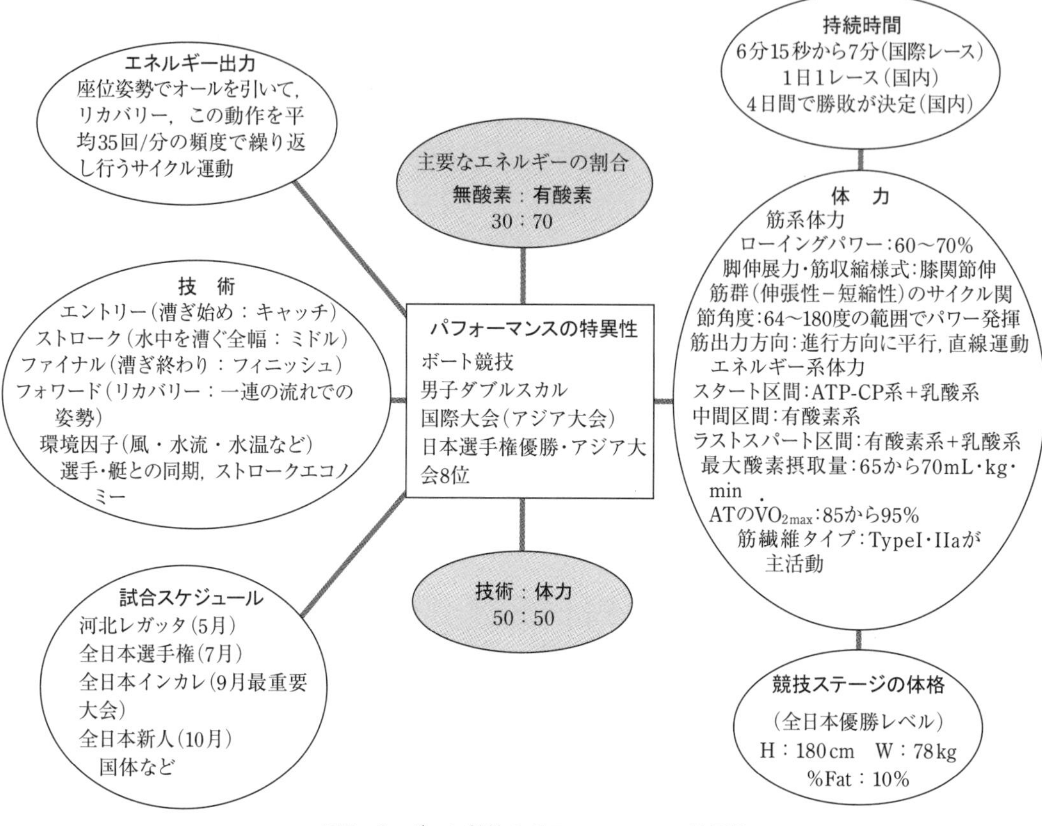

図1-8　ボート競技のパフォーマンスの特異性

Column　トレーニング期分け（ピリオダイゼーション）

トレーニング期分けの現場への応用については，皆さんがトライした①スポーツパフォーマンスの特異性分析をもとに，②スポーツ種目の年間トレーニングのプログラムが作成可能となる。この作業はコーチ，選手，様々な専門家の意見を集約し，一般的にはS&Cコーチが組み立てる。この作業は難解で最善解を求め，コンディション評価システムのPDCAをまわし，検証しながら，選手の夢の実現を目指していく。栄養士に求められることは，プログラムの計画・実践，分析・評価のプロセスに，他の専門家と意見交換できる理論と実践を身につけ，トレーニング期分けの目的に適合した食事・栄養面からメニューの提供や状況に応じたアドバイスを適切にできることが期待される。

1年間は365日，約52週，1日は24時間の時間軸の中で運動・休養・栄養の3本柱をマネージメントする視点がきわめて重要となる。〈次項年間トレーニングプログラム作成を参考とする〉

SECTION 5　トレーニングプログラムを作成するための戦略

1　トレーニングプログラムの作成

トレーニングプログラムの作成は，各スポーツ種目における包括的な年間計画の中で，競技スケジュールと最高の競技力を発揮する場面を考慮して行う必要がある。また，専門的なトレーニングを行ううえで，サポートスタッフは，以下のことを考えるべきである。

1. 長期，および短期の競技目標
2. 選手の発達段階（年齢，身体の成熟度，心理的状態）
3. 生理的発達とトレーニング状況
4. 試合における要求
5. トレーニングを制限する環境
6. 選手をとりまく環境（トレーニング以外のストレス要因）
7. 選手の性格

（出典：Dick（1975）より改変）

（1）　長期および短期の試合目標

トレーニング計画は，重要な試合で最高の成績を達成するように組み立てる。多くの選手の目標は，地方大会から全日本，または国際大会と移行する。

（2）　選手の発達段階

選手の年齢，および身体の発育・発達水準に合わせてトレーニング計画を立てる。また，トレーニング量については心理状態や環境を考慮し，決定することが大切である。

若い選手の場合には，一般的な持久力や筋力の発達と共に，すべての身体的発達を強調して実施することや楽しいトレーニング環境をつくることが重要である。

長期競技者育成理論は，国際的にはLong Term Athlete Development：LTADと定義され，多くの研究と実践が報告されている。この理論を構築したIstvan Balyi博士（カナダ）は，「才能ある子どもはどこにでもいる。重要なのは，それを認識する方法と系統的・計画的に育成する体制とプログラム，指導者だ」との理念をもとに，発達段階に応じた長期育成モデルを開発した。それによると，トレーニングの導入から生涯に至るまで7段階のステージを経て育成すべしとされている（表1-2）。現在，世界におけるLTADに基づいた長期育成プログラム開発の取組みは，米国・英国を始めとした世界各国の様々な競技スポーツ統括団体で実施されていることからも，異なる民族的・社会的環境下においても共通する優れたモデルとして考えられる。さらに，このモデル開発を成功させるための「10の要因」が示されている（表1-3）。

表1－2　LTADの7段階の育成ステージ

	ステージ1	ステージ2	ステージ3	ステージ4	ステージ5	ステージ6	ステージ7
名称	Active start 活動の開始段階	FUNdamentals 基礎をつくる段階	Learning to train 練習を学習する段階	Training to train トレーニングを練習する段階	Training to compete 競技のトレーニング段階	Training to win 勝利を目指したトレーニング段階	Training to train 生涯スポーツの段階
目的	遊びに結びつけた基本的な動作，行動は脳の機能を活性化させ，動きのコーディネーション，社会性，筋肉の成長，感情，精神的な成長を促す	スポーツする前の準備時期であり，すべての基本的動作と運動スキルを学ぶ	基本的なスポーツスキルを学ばせる時期であり，フィジカルリテラシーの完成時期でもある	選択スポーツに焦点をおく	競争する段階のためのトレーニング	勝つためのトレーニングを行い，基本的な体力を最大に伸ばす時期	生涯にわたっての身体活動
年齢	男子：0－6	男子：6－9	男子：9－12	男子：12－16	男子：16－23	男子：19歳以降	男子：すべての年代
	女子：0－6	女子：6－8	女子：8－11	女子：11－15	女子：15－21	女子：18歳以降	女子：すべての年代
概要	自信，よい姿勢，バランス，骨格，筋肉の成長，ストレス減少，快眠，行動的習慣の形成に大きな役割を果たす。この時期に，より優れた基礎を身につけておけばよりよい人生が送れる	ゲーム的な遊びが大切になるが，楽しくなければならない。また，違った環境(水・氷・雪)の多岐にわたるスポーツを体験させることにより，敏捷性，バランス，調整力，スポーツの公正性，ルールの重要性，基本的倫理性を学ぶ。この年齢にあった器具や環境で学習することが大切である	スポーツに焦点をおいて活動できるが，一つのスポーツに取組み過ぎると障害を起こすことがある。動きを通して柔軟性，忍耐性を学ばせる。トレーニング70%，ゲーム30%で活動を行い，身体活動の意志決定を学ぶ時間である	メンタル，認知的なものが形成される。メンタルスキル(不安をコントロールする力)，認知レベル，栄養，からだの成長に対する成熟度合いを学ぶ。スポーツ種目を選んでいても，選択し直せる時期	競争する段階のためのトレーニングや高度なメンタルトレーニングが必要	勝利者になるためのスキルを学ぶ	ステージ3でスポーツを選ばなければ，全員がここに入る。基本的なフィジカルリテラシーで培われた運動能力があれば，社会的つながりをもっていろいろな人と交流していくことができ，生涯にわたっていろいろなスポーツに親しめる
活動頻度		週5～6回	週4回	週6～9回	週9～12回	週9～15回	

表1－3　LTADモデル開発を成功させるための10の要因

1.	The 10-year Rule	10年ルール
2.	FUNdamentals	基礎的動き(動作)の早期獲得
3.	Specialization	適切な時期での専門化
4.	Development Age	発育・発達年齢
5.	Trainability	トレーナビリティー(訓練によって能力が向上する可能性)
6.	Physical, Mental, Cognitive, and Emotional Development	身体，メンタル，認知，および感情の発達
7.	Periodization	トレーニングの期分け(休息期，準備期，試合期)
8.	Calendar Planning for Competition	競技のための年間予定表の計画
9.	System Alignment and Integration	システムの連携と統合
10.	Continuous Improvement	継続的な改善・進歩

サポートスタッフがこれらの理論を現場に応用するためには，選手個々の遊びと運動との出会い分析（図1-9）と身長の発育速度（cm/年）の分析からPHV*を算出し，PHVと遊び・運動との出会いシート（図1-10）にまとめることが必要不可欠となり，個々の発育段階に適応した各種プログラムの提供が可能となる。

＊ PHV：成長速度とトレーニング　peak－ピーク，Height－身長，Velocity－速さの頭文字をとったもので，身長の発育速度ピーク年齢を表し，人間の年間における身体増加量が最大になる時期を示す。

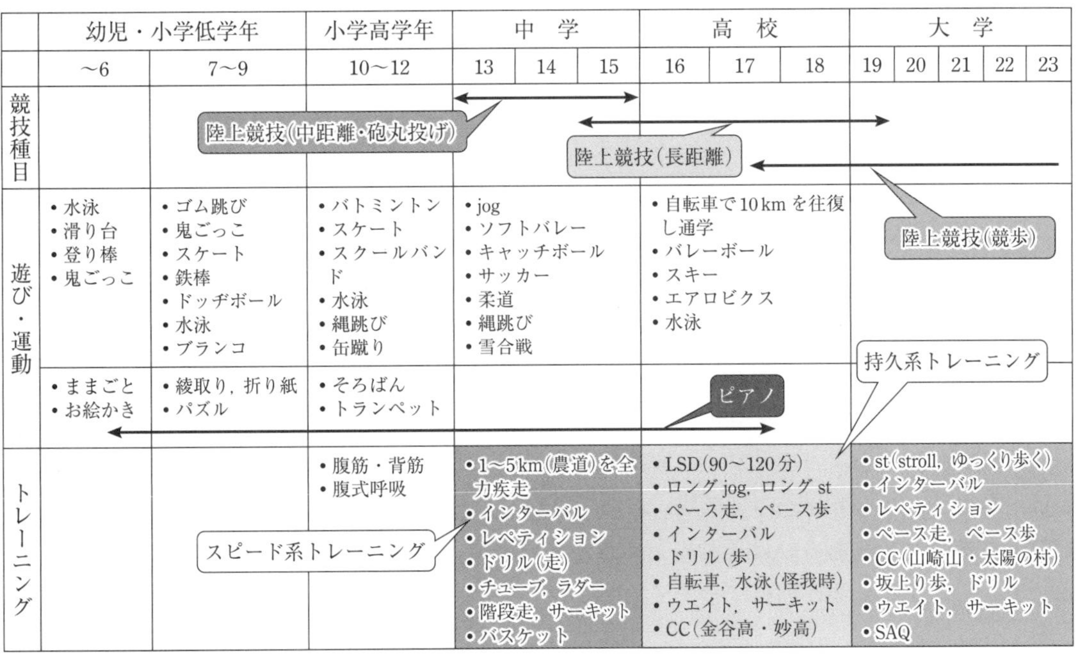

	幼児・小学低学年		小学高学年	中学	高校	大学
	～6	7～9	10～12	13 / 14 / 15	16 / 17 / 18	19 / 20 / 21 / 22 / 23
競技種目				陸上競技（中距離・砲丸投げ）	陸上競技（長距離）	陸上競技（競歩）
遊び・運動	• 水泳 • 滑り台 • 登り棒 • 鬼ごっこ	• ゴム跳び • 鬼ごっこ • スケート • 鉄棒 • ドッヂボール • 水泳 • ブランコ	• バトミントン • スケート • スクールバンド • 水泳 • 縄跳び • 缶蹴り	• jog • ソフトバレー • キャッチボール • サッカー • 柔道 • 縄跳び • 雪合戦	• 自転車で10kmを往復し通学 • バレーボール • スキー • エアロビクス • 水泳	
	• ままごと • お絵かき	• 綾取り，折り紙 • パズル	• そろばん • トランペット	ピアノ		
トレーニング			• 腹筋・背筋 • 腹式呼吸 スピード系トレーニング	• 1～5km（農道）を全力疾走 • インターバル • レペティション • ドリル（走） • チューブ，ラダー • 階段走，サーキット • バスケット	• LSD（90～120分） • ロングjog，ロングst • ペース走，ペース歩 • インターバル • ドリル（歩） • 自転車，水泳（怪我時） • ウエイト，サーキット • CC（金谷高・妙高）	持久系トレーニング • st（stroll，ゆっくり歩く） • インターバル • レペティション • ペース走，ペース歩 • CC（山崎山・太陽の村） • 坂上り歩，ドリル • ウエイト，サーキット • SAQ

図1－9　A選手の遊びと運動との出会い分析

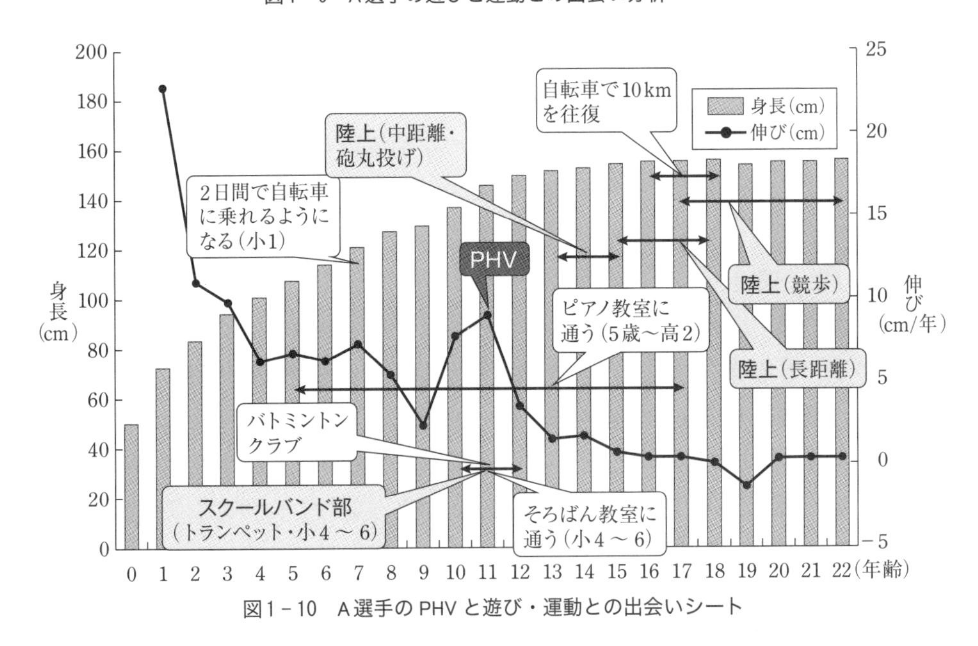

図1－10　A選手のPHVと遊び・運動との出会いシート

(3) 生理的発達とトレーニング状況

選手の生理的状態を評価するためのテストを頻繁に行うことが重要である。また，選手個々の長所と短所を確認し，選手それぞれに対応したトレーニング計画を組み立てなければならない。サポートスタッフは，注意深く観察し，選手のパフォーマンス状況と練習成果を把握する必要がある。

(4) 試合における要求

スポーツの試合場面では，生理的・心理的ストレスがきわめて大きいといえる。したがって，次の試合までに選手が生理的・心理的に回復するのに要する時間を見きわめることがトレーニングを計画するうえで重要となる。これは，選手の年齢，経験，練習状況などに大きく左右される。また，試合は選手の最高のパフォーマンスを引き出すためのテストであるだけでなく，トレーニングの位置づけとしても活用できる。さらに，試合が長期間に及ぶスポーツでは，パフォーマンスの安定性と一貫性が重要な要素となる。

選手の準備状況，あるいは疲労の程度を把握していく一つの方法は，最大下の負荷に対する心拍数や乳酸の応答を測定することによって可能となるが，疲労を把握するもう一つの方法として血液分析が必要となる。

ヘモグロビン，ヘマトクリット，血清鉄，総鉄結合能，フェリチンレベルの定期的な測定は，高ボリュームトレーニング期において実行し，注意深く観察すべき項目となる。鉄不足はダイエット，あるいは運動のどちらかの原因によって，持久的能力を低下させるため，トレーニング効果が期待できなくなる。

(5) トレーニングを制限する環境

選手やチームのトレーニング環境は，必ずしも理想的ではない。設備や用具は，スポーツ種目に応じて用意されなければならない。そのスポーツの試合実施期間が夏季に集中していれば，気候条件も重要になる。また，選手の宿泊施設や食事についても考慮することが必要となる。

(6) 選手をとりまく環境

選手をとりまく環境において，身体的トレーニング以外のストレスが，競技力やトレーニングにどのような影響を与えるかについて考える。トレーニング以外のストレスは，精神的・身体的に影響を及ぼすことになる。

具体的には，図1-11の①～⑦のように七つの要素が影響を及ぼす要因として考えられている。これらのストレスの大きさは，トレーニングや競技力に負の影響を与え，小さなストレスが大きな問題にまで拡大することもある。スタッフは，トレーニング以外のストレスが選手のコンディションに影響を与えることを認識しなければならない。特に栄養をサポートするスタッフは，支援する選手が1か月に食事に費やせる金額，外食・自炊を含めた食事内容，トレーニング施設の食堂や協会の管理栄養士と連携した支援の可否，国内外の遠征中に生じる食の問題などに関して，選手やコーチと一緒に取り組むことにより，選手のストレスや不安を早く取り払うことができる。

① **社会環境**
- 家族・親からのプレッシャー
- チームメイトとの相互関係
- パートナー(妻・夫・ガールフレンド・ボーイフレンド)

② **生活状態**
- 家・アパート等の環境
- 食事内容(外食・自炊)
- 交通手段

③ **トレーニング施設**
- 専門種目対応機器・備品
- 施設の利用時間
- 施設の充実度(食堂，サプリメント提供の有無)

④ **職場環境**
- 学校・大学・職場の理解

⑤ **遠征問題**
- チームメンバー・コーチ・医者・マッサージャー・理学療法士などとの関係
- メディア
- 警備
- 上記の者による選手の部屋への侵害
- チーム構成・規律
- 試合場や練習場までの輸送
- 遠征費
- 食べ物(国内外)
- 休養・娯楽・気晴らし
- 宿泊施設(国内外)
- 気温と湿度
- 開催国の輸送状況

⑥ **財政状態**
- スポンサーシップ
- 国・親などからの支援
- 仕事の給与
- 食事費用

⑦ **スポーツ団体**
- スポンサーとの契約問題
- 監督・コーチとの相互関係
- 選手選抜・マスコミ対応
- 協会の管理栄養士との連携

図1-11　トレーニング以外のストレス

(7)　選手の個性

練習に対する姿勢と向上心は，トレーニング効果に大きな影響を与える。特に若い選手の場合には，トレーニング計画を作成するときから，選手の性格や習慣を考慮するべきある。トレーニング期間中においてチームをまとめるためには，チームリーダーや模範となるような人材がいると非常に効果的である(表-1-2, 3，図1-9, 10)。

> トライ
>
> **トライ：サポートをしている**(しようと考えている)
>
> **スポーツ種目の年間トレーニングプログラムを，水泳競技(図1-12(a))およびスピードスケート競技(図1-12(b))の実例を参考にして作成しよう。**

＊シートは付表1-1を使用する

〈期分けを検討する手順〉

計画の最初の段階では，選手やチームの長期または短期の目標を設定する。主要な試合をピラミッドの最上部におき，頂上から順に重要な試合を下ろしながら組み立てる。最上部に位置づけた主要な試合から最も重要な試合をシートの最終月として表示し，トレーニング期分けを計画する。選手個々の競技力と年間目標に応じて，主要な試合の重要度が変化するため，シート上にピークの割合を明示する。

ステップ 1　最高のパフォーマンスが求められる主要な試合を選出する。
水泳を例にすると，主要な試合が5試合あり，最も重要な試合が8月に予定されている世界選手権のため，年間のプログラム開始月は前年の9月から計画することになる。

ステップ 2　小規模な試合を選出する。
年間に予定されているすべての試合をシートに明記し，そのピークの割合を縦枠内に明示する。

ステップ 3　年間を休息期，準備期そして試合期に分ける(マクロサイクル)。
一般的には，年2回のピーク(目標達成にむけた予選会と本大会)を意識したマクロサイクルで構成する。

ステップ 4　休息期，準備期そして試合期の中で，メゾサイクルを決定する。
一般的には，15前後のメゾサイクルで構成する。

ステップ 5　技術の発達，または合宿を行う期間を決定する。
疲労と回復状況が特に技術に与える影響について，モニタリングする期間を設置する。

ステップ 6　メゾサイクルの中で有酸素性パワー，無酸素性パワー，スピード，筋力の強化，および維持の期間を決定する。
各体力要素の改善・増強には，2～6週間の期間が必要となる。選手の体力分析・評価から，目標を達成するための期間をプログラムに組み入れる。

2　トレーニング期分けの実例

年間トレーニングプログラムの作成例として，水泳競技(図1-12(a))，およびスピードスケート競技(図1-12(b))を示した。

トレーニング期分け　マクロ／メゾモデル（水泳競技）

月	9月	10月	11月	12月	1月	2月	3月	4月	5月	6月	7月	8月
ピーク			A B			C D	E		F G		H	I

スケジュール
A：カナダ選手権
B：テキサス招待選手権
C：ワールドカップ
D：CIAU（競技会）
E：U. Sオープン
F：ロシアトレーニングキャンプ
G：カナダ選手権
H：コモンウェールス
I：世界選手権

マクロ	休息期	G.P	準備期		CO	R	準備期			試合期		R	準備期					試合期		
メゾ	1	2	3	4	5	6	7	8	9	10	11	12	13	14	15	16	17	18	19	
技術的要素					☆					☆								☆		
体力的要素	持久力		筋力・パワー			持久力		パワー				持久力・パワー		持久力 パワーの持続						

R：休息期　G. P：一般的準備期　CO：試合期　☆：特別なスピード

図1－12(a)　水泳における年間トレーニングプログラムの作成例
（カナダナショナルチームの実例）

トレーニング期分け　マクロ／メゾモデル（スピードスケート）

月	3月	4月	5月	6月	7月	8月	9月	10月	11月	12月	1月	2月
ピーク										A	B	C D

スケジュール
A：国内大会
B：テキサス招待選手権
C：オリンピック
D：世界選手権

マクロ	休息期	G.P	準備期1						準備期2			試合期		
メゾ		1	2	3	4	5	6	7	8	9	10	11	12	13
技術的要素					シミュレーション				氷上へ移行・技術的発達			個々の調整と技術		
体力的要素			持久力・筋力・基礎的パワーの発達						筋力と持久力の発達 持久力・筋力とパワーの保持 12月よりトレーニング量を減少する					

G. P：一般的準備期

図1－12(b)　スピードスケートにおける年間トレーニングプログラムの作成例
（カナダナショナルチームの実例）

〈引用・参考文献〉

Banister, E. W., T. W. Calvert.: Planning for future performance: Implication for long term training. Can. J. Appl. Spt. Sci. 5 (3) p.170 - 176 (1980)

Dick, F.: Sports Training Principles, Lepus Books, London. (1980)

Fox, E. L., 朝比奈一男監訳：渡部和彦訳コーチと選手のためスポーツ生理学．大修館書店 (1982)

Garhammer, J.: Periodization of strength training for athletes. Track Tech. 73 p.2398 - 2399 (1979)

Harre, D.: Principles of sports training. Sport verlog. Berlin. G.D.R. (1982)

Istvan, B., Richard, W., Higgs C.: Long - Term Athlete Development. Human Kinetics (2013)

Matveyev, L. P., 渡邊謙監訳，魚住廣信訳：スポーツ競技学，NAP. Tokyo. (2003)

Pedemonte, J.: Updated Acquisitions About Training Peviodization. National Streugth and Conditioning Associati Jourual: p.29 - 34 (1983)

Selye, H.: The Stress of Life. New York. McGraw - Hill. (1956)

2章　スポーツ栄養についての基礎知識

SECTION 1　栄養の概念

1　栄養の定義

スポーツが上達するためには，第一に，理にかなったトレーニングが大切であることはいうまでもない。しかしながら，日々のトレーニング(運動)を支えるのは栄養(食事)である。では，栄養(エネルギーも含む)というのは，いったい何なのであろうか。

(1)　太陽と地球という大きな視点から考える

太陽はエネルギーの塊であるが，そのエネルギーは，時には熱エネルギーとして，時には光エネルギーなどとして常に地球に注がれている。そのおかげで宇宙空間の温度が－273℃にも関わらず地球の平均温度は20℃前後に保たれ，また光により一日の半分に明るい時間が存在する。もし太陽がなくなってしまえば，いわば太陽エネルギーが注ぐことなければ，一週間もしないうちに地球は生命の住めない星となってしまう。そのような太陽エネルギーであるが，私たち人間は，このエネルギーを物体として触ることは物理的にできない(図2-1)。

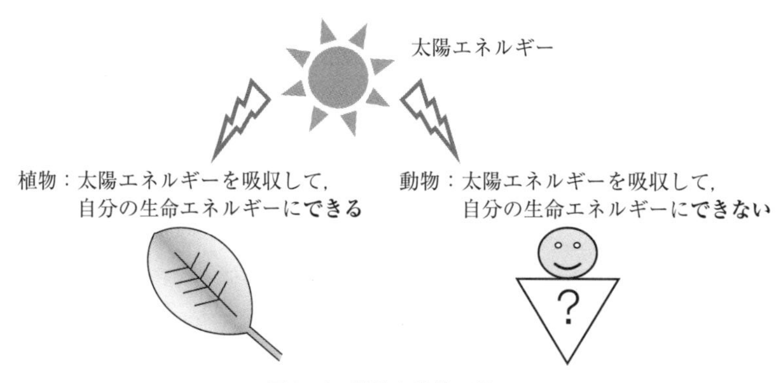

図2－1　植物と動物の違い

(2)　エネルギーを物質化できる生命の存在

それは植物である。そしてその物質化のメカニズムとは光合成とよばれるものである。光合成は酸素を生み出す反応と解釈されるが，太陽エネルギーを利用して水と二酸化炭素からブドウ糖(グルコース)をつくりだす反応と考えることもできる(図2-2)。栄養学的にはグルコースのエネルギーは4 kcal/gとされるが，このエネルギーは，まさに太陽エネルギーそのものである。私たちは光を触ることはできないが，グルコースは触ることができる。すなわち，光合成とは太陽エネルギーの物質化・固定化に成功した反応といえよう。

植物が光合成でつくるグルコースは，光合成ができない私たち動物にとっては，ご馳走である。端的にいえば，私たちは日光浴で一日に必要なエネルギーを確保することは絶対に不可能であるが，500 g のグルコースを口に入れ，一日に必要なエネルギーを確保することは可能である。

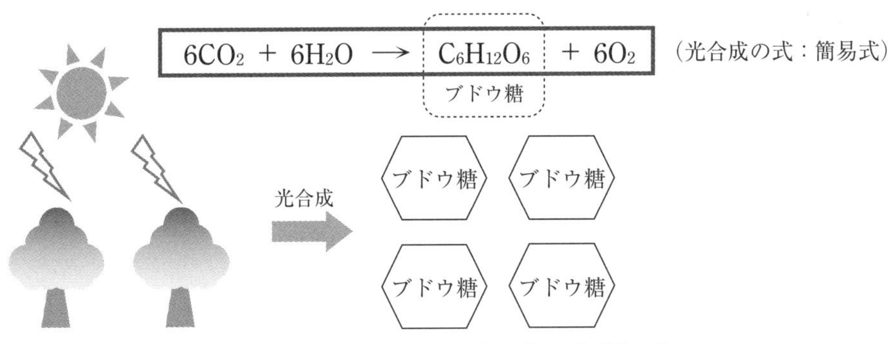

図2－2　光合成とは太陽エネルギーの物質化である

(3)　太陽系に暮らす私たち動物にとっての栄養の定義

広義には太陽のエネルギーを口から入れる行為そのものである。狭義としては五大栄養素のうち，さらに三大栄養素とよばれる糖質，脂質，たんぱく質が挙げられる。この3つの栄養素は栄養学的に意味のあるエネルギーを有す有機物である。

しかしながら，三大栄養素の摂取だけでは，からだの中にエネルギー物質を取り込んだだけであり，からだの中でエネルギーに成り得ず，また，からだづくりにも利用ができない。

すなわち，体内でエネルギーを代謝するために必要な栄養素もまた存在する。それが五大栄養素の残りの2つに代表されるビタミンとミネラルである。

(4)　人間社会が成熟した現在

人間栄養学の研究をもとに厚生労働省が食事摂取基準を策定，エネルギーや五大栄養素を必要な量だけ摂取し，日々を過ごすことが可能となった。その一方で日常的に運動やスポーツを行っている人達は，常人の1.5～2倍もからだを動かしている人達であり，常人よりも余分に口から食事(エネルギーや五大栄養素)を摂取する必要がある。しかしながら食事摂取基準ではスポーツ選手の食事については対象外とし，摂取量の定義は未だなされていない。

スポーツ栄養学とは，運動やスポーツによる身体活動量が多い人が消費したエネルギーに対して，栄養素の必要量はどれくらいなのか，食事内容や摂取タイミング，消化吸収に関する知識を学ぶ学問であるが，本書で紹介するような栄養の概念や摂取量の定義についての一般化が望まれている。

2　栄養素とトレーニングにおける栄養の役割

トレーニングにおける栄養の役割を図2-3に示す。栄養の役割とは，①エネルギーの供給，②エネルギー生産反応の円滑化，③筋肉の肥大や骨格の強化，④身体機能調節 がある。

エネルギーの供給には，糖質や脂質，たんぱく質が関係し，エネルギー源となっている。エネルギー生産反応の円滑化には，ビタミンやミネラルが関係している。筋肉の肥大や骨格の強化には，たんぱく質とミネラルが関係し，身体機能の調節には，ビタミンとミネラルが主に関係している。五大栄養素以外にも水分や食物繊維などが関わることもある。このようにトレーニングには様々な栄養素が関係していることから，日々のトレーニングを効率的・効果的に行うためにはバランスのとれた食事が大事になる。なお，すべての栄養素を必要量含む単一の食材というものは存在しないため，選手をサポートする人は①～④の役割から競技特性など選手が求めるものに応じて，多様な食材を組み合わせた料理をつくり一日に必要な栄養素を摂取させていく必要がある。

なお，日本人のための食事摂取基準2020において，糖質(炭水化物)や脂質，たんぱく質，ビタミンは13種類，ミネラルは13種類が定義されており，これらの栄養素だけサプリメントなどから摂取できれば，ヒトは生存できると考えがちである。しかしながら，あくまで2020年時点における定義であり，50年後，100年後にはまだ見ぬ14個目のビタミンやミネラルが発見される可能性がある。サプリメントには，まだ見ぬ未知の栄養素が含まれている可能性はゼロであるが，食材や料理から栄養素を摂取すれば知らないうちに，この未知の栄養素を摂取していることになる。人類が食材のもつ力のすべてを理解していない以上，食事から栄養補給をする重要性はサプリメントのそれよりもはるかに大きい。

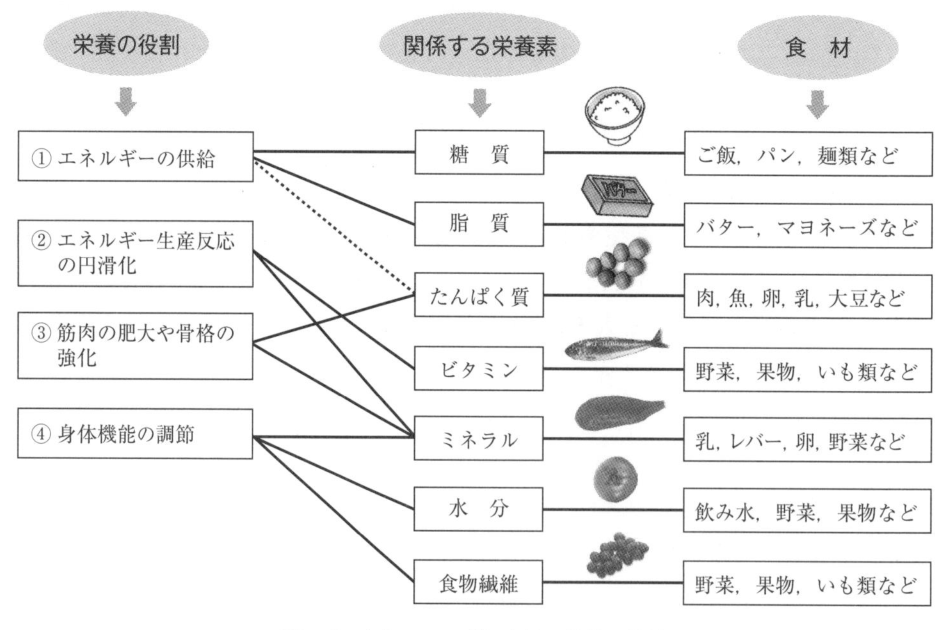

図2-3　トレーニングにおける栄養の役割

SECTION 2　運動時のエネルギー源

1　糖　質

(1)　糖質とは

エネルギーを有する有機物の一つが炭水化物である。炭水化物は炭素と水素，酸素の化合物で，たんぱく質，脂質と並ぶエネルギー産生の一つである。

食物として，体内に取り入れられ，エネルギー源となる糖質と体内の消化酵素では消化できない食物繊維がある。本来は区分されるべき表現ではあるが，特にスポーツ選手のエネルギー源を論ずるのであれば，エネルギー源になるのは食物繊維ではなく糖質であるため，エネルギー摂取量と同様に糖質の摂取量を重視することは自然な考えである。

糖質は，糖と糖の結合の数によって，単糖類，少糖類，多糖類に分類される。単糖類には，ブドウ糖(グルコース)，果糖(フルクトース)，ガラクトース，リボース，プシコース，キシロースなどがある。少糖類には，二種類の単糖がついた二糖類とよばれる砂糖(スクロース)，麦芽糖(マルトース)，乳糖(ラクトース)，パラチノース，トレハロース，ラクツロースなどがある。また，多糖類には，グリコーゲンや，でんぷんデキストリンなどがある。

ここに挙げた糖質は，主に天然に存在するものであるが，化学合成されたものまで含めると種類は膨大となる。スポーツ栄養学分野で理解した方がよい糖質の名称を図2-4に示した。

分　類	知っておくとよいもの	興味があれば調べてみるとよいもの (例：スポーツ飲料などに用いられている)
単糖類	グルコース(すべての基本となる糖，2章1-3を参照)	フルクトース，プシコース，リボース
少糖類	スクロース(グルコースとフルクトースが1対1で結合した糖)	パラチノース，トレハロース
多糖類	でんぷん(植物由来，2章Section1を参照) グリコーゲン(動物性でんぷんともよばれる)	デキストリン(短い長さのでんぷんの総称) アルギン酸(難消化性多糖類)

図2-4　スポーツ栄養を学ぶにあたり知っておくとよい糖質

(2)　糖質はエネルギー源となる

糖質はからだを動かすうえでの重要なエネルギー源であり，トレーニングを行うにあたり欠かせない栄養素である。

上述のように糖質は様々な種類のものがあり，炭水化物から食物繊維を抜いたものである。基本的に糖質1gは4kcalのエネルギー源となる。糖質の代表的なものとしてグルコースがあるが(2章Section1参照)，体内では必要に応じてグルコースからグリコーゲン(動物性でんぷん)が合成され，筋肉や肝臓など蓄えられる。その貯蔵量はヒト一人の体内に300～400g程度(1,200～1,600kcal程度)である。このうち50～100g程度が肝臓に，

200～300 g 程度が筋肉に蓄えられる。

肝臓のグリコーゲンの役割は全身の血糖値の維持(血液中のグルコース濃度の維持)であるため，肝臓のグリコーゲンは適宜分解されグルコースに戻り，脳はもとより全身の臓器や手足のためのエネルギー源として血管を通って供給される。

一方，筋肉中のグリコーゲンは筋肉でしか使われない性質をもっている。「筋肉が全身のグリコーゲンの2/3を独り占めする」という一見理不尽に感じるシステムであるが，本来ヒトが野生動物だった場合，全力運動とは天敵から逃げるとき，または獲物を捕るときである。生存のための戦いは，時には一昼夜に及ぶこともあるかもしれない。

運動は筋肉によって行われるため，いざというときに，筋肉がいつまでもガス欠(疲労困憊)にならないように，筋肉にエネルギー物質(グリコーゲン)を常に蓄えておく状況は，野生動物として理にかなっている。

なお，肝臓のグリコーゲンが枯渇すると，脳のエネルギー源である血中グルコースが不足するため，集中力の低下や注意力の散漫といった状態となり，効率的・効果的なトレーニングができないばかりか，判断力を失い，ケガなどを引き起こす危険な状態となる。以上より，スポーツ選手がトレーニングを行ううえでは，糖質を十分に蓄えておくことが必要である。

余談であるが，わざわざ多糖のグリコーゲンにするのではなく，単糖のグルコースのまま体内に蓄えた方が生物学的に効率がよいように思えるが，グルコースは水100 mL に対して90 g 以上も溶けるため，グルコースのまま貯蔵すると，体液が蜂蜜のように粘性を帯びてしまうため，生物はこれを行わない。

(3) 糖質の代謝

小腸で吸収されたグルコースは体内で様々な分解操作(代謝)を受ける。糖質の代謝には，細胞質での解糖過程，ミトコンドリアでのTCA サイクルと電子伝達系の3つの過程があるが，すべての代謝を受けると，グルコースは水と二酸化炭素にまで分解される。もともとグルコースは水と二酸化炭素を材料に太陽エネルギーを利用してつくられるものであるため(2章 Section1参照)，細胞内での一通りの代謝を終え，基の形に戻ったといえる。

争点は太陽エネルギーがどこに消えたかということである。何度もいうが，エネルギーは触ることはできない。そこでグルコースを分解する際に噴き出してくるエネルギーを入れる器が必要となる。それがADP とよばれる物質である。解糖過程を例にとり，図2-5に示した。解糖過程では1分子のグルコース(炭素数6)を2分子のピルビン酸(炭素数3)にまで分解する反応であるが，炭素数で考えれば，グルコースを2つに割ったイメージとなる。炭素6つを一つにとどめるエネルギーよりも，炭素3つを一つにとどめるエネルギーの方が低コストで済むので，炭素数6→炭素数3の化合物になることで，余ったエネルギーが噴き出してくる。これをADP に取り込ませる。エネルギーの貯まったADP は構造が変わりATPとよばれる物質になる。どのグルコースからつくられたATPであっても，あらゆる細胞において同じエネルギー供給効果を発揮する。ATPがエネルギーの通貨とよばれるゆえんである。

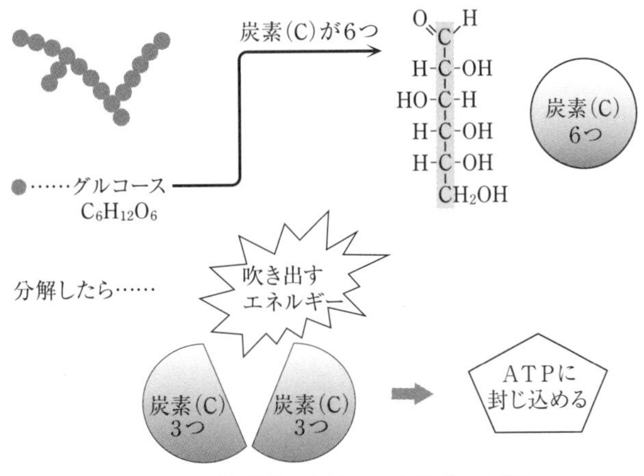

図2－5　解糖過程におけるエネルギーの流れ

(4)　効果的な糖質摂取の戦略

①　運動後の摂取タイミング(糖質摂取の量)

運動後に糖質を摂取すべきという考えは古くからあったが，タイミングを重視すべきとする知見は1988年にテキサス大学のIvyらの研究チームによって初めて報告された。この研究では，まず自転車選手に70分のペダル運動を行わせた後に，一方は運動直後に140gの糖質を摂取させ，もう一方は運動2時間後に140gの糖質を摂取させたものであった。その結果，運動直後に摂取した方が，筋グリコーゲンの回復が優れていることが明らかとなった。類似した研究では，2000年に筑波大学の齊藤らが運動後1時間以内と3時間以内の摂取とを比較して，1時間以内の方が翌朝の筋グリコーゲンの回復がよいことを報告している。今では1時間といわず運動後30分以内の時間のことを糖質摂取のゴールデンタイムとよばれるようになり，効果的な戦略的な糖質摂取として，第一に考えられるようになった。なお，2017年の東京大学の稲井らのマウスによる実験では，運動直後の糖質摂取の方が，運動30分後の糖質摂取よりも回復に優れているとする結果もあるので，30分という数字にこだわらず，できることなら運動後すみやかに糖質を摂取する習慣を身につけることが望ましい。

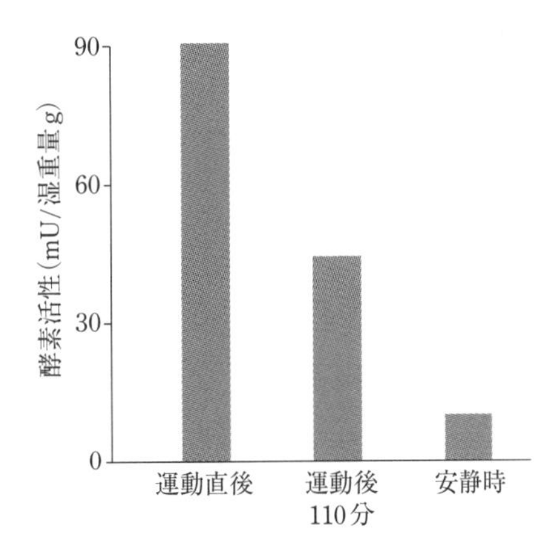

図2－6　運動直後はグリコーゲン合成酵素の活性が高い

Ivyらの研究を栄養学的に考えれば，糖質140g(560kcal)をいつ摂取しても，体内で変換される560kcalは，いつであっても560kcalで変わらないはずである。論文内では2～4時間における有意差がみられたものの，おそらくは2～4時間ではなく12～24時間の期間があくようならば，その食事における筋グリコーゲン回復量に差はみられなくなると考えられる。これが栄養学的な常識である。ではなぜ差がついたのであろうか。それはグリコーゲン合成酵素の活性化*にタイミング(旬)があるためと考えられている。体内でグリコーゲンを合成してくれる(文字通り)グリコーゲン合成酵素は，運動直後の活性が一番高い(図2-6)。しかし，この活性は，2時間もたたないうちに半減してしまう。イメージとしては，運動後2時間たってしまったら，口からいくらグリコーゲンの材料(糖質)を摂取したところで，体内でグリコーゲンをつくってくれる役者(酵素)が足りないという状態である。役者が足りなくても時間さえあれば，口から入った糖質をもとにいつかはグリコーゲンがつくられる。しかし，スポーツ選手は夜まで練習して，翌日に朝練があることも常である。

＊グリコーゲン合成酵素の活性化：その日のうちに筋肉中のグリコーゲンの回復を意識した食事を行うことは，翌日の運動もガソリン満タンの状態で行えるということである。少ない休養時間の中でどうやって最大限，筋グリコーゲンを回復させるのかは，今も昔も重要な栄養戦略である。

② 運動中の摂取タイミング(糖質摂取の量)

自転車ロード競技などは運動中に，その他のスポーツでもハーフタイムなどに補給食を摂ることがあるが，どの程度の量を摂るべきなのだろうか。その答えを得るために古くから多くの研究がなされている。現在の指標としては，グルコースの酸化速度を基準に補給食の量を決めることがよいと考えられている。具体的には，安静時においてはグルコースは体重1kg当たり0.2～0.3g/時のペースで酸化(分解)を受ける。しかし，運動を行うと，このペースが1.0～1.5g/時まで増大する。この知見をもとにして考えていくと，例えば朝食を食べた体重50kgの選手が午前中1時間の有酸素運動を行った場合，その1時間で50～75gのグルコースが体内から失われることになる。

すなわち，もし補給食を考えるのであれば，運動強度や直前の食事の影響もあるものの，せいぜい1時間当たり50g程度の糖質補給でよいことになる。糖質50gとは，おにぎりなら1個，ジャムパンなら1枚，エネルギーゼリーなら1パック，アイソトニックのスポーツ飲料であれば1リットル程度である。運動後に食事をするのかも含め，練習中にいろいろと試し，多すぎず少なすぎずの自分なりの補給食を考えていくことが大切となる。

③ グリセミックインデックス(糖質摂取の質)

血糖値という言葉があり，これは血液中のグルコース濃度を表している。血糖値が低いということは，何らかの理由で血液中のグルコースが少なくなっている状態を表しているので，筋肉にグルコースを上手に供給できない状態となってしまう。運動中に血糖値が低くなると，からだが動かなくなり選手はそこに座り込んでしまうこともある(ハンガーノックや低血糖とよばれる現象)。そのような選手にグルコースを摂取させると血糖値は速やかに上昇し歩けるようになるまで回復するが，その日の競技の続行は困難である。グルコースによる血糖値上昇効果を100と考えたときに，他の糖質の血糖値上昇効果は100ではないことがよく知られており，例えば，果糖は20程度，砂糖は60程度である。日本人を対象とした結果から主食のグリセミックインデックス*をみると，白飯は80程度，パンや麺(うどん)，玄米などは60程度である。

*グリセミックインデックス(GI)：食品ごとの血糖値の上昇度合いを間接的に表す数値である。

血糖値上昇効果が高いということは，筋肉にグルコースを上手に供給できる糖質であると考えられる。したがって，翌日に向けて疲労を回復させるために主食を選ぶ際には，同じエネルギー摂取量であれば，グリセミックインデックス60程度のパンや麺よりも80程度の白飯を選んだ方が回復によいことがわかる。しかし，主食のグリセミックインデックスは，油の多いおかず(カレー)や納豆，乳類などと一緒に食べると下がるので，このようなおかずは夕食よりも朝食や昼食の方が向いている。なお，糖質は摂取の量も大事であるが，余裕があれば，食事の質として検討できるとよい。

近年ではグリセミックロード(GL)という一般的な一食当たりのグリセミックインデックスを考える取り組みも盛んである。

④　グリコーゲンローディング(糖質摂取の質)

ヒトのからだは筋トレをして筋繊維の断裂が起きると，筋肉は瞬間的に以前よりも強くなり，骨折から回復した場合は瞬間的に以前よりも固い状態となる。どちらもその後，通常の強さ・硬さに戻るものの，ヒトのからだには超回復という能力が備わっている。グリコーゲンローディングは，超回復を見越した食事戦略である。上述の通り，試合の前に筋グリコーゲンを十分に蓄えておくことは重要であるが，例えば，通常200gのところ300gの筋グリコーゲンを体内に貯めることができれば，翌日の試合は心強い。しかし，いわば筋肉に積まれているガソリンの量を増やすだけの取り組みなので，試合当日のスタミナの向上は期待できるが，パワーの向上は見込めないなどの特徴もある。競技によっては得手不得手もあるので，詳細は9章のSection1を参考とされたい。

2　脂　質

(1)　脂質とは

脂質を多く含む食品として思い浮かべるのは，固体ではバターやラードなど，液体ではサラダ油やゴマ油などがあるが，固体や液体に関わらず，これらの食品に含まれる脂質は同じ構造をしている。具体的には1つのグリセロールに

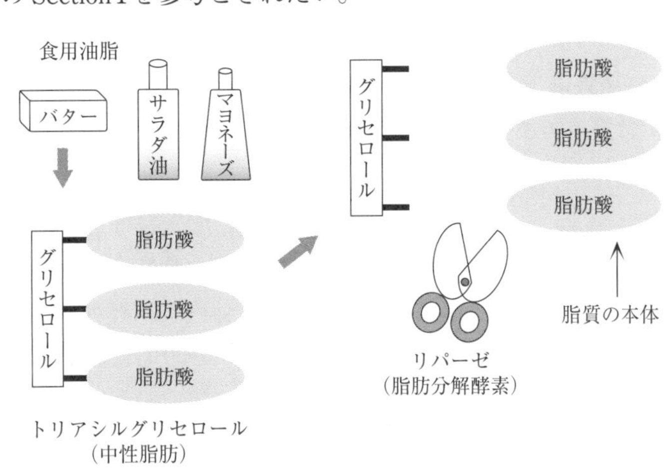

図2-7　脂質の正体は3つの脂肪酸

3つの脂肪酸が(トリオで)結合した形である。この形をした油脂は中性脂肪(トリアシルグリセロール)とよばれる。中性という言葉がつくが，脂肪酸をグリセロールで中和(中性)していると考えるとわかりやすい(図2-7)。

さて，食材に含まれる中性脂肪は同じ構造なのに，現実的に固体と液体の油脂が存在するのは，3つの脂肪酸の組成(ブレンド)が，食品それぞれで異なるからである。自然界には非常に多くの脂肪酸が存在するが，そこから，どの脂肪酸を3つのブレンドに選ぶかは生物の進化に委ねられている。例えば，海にいる魚は冷たい水の中でも体脂肪が固まらないように，二重結合の多いサラサラの脂肪酸を選んで自身の中性脂肪をつくり出している。大豆やゴマなどの種子は冬を越して春に発芽をするが，寒い冬に体脂肪が固まらないように魚同様に，二重結合の多い脂肪酸を選んで自身の中性脂肪をつくり出している。一方，環境によって体温が変化しない恒温動物は，低温でも固まらない体脂肪を特別に(エネルギーを使ってわざわざ)つくり出す必要がない。37℃前後でのみサラサラの体脂肪をつくり出せばよいため，二重結合の少ない脂肪酸を選んで中性脂肪を生み出している。この進化の違いは，人間にとって食材の活用につながっていくことになる。

なお，野生動物の世界では，脂質は貴重な食糧である。生命体の特徴として余分に摂取したエネルギーは，体液の濃さを変えてしまうため，糖質の形で多くを貯蔵することはできない。しかし，水と油は混ざり合うことがないので，水ではなく油の領域にエネルギーを貯めることができれば体液に影響のない形で，エネルギーを大量に貯蔵でき生存に有利となる。実際に冬眠する動物などは，大量の脂肪を蓄えることがよく知られている。

この体脂肪であるが，野生動物において貴重なものであれば心臓や脳の横に貯蔵してもよいように思えるが，多くは皮下脂肪として皮膚の表面近くに配置されている。脂肪には断熱効果があるため，からだの表面を脂肪でコーティングすることで，体温が37℃に一定に保てるようになっているのである。したがって，体脂肪の低すぎるスポーツ選手は，からだが冷えやすく風邪をひきやすい。

(2) 脂質はエネルギー源となる

脂質のエネルギーは1g当たり9kcalと糖質やたんぱく質と比べると高い。エネルギーが高いためスポーツ選手が摂取を控えることもあるが，糖質とは異なり必須脂肪酸(リノール酸，リノレン酸，アラキドン酸)や脂溶性ビタミン(A, D, E, K)，ホルモンの材料などになるコレステロールの存在があるために，摂取をゼロにはできない栄養素である。

なお，余分に摂取したグルコースは体内で，グルコースや脂肪酸，一部のアミノ酸に変換され貯蔵されることがあるが，余分に摂取した脂質(脂肪酸)が，体内でグルコースやアミノ酸に変換されることはない。余分に摂取した脂質(脂肪酸)は，体内で脂肪酸に合成されるのみである。その理由としてTCA回路におけるアセチルCoAのはたらきがある。脂肪酸は主にミトコンドリア内で分解され，大量のアセチルCoAを生み出す。このアセチルCoA(炭素数2)はオキサロ酢酸(炭素数4)と結びつきクエン酸(炭素数6)となってTCA回路で代謝されるが，最初に生まれたクエン酸は回路を一回転する中でオキサロ酢酸の形で回路に戻ってくる。戻ってきたオキサロ酢酸は再びアセチルCoAと結びつきクエン酸となって回路を一周する。全く同じオキサロ酢酸がリサイクルを繰り返すわけではないが，この仕組みが表すことは，アセチルCoAは実質TCA回路を一周できないということである。

イメージ的には，アセチルCoA(炭素数2)は，二酸化炭素(炭素数1)を2回排出し燃え尽きてしまう。したがって，脂肪酸を分解してできるアセチルCoAが，TCA回路を一周しグルコースやアミノ酸に生まれ変わることはない。一般に脂肪は体内でエネルギーになるという言葉があるが，上述の理由から，脂肪は体内では脂肪にしか成りえず，体内でその脂肪を分解してエネルギーを得るという表現が適切である。

(3) 脂質の代謝

上述のミトコンドリアにおける脂肪酸の分解は，β酸化とよばれる。イメージとしては，炭素数の多い脂肪酸が端側のβ位(炭素数が3番目)の手前の部分で，こまめに切断されていくことであり，β酸化とよばれる由来でもある。切断されたものは，アセチルCoAとよばれる。例えば，炭素数16個のパルミチン酸の1分子の代謝を考えると，β酸化7回転を経て，8個のアセチルCoAが生まれることになる(図2-8)。

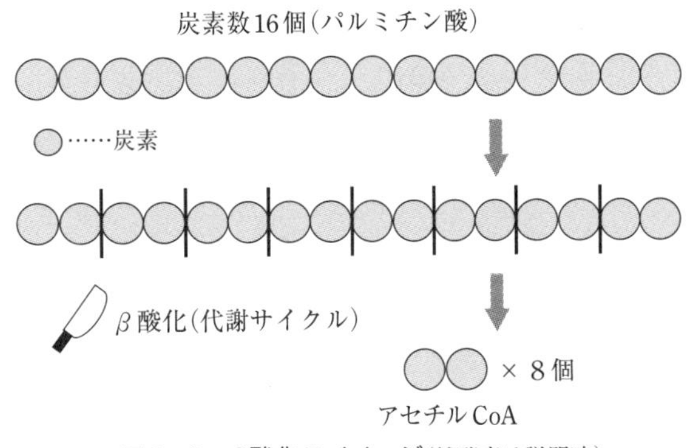

図2-8 β酸化のイメージ(補酵素は説明略)

なお，グルコース($C_6H_{12}O_6$)とパルミチン酸($C_{16}H_{32}O_2$)の構造を比較すると，グルコースは炭素6個当たり酸素を6個含んでいるが，パルミチン酸は炭素16個当たり酸素を2個しか含んでいない。したがって，脂肪酸を燃やしきるのには多くの酸素が必要となる。脂肪を燃焼させるのに有酸素運動が肝要とされる理由が理解できる。

(4) 効果的な脂質摂取の戦略

① ファットローディング

有酸素運動を考えた際に脂質(脂肪酸)はエネルギー源となるが，実際に筋肉細胞の中には油滴があることが知られ，脂質代謝を行うため油滴の周囲にミトコンドリアが多く存在することも明らかとなっている。これを根拠に，レース前に筋肉の中にあえて油滴をつくり，長時間の運動のためのエネルギー源としようとする食事戦略が生まれた。それがファットローディングである。足が速くなるわけではないのは，グリコーゲンローディングと同じであるが，グリコーゲンローディングと異なるのは，脂肪燃焼能力が高まっているので，体内の糖質を節約できるところにある。脂質摂取については長期型と短期型があり，長期型ではレース2日前まで高脂肪食(カロリーベースで脂質50％以上)を食べ，前日のみ高炭水化物食を食べる。かつての古典的なカルボローディングは，試合4～6日前は高脂肪食を食べることになるので，当時のカルボローディングはファットローディングであったと指摘する研究もある。短期型にはレース3～4時間前に高脂肪食(カロリーベースで脂質50％以上)を摂るだけでよいとする研究もある。どちらにしても日常的な食事とはかけ離れた食事をすることになり，かつ体脂肪率も増加するので，練習段階で何度も試みてから本番で実施するのかを考えた方がよい。

② Sleep - Low

持久能力を高めるに当たり筋肉がグルコースを取り込む能力やミトコンドリアが脂質を燃焼させる能力の向上は欠かせないが，これには筋肉内の酵素の一つであるAMPキナーゼの活性化が重要になることが知られている。このAMPキナーゼはグリコーゲンと結合すると不活性化する性質があるため，持久能力を高めるには，筋肉中のグリコーゲンをあえて低濃度にすべきとする考え方が生まれた。近年のいくつかの試行を経て，現在ではSleep - Lowという食事戦略が提案されている。ポイントは午後の強度の高い練習の後の夕食を糖質なしの高脂肪食にする点である。午後の強度の高い練習により，筋肉中のグリコーゲンは枯渇するが，高脂質の夕食であると，筋グリコーゲンは回復しないためAMPキナーゼの活性化が見込める。ついで翌朝は朝食前に軽い運動(ジョギングなど)を行い，さらなるAMPキナーゼの活性化を誘導する。なお，その後の朝食と昼食は高炭水化物食とし，夕方高強度の練習に備えていく食事戦略である。一日の中でファットローディングとカルボローディングを繰り返すような食事戦略であるが，3週間の取り組みで10kmランニングタイムが有意に低下した(有意なパフォーマンス向上)が見込めたとする報告がある。しかし，日常とかけ離れた食事をすることには変わりないので合宿などで何度か試みた後に，本番前に実施するかどうかを検討すべきである。

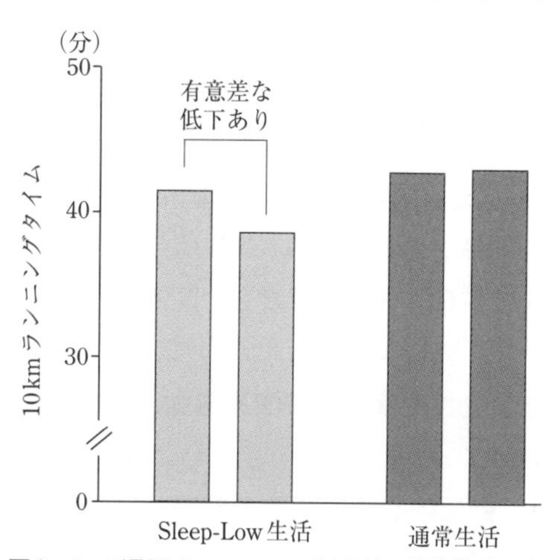

図2－9　3週間のSleep-Low生活が，競技能力に前向きな影響を与えた

3 エネルギー代謝

(1) エネルギー供給機構

運動を続けるためには，主に筋肉で消費したATPを補うため，ATPを再合成・供給していく必要があるが，この供給系は，大別するとATP - CP系エネルギー供給機構，乳酸

系エネルギー供給機構，および有酸素性エネルギー供給機構の3つに分けることができる。

① ATP-CP系エネルギー供給機構

即時的にエネルギーを筋肉に供給する。例えば，天敵の襲来から身をかわすなど瞬間的に運動を行わなければならないとき，われわれは筋肉の細胞質に遊離状態で存在するATPやCP(クレアチンリン酸)といった高エネルギー物質を直接エネルギー源として利用する。全身にあるATPなどはエネルギーにして1.5〜2.0 kcal程度であり一日の食事量の0.1%に過ぎないが，代謝を経ずに素早く筋肉にエネルギー供給ができるため重要である。発揮できる時間は数秒〜10秒程度であるが，スポーツに当てはめると100 m走やウエイトリフティングなどの瞬発系のスポーツでは，このエネルギー供給機構が生命線であるので，これを意識したトレーニングを行う必要がある。

② 乳酸性エネルギー供給機構

糖質であるグリコーゲンやグルコースを利用し，無酸素的に，最終代謝産物として乳酸を産生しながらエネルギーを供給しATPの再合成に貢献する。イメージとしては1個のグルコース(炭素数6)を，2個の乳酸(炭素数3)で割り，噴き出してくるエネルギーをATPの再合成(再供給)に利用する形である(図2-5参照)。しかし，乳酸の蓄積に伴って，ATPの再合成が抑制されていくので，この供給系は30〜60秒程度しかもたない。エネルギー供給量の多さはATP-CP系の半分程度であるが，酸素の燃焼によるグルコース分解ではないので，後述する有酸素性エネルギー供給機構よりも早くエネルギーを生み出せるメリットがある。400 m走や体操などの瞬発系のスポーツでは，このエネルギー供給機構が生命線であるので，これを意識したトレーニングを行う必要がある。

③ 有酸素性エネルギー供給機構

生体内の血液や細胞に貯属されている主に糖質と脂質を酸素と共に燃焼させ，水と二酸化炭素にする系である。その過程で生み出されるエネルギーでATPを再合成(再供給)する。エネルギー供給量の多さはATP-CP系の1/4程度であるが，この供給系は酸素と栄養がある限りは理論上無限にエネルギーを供給できる。しかし，実際には体温上昇や関節疲労などもあるので，パフォーマンスよく運動が遂行できるのは数時間程度である。長距離走や自転車ロード競技などの持久系のスポーツでは，このエネルギー供給機構が生命線であるので，これを意識したトレーニングを行う必要がある。

(2) エネルギー供給に必要な基質

エネルギー供給機構を糖質や脂質といった基質から考えることもできる。図2-10に示した。安静時において，ヒトのエネルギー消費量は少ないので，エネルギー供給量も少なくなる。このときのエネルギー供給は，糖質1と脂質2のブレンドで基質を燃やすことで賄われている。この段階で糖質を多く燃やさないのは，体内の糖質の貯蔵量は脂質と比べて少ないので糖質の節約作用によるものである。ただし，TCA回路が1回転するにあたり糖質は必ず必要になるので，安静時であっても糖質の燃焼割合が0になることはない。次いで全力の50％程度の運動を行っているときは，糖質と脂質は1：1のブレンドで燃焼している。脂肪燃焼の絶対量もこの時がピークであり，有酸素性のエネルギー供給機構が十分にはたらける運動強度である。最後に全力運動時においては，脂質の利用はなくなり，糖質からのエネルギーのみで運動が行われるようになる。ATP‐CP系や乳酸性のエネルギー供給機構を思い出せばよい。

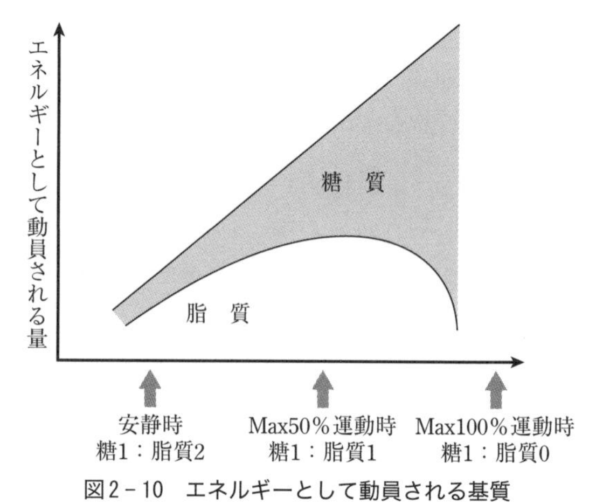

図2－10　エネルギーとして動員される基質

エネルギー代謝を活かしたスポーツトレーニング，p.17の図を一部改変

なお，運動をしATPが再合成されるのに糖質や脂質が使われるので，運動中や運動前後などに，栄養素として食事からこれらを補充しなくてはならない。糖質や脂質に着目したスポーツ栄養学の意義も見えてくるであろう。

余談であるが全力の50％程度の運動は心拍出量の安定上限ともなっているので，生活習慣病の予防のような健康のための運動においては，脂肪燃焼効果ならびに心機能の安全性を考慮して，この運動強度を超えない程度のジョギングやサイクリングなどが推奨されている。さて健康のための運動における全力の100％の運動の取り扱いであるが，全力運動では，体内の糖質が利用されるだけなので，健康のためのジョギングを行う場合には，ラストスパートをかけずに，最後まで50％の全力で走路を駆け抜けると脂肪燃焼効果が最後まで期待できる。

(3)　エネルギー効率

あるエネルギーが別のものに移動する・される場合，移動に伴い元のエネルギー量よりも必ず目減りをしてしまう。この目減りを割合で表したものがエネルギー効率である。ヒトのエネルギー代謝に置き換えた場合，2章Section1で太陽エネルギーがグルコースになると述べたが，得られた食事エネルギーがやがて運動エネルギーになっていくにあたって，どれほどのエネルギーの目減りがあるのかを代謝の観点から考えていきたい。

グルコース1mol個は約680kcal，ATPの1mol個は約10kcalであるが，グルコース1mol個から，ATPは38mol個できるので，エネルギー効率は(380kcal÷680kcal)×100＝56％，すなわち，約50％である。

これはグルコースからATPを生み出す際には，半分のエネルギーロスを考えなければいけないことを表している。次いで運動の種類によるが，ATP分解によるエネルギーの40～60％(約50％)が筋収縮活動に利用されているので，ヒトの運動のエネルギー効率は

50％×50％＝25％程度であることがわかる。残りの75％は熱となって体外へ逃げていくことになるが，ヒトはこの発熱量を逃がさないために体脂肪をわざわざ皮膚の直下に配置し，体温37℃維持のための熱源としてこれを再活用している。運動をすると，からだが温まってくる経験や寒いときにわざと筋肉をふるわせてからだを温めようとする行為は誰もが知っているが，筋肉のエネルギー効率が100％だった場合，この現象は起こり得ないのである。

なお余談であるが，ガソリン自動車のエネルギー効率も25～30％である。運転を終えた後にボンネットを触ると熱いのは，ヒトと車が同じ理由である。

Column　乳酸について

筋肉中に乳酸がたまると疲労を感じ運動の継続が困難になってしまうと考え，乳酸はわるい物質と考えてしまう選手がいる。筆者も実際に「炭水化物を食べると筋肉に乳酸が増え，疲れやすくなるので食べません」と主張する選手に出会ってきた。しかし，それは誤りである。

確かに炭水化物が体内に枯渇した状態では乳酸がたまりにくいとする指摘や，自転車ロード競技のツールドフランス優勝者の体内では運動により乳酸が上昇しにくいとする報告もある。しかし疲労の原因には神経やカリウム，リン酸，カルシウムなどが複合的に関与すると考えられており，乳酸の増加（pH の低下）が原因となる疲労は，その原因の一部に過ぎない。一方，筋肉に蓄積した乳酸は血中から肝臓へ向かい再度ブドウ糖に変換される（コリ回路）ことや，遅筋や心筋は乳酸をエネルギー源にできることは一般的には余り知られていない。したがって，乳酸の蓄積を避けるために炭水化物を摂らないのではなく，乳酸とは疲労原因のほんの一部であり，体内で代謝されるエネルギー物質であるのだから，スポーツ選手は炭水化物を摂取するのが正解である。

余談であるが，近年ベイロネラ属アピチカという腸内細菌が，トップランナーの腸内細菌に多く見つかったという報告があった。この腸内細菌は乳酸を栄養源にするめずらしい菌であるが，ランナーが走る際に生み出される乳酸が血液から腸内に漏れ出し，増えているのではないかと考えられている（共生関係）。加えてこの菌の生み出すプロピオン酸がマウスの持久力向上に前向きに影響したとする知見もあるので，スポーツ選手は乳酸そのものを経口摂取すべきだと考える研究者もいる。一方で，乳酸菌は腸内で乳酸をつくり出すので，持久系選手であれば乳酸菌を多く含む食材（ヨーグルトやチーズ，ぬか漬け，納豆，みそなど）を意識して献立に取り入れるのも，個別に栄養サポートを考えるうえではよいのかもしれない。

SECTION 3　身体づくりとたんぱく質

1　たんぱく質

(1)　たんぱく質とは

たんぱく質とはアミノ酸が多数結合した高分子の化合物のことである。しかし，一次構造とよばれる単純な一列の結合のみで終わらず，結合の順番に応じて折りたたまれたり螺旋構造を導いたりできる(二次構造)。二次構造もまた巨大な立体構造をとることが可能であり(三次構造)，最後に三次構造が結びつき四次構造となる(図2-11)。生体内で機能性を発揮するのは三次構造か四次構造をもつ高次構造のたんぱく質である。しかし，どのような高次構造をとるかの設計はアミノ酸の一次構造の配列段階(結合の順番)で最初から決定しているので，高次構造こそが機能性と解釈されがちであるが，アミノ酸そのものがたんぱく質の要であることに変わりはない。実際アミノ酸の配列や種類が一つ違うだけで遺伝病になることもある。

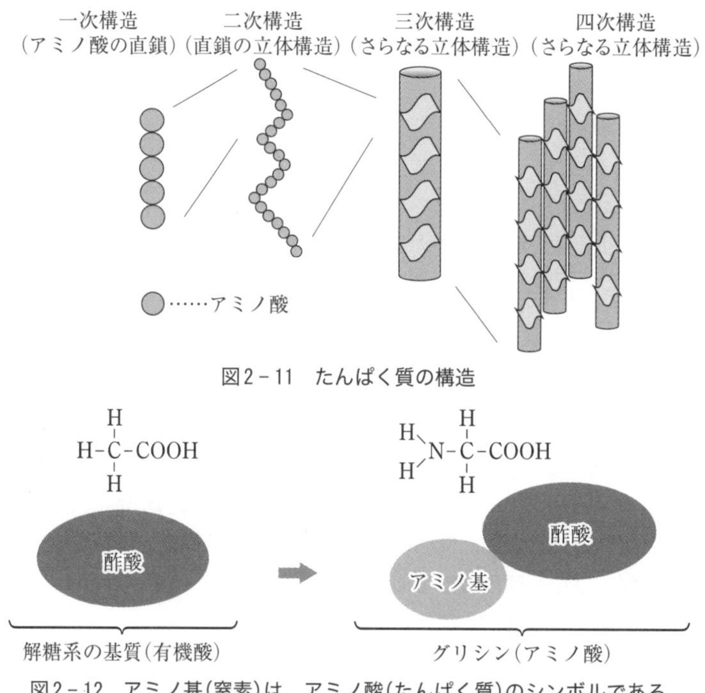

図2-11　たんぱく質の構造

図2-12　アミノ基(窒素)は，アミノ酸(たんぱく質)のシンボルである

アミノ酸は特別な物質と解釈されがちであるが，カルボキシ基(-COOH)の構造をもつ有機物にアミノ基($-NH_2$)が結合したものが広義のアミノ酸である。したがって，例えば，酢酸という酢の成分としても知られる物質に，アミノ基が結合した場合，その化合物をわれわれはアミノ酸のグリシンとよんでいる(図2-12)。逆に考えると，グリシンからアミノ基を取り外すと酢酸になり，酢酸は解糖系で代謝される。アミノ基($-NH_2$)はアミノ酸

(たんぱく質)のシンボルであるが，余分なアミノ基は尿素として尿から排泄されていくので，スポーツ選手の尿中の尿素濃度を測定することで，たんぱく質不足かどうかを容易に判断することができる。なお，ヒトの体内にはグルコース・アラニン回路とよばれる仕組みが備わっていて，これは筋肉内で分解されたアミノ酸から出た不要な-NH_2の処理システムである。具体的には，筋肉内で-NH_2をピルビン酸に結合させる。-NH_2が結合したピルビン酸を，われわれはアミノ酸のアラニンとよんでいる。このアラニンが血中を通り，肝臓へ到達すると，肝臓でアラニン由来のグルコースが再合成(生み出され)，次の運動に備えることとなる(図2-13)。

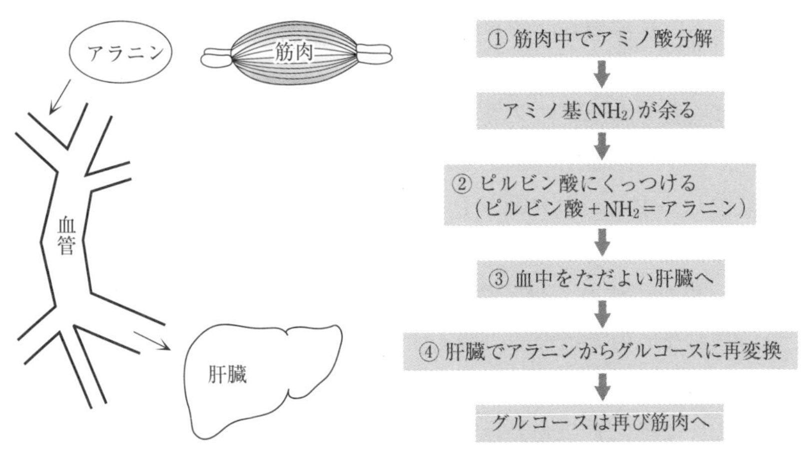

図2-13　グルコース・アラニン回路

さて，アミノ酸とよばれる化合物は天然に200〜300種類ほどあるものの，たんぱく質の構成成分となれるアミノ酸は，このうち約20種類だけであり，栄養学的に非常に重要な意味をもつ。この20種類のアミノ酸のうち，体内で合成することができない，あるいは，合成されてもそれが必要量に達しないため，必ず食物から摂取しなければならないものを必須アミノ酸とよぶ。

必須アミノ酸(9種類)

バリン，ロイシン，イソロイシン，スレオニン，リジン，メチオニン
フェニルアラニン，トリプトファン，ヒスチジン　　の9種類がある。

非必須アミノ酸(11種類)　200〜300種類のうち，たんぱく質を構成するもの

グリシン，アラニン，セリン，アスパラギン酸，グルタミン酸，アスパラギン，グルタミン，アルギニン*，システイン，チロシン，プロリン　　の11種類がある。

*アルギニン：非必須アミノ酸のなかで最も重要な機能をもつアミノ酸で，スポーツ後の筋肉損傷の修復，筋肉疲労や筋肉痛の軽減，免疫力の低下をおさえる。

一方で，動物性のたんぱく質と植物性のたんぱく質とでは構成されるアミノ酸のバランスが異なるため，食事から肉や魚，卵，乳類といった動物性たんぱく質を摂取することは，われわれのたんぱく質合成に必要な種類と量が含まれたアミノ酸の集合体をそのまま摂取

していることと同義である。しばしばアミノ酸摂取＝たんぱく質摂取　とみなされることがあるが，量だけでも質だけでもいけないことに注意が必要である。

(2) たんぱく質の役割

たんぱく質は生命のシンボルともいわれ，多くの組織(例えば，筋肉など)ホルモン，血液，酵素，受容体などをつくるのに必要なものである。たんぱく質は1g当たり4kcalのエネルギー源となり，三大栄養素を構成する糖質や脂質と同様エネルギーを有するが，この2つと異なるところは，体内でエネルギー源として用いられにくい点がある。筋肉について考えると，天敵に遭遇し，全身の筋肉を使って逃走しているとき，まずは筋肉に含まれる糖質や脂質をエネルギー源にATPを生産し，筋肉を絶え間なく動かすこととなる。筋肉は，たんぱく質でありアミノ酸の塊でもあるので，早い段階でたんぱく質を分解してアミノ酸をエネルギー源とすべきと考えるところだが，それをしてしまうと筋肉内のたんぱく質量が減少し，手足がやせ細りもパフォーマンスは低下し天敵に捕食されてしまう。これは他の内臓などでも同じである。このような体内で糖質や脂質がたんぱく質に先立って分解される現象を，体たんぱく質節約作用という。一方，たんぱく質そのものは通常まったく分解されないのではなく，絶えず合成と分解を繰り返し，平衡状態を生み出している。例えば，筋トレをして筋損傷を起こした場合，筋肉は速やかに以前よりも強くなるが(超回復)，これは絶えず合成と分解が繰り返されている証拠である。

(3) たんぱく質の摂取量

たんぱく質はエネルギー源としてよりも，トレーニングにおける身体づくりに必要な栄養素である。一般の若年成人(18〜29歳)のたんぱく質摂取量を日本人の食事摂取基準(2020年版)の推奨量から求めると，男女とも約1.0g/kg体重/日である。すなわち，体重が70kgの一般成人であれば一日当たり70gのたんぱく質を摂取すればよいことになる。

スポーツ選手においては国立スポーツ科学センターで示された推奨量が広く用いられている。具体的には瞬発系種目では2.0g/kg体重/日，球技系種目では1.75g/kg体重/日，持久系種目では1.5g/kg体重/日，その他の種目では1.5g/kg体重/日である。すなわち，体重が70kgの瞬発系のスポーツ選手であれば一日当たり140gのたんぱく質を摂取すればよいことになる。一方で，同じ年代や背丈でも遺伝子多型(アクチニン3など)による体質や個人差も存在するので，現在のところ1.5〜2.0g/kg体重/日を超えないような摂取量にて，定期的な身体組成のモニタリングをしつつ食事内容を判断していくのが個人対応としてよいと考えられる。しかし，上述通り一般の若年成人のたんぱく質推奨量が約1.0g/kg体重/日なので，スポーツ選手だからこその増加量はせいぜい1.5〜2.0倍である。近年の総説でも筋トレ時で1.6g/kg体重/日，上限2.2g/kg体重/日とする報告もあるので(図2-14)，スポーツ選手といえども体重の3〜4倍といった膨大なたんぱく質を摂取する必要はない。なお補足となるが，たんぱく質摂取量はg/日とエネルギー%の2つの表現方法があるが，スポーツ選手ではg/日を満たしているかで判断を行うとよい。

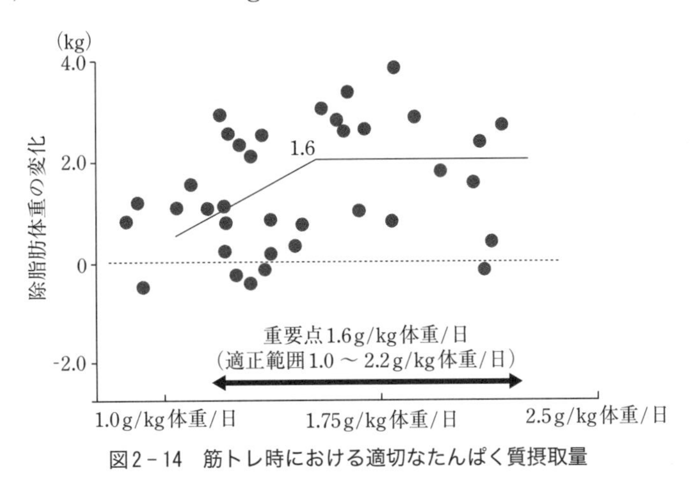

図2－14　筋トレ時における適切なたんぱく質摂取量

(4)　効果的なたんぱく質摂取の戦略

①　アミノ酸スコアを考慮した食材の選択

9種類ある必須アミノ酸は，それぞれが特別な存在なので替えが効かない。したがってすべての必須アミノ酸をバランスよく摂取しないと，体内のたんぱく質合成はうまくいかない。この考えを数値化したものがアミノ酸スコアである。具体的には動物性のたんぱく質(われわれの身体になるたんぱく質)を100とし，食材ごとの身体づくりのへの利用度を表したものである。例えば，肉や魚，卵，乳製品などのアミノ酸スコアは100であるが，白米や小麦に含まれるたんぱく質のアミノ酸スコアは50～70程度である。したがって，主食に含まれるたんぱく質だけでは，いくら食べても身体づくりには不十分である。これを補うため，たんぱく質メインの主菜を食べ，50～70程度のアミノ酸スコアを100に近づけていく必要がある。したがって，もし練習後におにぎりを食べるのであれば，具は動物性のものを採用し，アミノ酸スコアを戦略的に高めておくのがよい。一方，植物性食品同士でも相性がよいものがあり，米はリジンが少ないことが知られているが，大豆にはリジンが多いことが知られている。動物性たんぱく質が貴重であった日本において，ご飯と納豆，ご飯とみそ汁などの食文化は，栄養学がない時代から受け継がれた生きるための知恵といえる。主菜はたんぱく質も含むが油脂も多く含むため，やむを得ず植物性たんぱく質から栄養を考えていく場合は，アミノ酸スコアにも配慮をするとよい。

②　運動後のアミノ酸摂取

必須アミノ酸の仲間であるバリン，ロイシン，イソロイシンの3つは枝分かれ構造をとっており，分岐鎖アミノ酸(Branched Chain Amino Acid：BCAA)とよばれている。BCAAは筋肉に多く含まれることが知られており，例えば鶏むね肉を例にとると，全アミノ酸22gのうちBCAAは合計で4.0gと最も多く含まれ，グルタミン酸が3.4gと次に多い。したがって，BCAAやグルタミン酸の経口摂取による，筋肉へのアプローチに関する研究は盛んに行われてきた。様々な検証の後，現在のところBCAAはパフォーマンスの向上には寄与しないものの運動後の疲労回復に効果があると考えられている。一方で近年，BCAAの一つであるロイシン単独の筋合成促進効果が注目され，厚生労働省の食事摂取基準においても2015年にその効果が初めて紹介された。古典的なBCAAによる結果がロイシンに依るものであったのかは不明であるが，ロイシンがからだづくりに欠かせないホルモンであるインスリンの分泌を引き起こすことも知られているので，運動後に速やかに食事や糖質摂取ができないときに，緊急避難的にこれらアミノ酸を摂取することは，やぶさかではない。また，運動後のおにぎりに動物性の具(ロイシンが多い)を入れる意味も，この理由により後押しされる。

③　動物性食材の選択

同じ重量(g)で比較した場合，肉や魚，卵，乳製品などのアミノ酸スコアは一律100であるが，吸収速度は食材ごとに異なることが知られている。例えば，魚肉たんぱく質は肉たんぱく質よりも消化が早く，牛乳たんぱく質(牛乳)は大豆たんぱく質(豆乳)よりも消化が早い。運動によるたんぱく質合成への前向きな影響は，運動後24時間程度は維持されると考えられているので，基本的にはどの動物性食材を選択しても，体内に蓄えられる量はほぼ同じである。しかし，夜遅くまで練習をし，翌日も朝から練習がある場合などにおいては吸収の早いたんぱく質を選ぶ必要もでてくる。

また近年，一部の白身魚がスポーツ選手の筋肉発達に前向きな効果があると報告されている(図2-15)。これまでは，たんぱく質の摂取＋鉄分補給を兼ねて赤身肉や赤身魚などが好まれる傾向にあったが，今後は筋力増強効果を念頭に，たんぱく質の摂取源として白身魚が選択されることもあると考えられる。スポーツ選手のたんぱく質(食材の選択)については，鶏むね肉という偏ったイメージがあるが，単独の食材を選ぶのではなく，状況に応じた戦略的な選択の余地が残されている。

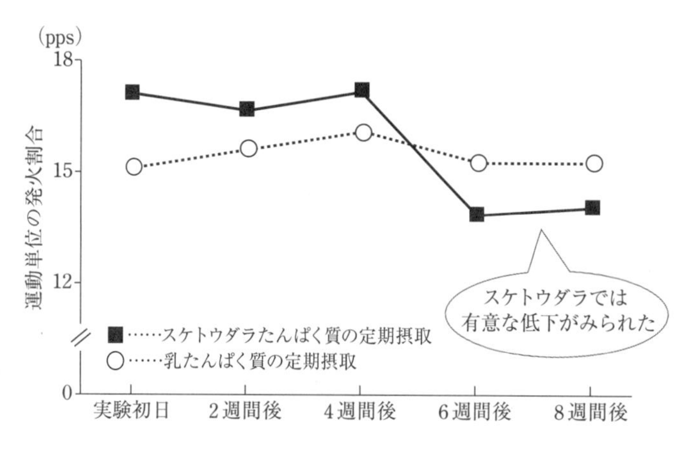

図2-15　中等度筋トレにおけるスケトウダラたんぱく質の栄養効果

SECTION 4　ビタミン，ミネラル

1　ビタミン

(1)　ビタミンとは

ビタミンは糖質，脂質，たんぱく質とは異なり，エネルギーとして利用されないが，微量でからだの様々な機能を調節する生命活動に必須の有機物である。体内で合成されないか，あるいは合成されても必要量に満たないため，必ず外界から摂取しなければならない栄養素である。摂取が不足すると特有の症状を示す欠乏症が起きる。ビタミンは全部で13種類ある。内訳は水溶性ビタミンが9種類(ビタミンB_1，ビタミンB_2，ビタミンB_6，ビタミンB_{12}，ナイアシン，葉酸，パントテン酸，ビオチン，ビタミンC)であり，脂溶性ビタミンが4種類(ビタミンA，ビタミンD，ビタミンE，ビタミンK)である。

水溶性ビタミンのうち，ビタミンC以外はビタミンB群とよばれ，これらは解糖系の補酵素としてはたらく。ビタミンCは主として体内の抗酸化物質(酸化防止剤)としての役割が大きい(表2-1)。

表2-1　ビタミンの種類とその特徴

種類＼特徴		生理作用	欠乏症	栄養学的な補足	食事摂取基準2020における推奨量または目安量(18～29歳の男女)
水溶性ビタミン	B_1 (チアミン)	補酵素の成分として，主に炭水化物の代謝に関与	脚　気 浮　腫 ウェルニッケ症など	調理による損失が大きく，実際の1/2～2/3程度しか摂取できない場合が多い	男性：1.4 mg/日 女性：1.1 mg/日
	B_2 (リボフラビン)	補酵素の成分として，主に脂質の代謝に関与	口角炎 口唇炎 角膜炎など	調理による損失が大きく，実際の1/2～2/3程度しか摂取できない場合が多い	男性：1.6 mg/日 女性：1.2 mg/日
	ナイアシン	主にNADやNADP(補酵素)の成分になり，生体酸化の水素伝達に関与	ペラグラ 口舌炎 胃腸病など	微量であるが体内でアミノ酸(トリプトファン)から合成できる	男性：15 mgNE/日 女性：11 mgNE/日
	B_6 (ピリドキシンなど)	補酵素の成分として，主にアミノ酸の代謝に関与	皮膚炎 先端疼痛症 免疫力低下など	たんぱく質摂取量が増大すると必要量も増大する	男性：1.4 mg/日 女性：1.1 mg/日
	B_{12} (シアノコバラミン)	主に核酸(DNA)の生合成に関与	悪性貧血 神経疾患 倦怠感など	吸収には胃液に含まれる内因子が必要	男性：2.4μg/日 女性：2.4μg/日
	葉　酸	主に核酸(DNA)の生合成に関与	巨赤芽球性貧血など	胎児の神経の発達に関わるので，妊娠時には大量に摂取する	男性：240μg/日 女性：240μg/日

	パントテン酸	補酵素(〜CoA)の本体として，様々なエネルギー代謝の反応に関与する	足痛 抗体産生低下 副腎障害など	レバーなどに多く含まれている	男性：5mg/日 女性：5mg/日
	ビオチン	解糖系の補酵素として主にピルビン酸などの代謝に関与	皮膚炎など	レバーなどに多く含まれている	男性：50μg/日 女性：50μg/日
	ビタミンC (アスコルビン酸)	体内の水系領域の抗酸化に貢献し，コラーゲンやホルモンの生成にも関与する	壊血病 歯肉色素沈着病 フォスファターゼ活性低下など	鉄製の鍋使用により調理時に酸化される。また人参にはビタミンC分解酵素が含まれている	男性：100mg/日 女性：100mg/日
脂溶性ビタミン	A (レチノール)	皮膚や粘膜，視力などを健康に保つはたらきがある。	夜盲症 骨の発育不良 上皮の角化など	動物性ビタミンAには摂取上限があるが，植物性のビタミンA(βカロテンなど)は抗酸化物質としてはたらき摂取上限はない	男性：850μgRAE/日 女性：650μgRAE/日
	D (カルシフェロール)	紫外線にあたると皮膚で生成され，主に肝臓に蓄えられる。	くる病 骨軟化症 骨粗鬆症など	骨への効果だけでなく近年では筋肉合成にも関わることが明らかとなり，運動のビタミンともよばれる	男性：8.5μg/日 女性：8.5μg/日
	E (αトコフェロール)	体内の油脂系領域の抗酸化に貢献し，生体膜の安定化や赤血球の溶血を防ぐはたらきがある	溶血性貧血 神経機能の異常 不妊症状など	近年，筋肉の疲労回復につながることが明らかとなった。青魚の脂質に多く含まれる	男性：850mg/日 女性：650mg/日
	K (フィロキノンなど)	血液凝固作用に補酵素として作用する。骨の接着剤として知られるオステオカルシンを合成する際にも必要	新生児メレナ 血液凝固時間延長など	スポーツ選手を対象にビタミンK摂取の栄養介入をしたところ，血中のオステオカルシンが改善したとする報告がある	男性：150μg/日 女性：150μg/日

(2) トレーニングとビタミン摂取

トレーニングと関係する代表的なビタミンについて解説をする。運動時にはエネルギー消費量の増加に伴って，主としてグルコースと脂肪酸からのエネルギー産生が高まるが，これらのエネルギー発生には補酵素であるビタミン B_1，ビタミン B_2，ビタミン B_6，ビタミン B_{12}，ナイアシン，葉酸，パントテン酸，ビオチンなどのビタミンが関与している。強度の高い運動や持久系運動時など，エネルギー源として糖質が利用される割合が高くなればなるほど需要が増加

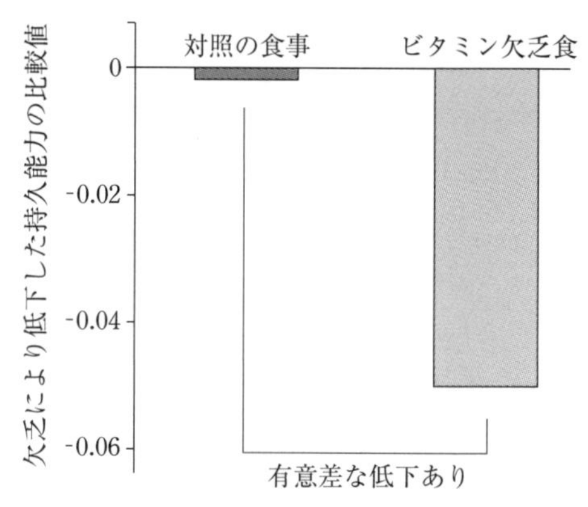

図2-16 10週間のビタミン B_1・B_2・B_6 とビタミンC欠乏が持久能力を低下させる

するので，ビタミンB群の十分な補給が必要になる。例えば，糖質代謝に関わるビタミンB_1が不足すると，糖質を摂取してもエネルギーに変えることができず，糖質はそのまま排泄されることなく，体脂肪となる。慢性的に不足すると脚気(多発性神経炎)になる。ビタミンB_2は主に脂質代謝に関わるが，不足すると口角炎などを発症する。ビタミンB_6はアミノ酸代謝に関わるビタミンであり，欠乏すると皮膚炎などを引き起こす。実際に健康な若い男性に一部の水溶性ビタミンを推奨量の約1/3に欠乏させた研究では，推奨量の2倍を摂らせた対照群と比べて，10週間で持久能力の指標である最大酸素摂取量が著明に低下したことが示されている(図2-16)。

他方，スポーツ選手はたくさん呼吸をするので普通の人よりもからだが酸化されやすいとする考え方がある。ビタミンCは抗酸化力(還元力)が強いビタミンであり，生体内の種々の酸化還元反応に関与している。特に，運動やストレス時に放出されるカテコールアミン(アドレナリンなど)の合成に関与し，結合組織のたんぱく質であるコラーゲンの合成にも関与し，血管壁の損傷を防ぐ役割をする。これらの合成には抗酸化作用が必要だからである。さらに赤血球の生成に必要な鉄の腸管吸収を，ビタミンCの抗酸化力(還元作用)が促進する理由からも運動との関わりは深い。加えてビタミンEも抗酸化能力を有する。ビタミンCと異なるのは脂溶性ビタミンであるため，体内の脂質領域の酸化防止剤として作用する点である。具体的には過酸化脂質の生成を抑制し，多価不飽和脂肪酸の多い生体膜を正常に保つ作用をしている。運動時には糖質や脂質の酸化が増加することから，過酸化脂質の生成も増大する可能性が高くなるので，これらの抗酸化ビタミンの適性摂取は重要である。抗酸化ビタミンには他に植物性ビタミンA(βカロテンなど)もある。

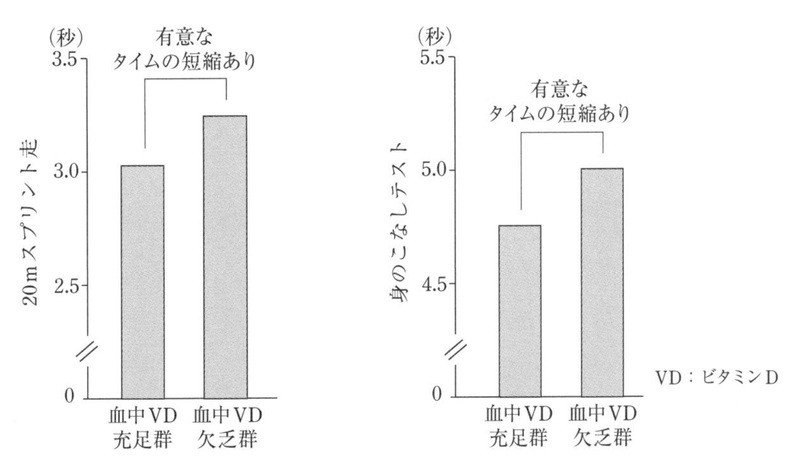

図2-17　血液中の25(OH)ビタミンD濃度の高さは，運動能力に関係する

また近年ではビタミンDは骨だけでなく筋肉にも前向きに作用することが判明し，実際に血液中の25-OH-ビタミンD濃度(活性型ビタミンD前駆体の濃度)の高さが，スポーツ選手のパフォーマンスに直接的に影響することも明らかとなった(図2-17)。ビタミンDは秋に血中濃度が最大となることが知られており，スポーツの秋という言葉は，

伊達ではないようである。秋にはきのこや青魚などのビタミンDを多く含む食材が旬を迎えるので，スポーツの秋という事実を食事の面から支えることも可能である。

一方で，ビタミンの欠乏が体力や運動能力を低下させることは明らかであるが，体内に十分に飽和していれば，それ以上与えても効果は表れないことも事実である。必要量を毎日補給し，体内にビタミンを飽和させておくことが，運動能力を十分に発揮できる条件である。基本であり，最も重要なことともいえよう。

2　ミネラル

(1)　ミネラルとは

ミネラルは無機質ともいい，全部で13種類ある(表2-2)。他の栄養素が有機物であるのと異なり，食品を燃やした後に残る灰に存在するので，灰分とも揶揄される。人体の部分を占める主要なミネラルは，カルシウム，リン，硫黄，カリウム，ナトリウム，塩素，マグネシウムの7種類があり，このうちナトリウム，カリウム，カルシウム，マグネシウム，リンについては多量ミネラルとよばれる。またナトリウム，塩素，カリウム，マグネシウム，カルシウムなどは電解質ともよばれ，体液のpH，浸透圧を正常に保ち，神経や筋肉の興奮に必要である。微量ミネラルには，クロム，モリブデン，マンガン，鉄，銅，亜鉛，セレン，ヨウ素などがある。微量ミネラルは主に酵素と結合し，代謝を維持する(表2-2)。

表2-2　ミネラルの種類とその特徴

特徴／種類		生理作用	欠乏症	栄養学的な補足	食事摂取基準2020における推奨量または目安量(18～29歳の男女)
多量ミネラル	ナトリウム	主として体液の恒常性に関わり，汗などによって容易に失われる。成人体内に約100g含まれる	消化液の分泌減退 倦怠感など	小腸でのグルコースやアミノ酸吸収にも関与するため，多くのスポーツ飲料においてミネラルとして添加されている	男性：7.5g未満/日 女性6.5g未満/日 (食塩相当値の目標量として)
	カリウム	ナトリウムと対になり，体液の恒常性に関わっている(Naポンプの構成要素)。成人体内に約200g含まれる	筋無力症腸閉塞症など	野菜や果物に多く含まれる。高血圧予防のため3歳から目標量が設定されている	男性：3000mg/日以上女性：2600mg/日以上(目標量として)
	カルシウム	骨・歯などの硬組織をつくる。成人体内に約1kg含まれる。筋肉や神経の恒常性に関与する	骨・歯が弱くなる 神経過敏となる 成長障害など	小腸でのカルシウム吸収率は，食材平均して20%程度である	男性：800mg/日 女性：650mg/日

	マグネシウム	筋肉の構成要素である。成人体内に約30g含まれる。酵素の機能性にも関わる	心悸亢進 過度な充血など	にがりにはマグネシウムが多く含まれているが，マグネシウムは小腸で下痢を引き起こすので注意が必要	男性：340mg/日 女性：270mg/日
	リン	骨・歯などの硬組織を作る。ATPなどの高エネルギーリン酸化合物をつくり，エネルギーを蓄える	骨・歯が弱くなるなど	リンはインスタント食品に多く含まれるが，リンの摂取量が多くなると，カルシウムの吸収がわるくなり骨密度が低下する	男性：1000mg/日 女性：800mg/日
微量ミネラル	鉄	血液中で酸素を運搬するヘモグロビンと筋肉中の酸素貯蔵に関わるミオグロビンの構成成分	貧血 健忘症状 発育遅延など	植物性の非ヘム鉄はあまり吸収されないが，ビタミンCを合わせて摂取すると吸収が高まる	男性：7.5mg/日 女性：8.5mg/日(月経あり)
	亜鉛	炭酸脱水酵素や乳酸脱水酵素などの構成要素。成人体内に約2g含まれる	味覚障害 皮膚障害 成長不良など	牡蠣1個で一日分の摂取量をまかなえるほど，多く含まれる	男性：11mg/日 女性：8mg/日
	銅	骨髄でヘモグロビンをつくるときに必要。成人体内に約70～100mg含まれる。	貧血 易骨折性など	エビ，かに，いか，タコといった軟体生物に銅が多く含まれるのは，ヘモシアニンによる	男性：0.9mg/日 女性：0.7mg/日
	マンガン	主として酵素作用の活性化を行う。成人体内に約10～15mg含まれる。	骨の発育低下 生殖能力低下 新生児死亡率の増加など	マンガンの小腸での吸収率は約3%であり，ほとんど吸収されない	男性：11mg/日 女性：11mg/日
	ヨウ素	甲状腺ホルモンの構成要素。分布に偏りがあり，大部分が甲状腺という器官に集中している	甲状腺肥大 甲状腺腫 発育不良など	昆布に多く含まれているので，粉末昆布などを料理に使用する際には過剰摂取に注意する	男性：130μg/日 女性：130μg/日
	セレン	強い還元力を持ち，抗酸化酵素の構成要素となる。甲状腺システムにも関与する	克山病など	セレンが不足すると心臓病を引き起こすコクサッキーウイルスに感染しやすくなる	男性：30μg/日 女性：25μg/日
	クロム	生活習慣病にかかわる酵素の構成要素。体内のクロムは3価クロムで毒性はない	耐糖能低下 昏迷など	国内のクロムの公害に，昭和40～50年代に東京で起きた六価クロム鉱滓(こうさい)事件がある	男性：10μg/日 女性：10μg/日
	モリブデン	キサンチンオキシダーゼやアルデヒドオキシダーゼなどの酵素の構成要素。	神経過敏 頻脈 成長遅延など	厚生労働省の食事摂取基準では，2020年から1歳以降の推奨量が新たに設定された	男性：30μg/日 女性：25μg/日

(2) トレーニングとミネラル摂取

トレーニングと関係する代表的なミネラルについて解説をする。カルシウムは人体内に最も多く含まれるミネラルである。その量は成人で約1kg(体重の2%前後)である。骨,歯はもちろん,血液をはじめ体内で様々な部分に含まれている。体内カルシウムの99%が骨と歯にあるが,特に骨はカルシウムの貯蔵庫であり,必要に応じてカルシウムを取り入れたり,血液に放出したりする。また多くの生理機能を有しており,成長ホルモンをはじめとするホルモンの分泌,血液の凝固などの生理機能に関与し,不足すると骨から溶け出すことで補う性質がある。その他,筋肉の収縮や心臓の規則正しい拍動,神経伝達の正常化にもカルシウムは必要である。運動は骨のカルシウム動態に大きな影響を及ぼす。一般には,弱い運動負荷では骨に変化を及ぼさず,中等度の運動で骨量が増加し,過度の運動では骨量が減少するといわれている。

鉄は成人で体内に3～4gほど含まれ,その約70%は血液に,約5%が筋肉に,残りは主に肝臓や脾臓,骨髄などにある。血液中で酸素を運搬するはたらきがある赤血球の主成分であるヘモグロビンを構成している。ヘモグロビンには,肺から取り込んだ酸素を全身の細胞に送り届ける役割がある。また血液中の酸素を筋肉に取り込むミオグロビンの成分として,血液中の酸素を筋肉に貯め込む役割がある。血液中の鉄も筋肉中の鉄も身体が酸素を利用するために働いているため機能鉄とよばれている。肝臓や脾臓,骨髄に存在する鉄は,機能鉄が不足すると血液中に出てきて補給する役割を担っているため貯蔵鉄とよばれている。

また鉄はきわめて吸収率の低いミネラルである。動物性食品中の鉄,ヘム鉄は,比較的吸収されやすく,吸収率は30%程度であるが,植物性食品の鉄,非ヘム鉄は総量の5%程度しか吸収されない。

〈引用・参考文献〉

Bloch, G., *et al.*：In vivo regulation of rat muscle glycogen resynthesis after intense exercise, Am J Physiol Endocrinol Metab 266, p.85-91(1994)

Bosch, A.N., *et al.*：Influence of carbohydrate ingestion on fuel substrate turnover and oxidation during prolonged exercise, J Appl Physiol 76, p.2364-2372(1994)

Coyle, E.,：Improved muscular efficiency displayed as Tour de France champion matures, J Appl Physiol 98, p.2191-2196(2005)

Flint, A *et., al.*：The use of glycaemic index tables to predict glycaemic index of composite breakfast meals, Br J Nutr 91, p.979-989(2004)

Gilic, B., *et al.*：Associations of vitamin D levels with physical fitness and motor performance; A cross-sectional study in youth soccer players from southern croatia, Biology 10: p.751(2021)

Ivy, J.L., *et al.*：Muscle glycogen synthesis after exercise: effect of time of carbohydrate ingestion, J Appl Physiol 64, p.1480 - 1485(1988)
Marquet, L.A.,：Enhanced endurance performance by periodization of carbohydrate intake: Sleep Low strategy, Med sci Sports Exerc 48, p.663 - 672(2016)
Matsumoto, K., *et al.*：Branched - chain amino acid supplementation attenuates muscle soreness, muscle damage and inflammation during an intensive training program, J Sports Med Phys Fitness 49, p.424 - 431(2009)
Morton, R.W., *et al.*：A systematic review, meta - analysis and meta - regression of the effect of protein supplementation on resistance training - induced gains in muscle mass and strength in healthy adults, Br J Sports Med 52, p.376 - 384 (2018)
Scheiman, J., *et al.*：Meta-omics analysis of elite athletes identifies a performance-enhancing microbe that functions via lactate metabolism, Nat Med 25, p.1104 - 1109(2019)
Van der Beek, E.J., *et al.*：Thiamin, riboflavin, and vitamin B - 6 and C: impact of combined restricted intake on functional performance in man, Am J Clin Nutr 48, p.1451 - 1462(1988)
Volek, J.S., *et al.*：Metabolic characteristics of keto - adapted ultra - endurance runners, Metabolism 65, p.100 - 110(2016)
Watanabae, K., *et al.*：Fish protein ingestion induces neural, but not muscular adaptations, following resistance training in young adults, Front Nutr 8: 645747, p.1 - 12(2021)
伊藤貞嘉ほか：日本人の食事摂取基準2020年版，p.106 - 126，第一出版(2020)
稲井真ほか：糖質摂取のタイミングの違いが運動後の筋グリコーゲン回復率に及ぼす影響，日本スポーツ栄養研究誌10，p.48 - 57(2017)
河合美香：スポーツ選手が抱える栄養の問題，Strength Conditioning Journal 27(6)，p.13 - 19(2020)
小清水孝子ほか：スポーツ選手の栄養調査・サポート基準値策定及び評価に関するプロジェクト報告，栄養学雑誌64，p.205 - 208(2006)
齊藤愼一ほか：夕方の激運動後の食事摂取タイミングが翌朝空腹時の筋グリコーゲン含量に及ぼす影響，筑波大学体育科学系紀要23，p.55 - 62(2000)
藤井久雄編：スポーツの栄養学，p.20 - 73，アイ・ケイ コーポレーション(2010)
南本裕介ほか：長期および短期ファットローディングが持久的運動パフォーマンスに及ぼす影響について，大阪体育学研究49，p.27 - 37(2018)
八田秀雄：エネルギー代謝を活かしたスポーツトレーニング，p.10 - 21，講談社サイエンティフィク(2004)
八田秀雄：乳酸をどう考えたら良いのか，体力科学59，p.8 - 10(2010)

3章 スポーツ選手の栄養管理

SECTION 1 スポーツ栄養マネジメント

1 スポーツ栄養マネジメントとは

スポーツ栄養マネジメントとは，「運動やスポーツによって身体活動量の多い人に対し，スポーツ栄養学の理論・知識・スキルを活用し，栄養補給や食生活など食に関わるすべてについてマネジメント*すること」と定義されている。競技選手，スポーツを楽しむ人，健康づくりのために運動している人を対象として栄養管理を実施する際に活用でき，これを用いることによって栄養管理の目標を達成できたかどうかを判断するだけでなく，栄養管理にかかった時間や経費，施設・設備などの仕組みや体制，栄養教育の方法などの過程を評価することができる。

*マネジメント(する)：目的を定め，それを達成するために計画を立てて実行し，実行後に評価して，目的達成状況や今後の課題・問題点を抽出し計画の改善を行いながら進めていくこと。

2 スポーツ栄養マネジメントの活用方法

スポーツ栄養マネジメントは，目的と期間を定め，集団の中から条件に合致する対象者を抽出するスクリーニングによってしぼり込む。

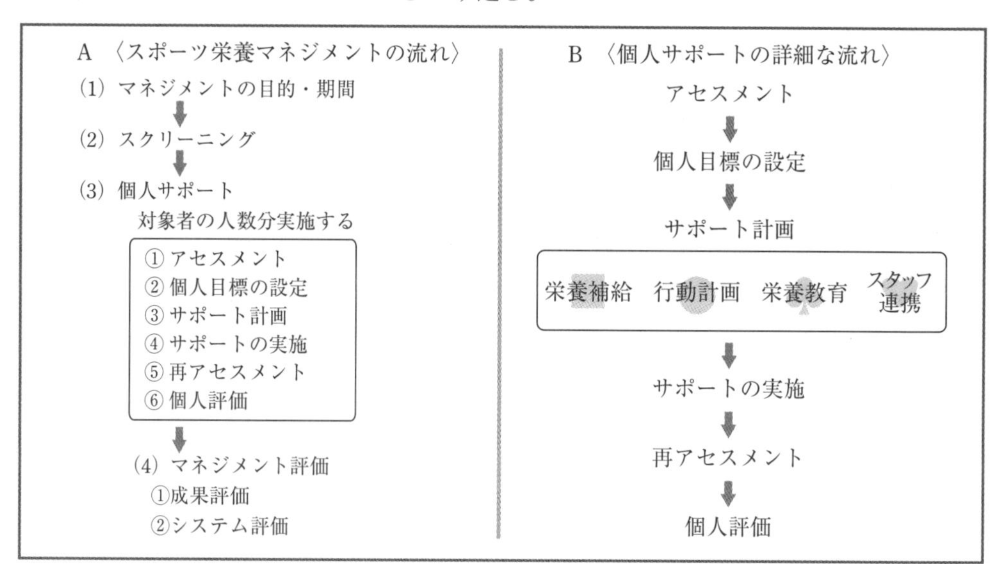

図3-1 スポーツ栄養マネジメントの流れ

出典：高田和子・海老久美子・木村典代編：エッセンシャルスポーツ栄養学，p.18，市村出版(2020)より作成

次に対象者の人数分個人サポートを実施し，個人評価の結果を集団でまとめた成果とマネジメントのシステムを評価するという流れである（図3-1 A）。

上記の流れにある，個人サポートの流れを解説する（図3-1 B）。

栄養補給：個人目標を達成するためのエネルギーや栄養摂取量，それを基にした食事の構成・量のタイミング，サプリメント摂取に関する計画まですべてが含まれている。

行動計画：栄養補給計画を実行するための具体的な行動内容を対象者と共に立案する。計画の内容を理解していないと実施が難しい場合，あらかじめ栄養教育を行う必要がある。

栄養教育：アセスメントの結果，行動計画の必要性，内容，実行方法について行われることが多い。教育は対象者だけではなく，スタッフにも行う必要がある。

スタッフ連携：サポート計画を実行するためには，対象者の周りの監督，コーチ，トレーナーなどの連携が必要である。

（1） マネジメントの目的および期間

初めに栄養管理をする対象者の状況に応じた目的と期間を定める。目的には健康障害の改善・予防，健康の維持，競技力向上などがあり，最終的にその目的が達成できたどうかを評価できる目的を設定する必要がある。具体例を表3-1に示した。

「バランスのよい食事をする」や「生活のリズムを整える」のように，成果を客観的に評

表3－1 マネジメントの目的とスクリーニングの例

	マネジメントの目的	スクリーニング		
		抽出する項目	集団	対象者
1	貧血の改善	血中ヘモグロビン濃度	陸上競技部駅伝チーム	貧血と診断された選手
2	メタボリックシンドロームの解消	腹囲，血糖値，血圧，血中脂質	健康教室の参加者	メタボリックシンドロームと診断された者
3	エネルギー摂取量不足の改善	エネルギー摂取量，体重	女子新体操競技部	1か月の体重減少率5%以上で，エネルギー摂取量が推定エネルギー必要量の80%未満の選手
4	肥満の予防	体脂肪率，運動習慣，朝食摂取	介護予防教室の参加者	体脂肪率30%以上で運動習慣がなく朝食欠食習慣のある女性
5	増 量	監督の要望	ラグビー部	監督に増量が必要だと判断された選手
6	減 量	Yo-Yo 間欠性回復力テスト*，体脂肪率	女子サッカー部	Yo-Yo 間欠性回復力テスト600m未満で体脂肪率20%以上の選手
7	体重の維持	体 重	硬式野球部	レギュラー選手および準レギュラー選手

＊Yo-Yo 間欠性回復力テスト：直線20mの往復を10秒の休息を挟んで繰り返すテストで，短い休息で激しい運動を繰り返す競技に必要な能力

価できないような目的は適さない。

目的を達成するために必要な期間が長期間になる場合には，例えば，3年間であれば1年ごと，1年間であれば4か月ごとなど期間を分けて目標を決め，それぞれの期間で評価して最終的に目的を達成できるようにするとよい。

(2) スクリーニング

集団からマネジメントを行う対象者を抽出するための項目と条件を設定して行う(表3-1)。

(3) 個人サポート

① アセスメント

対象者の現状を把握するために様々な調査や測定などを行い，問題点や課題を抽出することである。アセスメントの項目には身体計測，食事調査，身体活動量，食環境，トレーニング計画(期分け，練習内容，頻度など)，血液検査などがあるが，目的や対象者の特性に応じた項目を選んで実施する。身体計測，食事調査，身体活動量については，4～6章参照

② 個人目標の設定

アセスメント結果より目的を期間内に達成できる個人の具体的な目標を設定する。

③ サポート計画

個人目標を達成するためにエネルギーや栄養摂取量の栄養補給計画を立てる。そして栄養補給計画を実行するために実現可能な行動計画を対象者と相談しながら立案する。行動計画は実現できたかどうかを明確に判断できる具体的な表現で示すとよい。

行動計画を確実に実行できるようにするための栄養教育の方法や時期を設定する。対象者に関わりのある監督，コーチ，トレーナー，マネージャーなどのスタッフと信頼関係を築き，連携することが重要である。栄養補給，行動計画，栄養教育，スタッフ連携で構成される(図3-1B)。

④ サポートの実施

行動計画の実施状況を確認しながら，必要に応じて変更や修正をしながら進める。

⑤ 再アセスメント

アセスメントと同じ項目を同一条件で実施する。それに加えてサポートの実施状況を評価するために必要な項目があれば追加する。

⑥ 個人評価

個人目標の達成状況を再アセスメント結果，行動計画の実施状況，スタッフの評価などを用いて評価する。

(4) マネジメント評価

成果評価：個人評価から得られた成果を集団でまとめて評価する。

システム評価：実施に関わる人数や時間，経費，設備，スタッフとの連携などを指標として仕組みや体制を評価する。また，手順や活動状況についても評価する。

SECTION 2　スポーツ栄養マネジメントの実践例

高校生女子バレーボール部1～3年生30名を対象としたスポーツ栄養マネジメントの実践例を表3-2に示した。

表3－2　スポーツ栄養マネジメントの実践例

<table>
<tr><th colspan="2">マネジメント</th><th>目的と期間</th><th>適正体重の維持(6か月間)</th></tr>
<tr><td colspan="3">スクリーニング</td><td>6か月間のサポートが可能な1，2年生20名</td></tr>
<tr><td rowspan="9">個人サポート</td><td colspan="2">アセスメント</td><td>• 質問紙調査(体調，生活状況，食意識)
• 体重・体脂肪率の測定
• 食事調査(自記式記録法3日間)
• 監督・トレーナーからの聞き取り調査(トレーニングスケジュールや内容，大会日程など)</td></tr>
<tr><td colspan="2">個人目標の設定</td><td>体重・体脂肪率，食事調査結果，体調などから現体重を維持するか，増量または減量が必要かを判断し，体重の目標値を設定する</td></tr>
<tr><td rowspan="4">サポート計画</td><td>栄養補給</td><td>日本人の食事摂取基準やアスリート向けのガイドラインを参考に決定する。</td></tr>
<tr><td>行動計画</td><td>• 食事摂取状況の課題解決となる行動目標を決める
• 毎食，主食を必ず食べること
• 朝食に副菜をつけること(一皿以上)など</td></tr>
<tr><td>栄養教育</td><td>• 最初にスポーツ選手における食事の必要性や食事のセルフチェックの方法を説明する
• 体重調節のための食事の摂り方を説明する
• 食事調査結果をフィードバックし，全体に対しては食事摂取状況の傾向を，個別には改善すべき点などを説明する
• 個人面談を月に2回程度実施し，日常の食事内容を確認する</td></tr>
<tr><td>スタッフ連携</td><td>• 監　督：栄養教育の日程調整や保護者への連絡をお願いする
• トレーナー：体重の目標値を決める際に意見を聞く
• 保護者：食事調査の説明と協力依頼を行う</td></tr>
<tr><td colspan="2">実　施</td><td>行動計画の実施状況を把握するために，行動目標を毎日確認できる日誌をつけてもらう</td></tr>
<tr><td colspan="2">再アセスメント</td><td>アセスメントで実施した質問紙調査，体重・体脂肪率の測定，食事調査を行う。また，今後の栄養サポート継続の希望意思や主観的疲労感など実施前と比較した体調変化の有無を調査する</td></tr>
<tr><td colspan="2">個人評価</td><td>適正体重を維持できたかどうかを期間中の体重変動と再アセスメント時の体重から評価する</td></tr>
<tr><td colspan="2" rowspan="2">マネジメント評価</td><td>成果評価</td><td>• 20名分の個人評価から目的達成率を算出する
• 栄養補給の設定や行動計画は適正体重の維持に効果的であったかを評価する</td></tr>
<tr><td>システム評価</td><td>食事調査から正確なデータが得られたか(選手への説明は適切だったか，保護者の協力は得られたか)，栄養教育が計画通り実施できたか(監督とのコミュニケーションはとれていたか，計画に無理はなかったかなど)</td></tr>
</table>

(1) 目的と期間およびスクリーニング

このチームは例年，体重変動によりパフォーマンスが低下することが問題となっている。そのため，適正な体重を維持することにより問題の改善が期待できると考え，年度末までの6か月間を期間とする。対象者30名のうち年度途中で引退する3年生を除き，最後までサポート可能な1，2年生20名を抽出する。

(2) 個人サポート

① アセスメントと個人目標の設定

スクリーニングにより抽出された20名を対象としてアセスメントを行い，その結果より個人の目標を1人ずつ設定する。現体重が適正範囲である場合には体重維持を目標とする。増量または減量が必要であると判断された場合には体重の目標値を設定するが，2～3か月で達成可能であると考えられる現体重の±5%程度までの増減とし，その後の期間はその体重維持を目標とする。このとき，監督やトレーナーの意見も聞き目標設定の参考とする。食事調査はサポート計画を立てるために重要な情報源となる。対象者のほとんどが家庭で準備された食事を摂っていることから保護者に対する調査への協力依頼が不可欠である。食事調査結果を分析して適正体重の維持に支障が出そうな問題点や課題を抽出しておく。

② サポート計画と実施

アセスメント結果より，適正な体重を維持するための栄養補給計画を立て，目標達成のためのエネルギー量や栄養素摂取量を示す。

計画通りに補給できるようにするためには対象者に食事の重要性や意味を伝え，計画をよく理解してもらうことが重要である。また，それを実行するためには，いつ何をどのくらい(どのように)食べるのかを具体的な行動で提示し，それが実行できたかを判断できるようにする。

その際，食事調査で得られた問題点などを参考にして現実的に実行可能な行動目標を立てる。食事調査結果をフィードバックする際に丁寧に説明して理解してもらうことにより，行動目標の実現につながる。実施中の状況は各自で日誌をつけて記録してもらうが，定期的な個人面談を月2回程度実施することで状況を確認し，目標とする行動が持続できるようにサポートする。

③ 再アセスメント・個人評価

アセスメントと同じ項目で再アセスメントを実施し，その結果より，適正体重の維持ができたかどうかを期間中の体重変動と合わせて個人評価を行う。個人目標が達成されなかった場合には，再アセスメントの結果は，新たなマネジメントのアセスメント結果として用いることができる。

(3) マネジメント評価

① 成果評価

個人目標として設定した適正体重の維持が20名中，何名達成できたかどうかを目的の達成率で示す。ここでは設定した体重の±1%以内を維持と決めて達成と判断する。達成できなかった者がいた場合には，行動目標が実行できなかったのか，それとも行動目標は実行できたが適正体重が維持できなかったのかなどを確認する。その結果より栄養補給で示したエネルギーや栄養素摂取量が適切だったか，行動目標がその個人に適していたのかなどについて考察し，評価を行う。

② システム評価

マネジメントに従事した人数や時間・経費がどの程度であったかや活動の内容を評価する。例えば，アセスメントや栄養教育に時間がかかり業務負担が大きかった場合には，サポート計画を予定通り進められなかったり，栄養教育の質が低下したりする原因となる可能性がある。この場合，対象者の人数やアセスメントの項目を減らすなどの改善が必要である。また，対象者の食意識や行動の変化やサポート継続の希望者が少なければ，栄養教育が不十分である可能性などが考えられる。この場合は，効果的な栄養教育の方法や頻度，タイミングなどを検討する必要がある。監督やトレーナー，保護者など関係スタッフとの連携についても評価する。サポート計画を円滑に進めるためには，できるだけ密にコミュニケーションをとることが必要となるが，実施内容や評価について丁寧に説明することも信頼関係の構築に重要である。

〈引用・参考文献〉

鈴木志保子：スポーツ栄養マネジメントの構築，p.275-282，栄養学雑誌(2012)

高田和子・海老久美子・木村典代 編：エッセンシャル スポーツ栄養学，p.18，市村出版(2020)

4章　身体組成と測定方法

SECTION 1　アスリートの体格と身体組成の評価

1　BMIによる体格の評価

体格とは，からだの組立て，身長・体重・骨格などによって示される身体の外観的状態，からだつきをいう。体格は身長や体重，骨格などを体重計やメジャーを利用して比較的簡単に測定することで評価できる。競技種目の中には体格がパフォーマンスに影響を及ぼす種目もある。

（1）　BMIを用いた体重の評価方法

エネルギー出納の結果は，体重の変化やBMI（Body Mass Index）で示す場合がある。日本肥満学会ではBMIと肥満との関連を示し（表4-1），日本人の食事摂取基準（2020年版）では，目標とするBMIを示している（表4-2）。

BMIは体重（kg）を身長（m）の2乗で割って算出する（身長はcmではなく，mで計算する）。

BMI＝体重（kg）÷身長（m）×身長（m）

表4－1　BMIと肥満度の関係（日本肥満学会）

区　分	BMI
低体重	18.5未満
普通体重	18.5以上25未満
肥満（1度）	25以上30未満
肥満（2度）	30以上35未満
肥満（3度）	35以上40未満
肥満（4度）	40以上

表4－2　日本人の食事摂取基準2020年版で目標とするBMIの範囲

年齢（歳）	目標とするBMI
18～49	18.5～24.9
50～64	20.0～24.9
65～74	21.5～24.9
75以上	21.5～24.9

目標とするBMIは観察疫学研究において報告された総死亡率が最も低かったBMIをもとに，疾患別の発症率とBMIの関連，死因とBMIとの関連，喫煙や疾患の合併によるBMIや死亡のリスクへの影響，日本人のBMIの実態に配慮し，総合的に判断し目標とする範囲を設定する。

(2) BMIを用いたアスリートの体格の評価

アスリートの場合，身体活動量が不変の期間では，エネルギー摂取量の管理は，体格の管理とほぼ同等と考えることができる。また，BMIは肥満や低体重の判定にも用いることがあるが，体重が重いことが有利な競技種目の場合は，体重の重さが筋量なのか脂肪量なのかは判断できないため，BMIのみで競技のパフォーマンスとの関連を検討することは適していない。一方，体重の軽さは摂食障害，低栄養，月経障害など，様々な症状と関連している場合があるため，体重が軽いことが有利な新体操や陸上競技長距離などの選手は，表4-2の範囲から外れる可能性が高く，健康管理に注意が必要である。中でも女性アスリートの場合は，女性アスリートの三主徴と関連する可能性も考えられることから，日頃から体重を把握することも競技のパフォーマンスに関連する。

2 身体組成の評価

身体組成は，原子レベル，分子レベル，細胞レベル，組織レベルといったいくつかの視点でとらえることができる。中でも組織レベルを脂肪組織と脂肪以外の除脂肪組織で分ける2組成モデルは，身体組成の評価方法として広く用いられている。

(1) 5段階の人体モデルによる身体組成の区分

5段階の人体モデルで身体組成を区分(図4-1)すると，レベルⅠは原子で区分され主に酸素(O)，炭素(C)，水素(H)で構成されており，その他には窒素(N)やミネラルが含まれる。レベルⅡは分子で区分され，主に水，脂質，たんぱく質が含まれる。レベルⅢは細胞で構成され，細胞質，細胞外液，細胞外固形物で構成される。レベルⅣは組織や器官であり，骨格筋，脂肪組織，骨，血液などで構成される(Wang, Z. M ら 1992)。

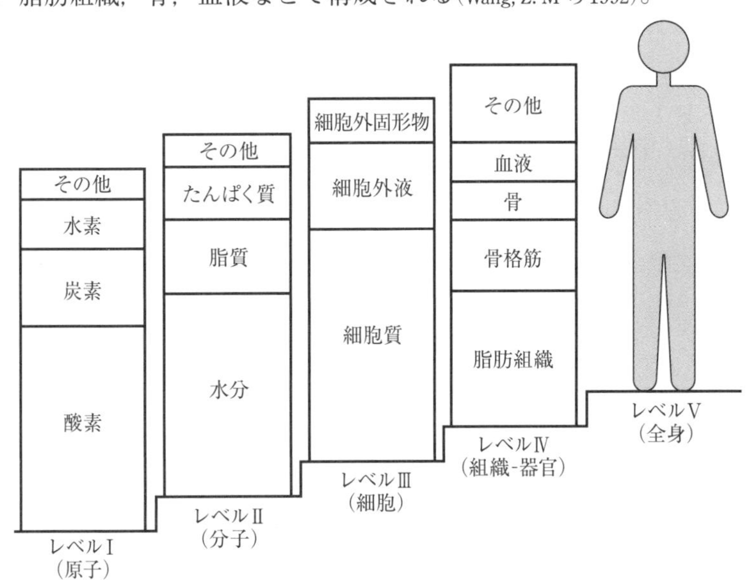

図4－1 人体の5段階モデル(Wang, Z. M ら 1992をもとに修正し作成)

(2) 2組成モデルによる区分

組織レベルを脂肪組織と脂肪以外の除脂肪組織で分け，それぞれの量を測定したり推測したりすることができる。脂肪量(fat mass：FM)とは全身の脂肪の量を指す。心臓，肺，肝臓，脾臓，腎臓などの組織に存在し，通常の生理的機能に必要とされる必須脂肪とエネルギー貯蔵庫としての役割をもつ貯蔵脂肪で構成される。女性特有の脂肪は必須脂肪に含まれ，体重の12%であるが，男性の必須脂肪は3%である。主に脂肪細胞中にある脂質(中性脂肪)を含む貯蔵脂肪は，内臓脂肪と皮下脂肪に存在する。相対値でみると貯蔵脂肪は，男女差がほとんどなく，若年の男性は12%，女性は15%である(生理学大辞典 p.474-479)。体重からFMを除いた量が除脂肪量(lean body mass：LBM)であり，主に骨格筋，骨，臓器で構成される。体重と体脂肪率の測定値から，脂肪量と除脂肪量を算出することができる。

例えば，体重50kg，体脂肪率20%のアスリートの脂肪量と除脂肪量は，以下の式で求めることができる。

〈脂肪量〉

50kg(体重)×20%(体脂肪率)÷100＝10kg

〈除脂肪量〉

50kg(体重)－10kg(脂肪量)＝40kg

表4－3 男女アスリートの体脂肪率

スポーツ選手	体脂肪率	
	男性	女性
バレエ	8～14	13～20
野球／ソフトボール	12～15	12～8
バスケットボール	6～12	20～27
ボディビルディング	5～8	10～15
カヌー／カヤック	6～12	10～16
自転車競技	5～15	15～20
フットボール		
バックス	9～12	
ラインバッカー	13～14	
ラインマン	15～19	
クォーターバック	12～14	
体操競技	5～12	10～16
競馬(騎手)	8～12	10～16
アイス／フィールドホッケー	8～15	12～18
オリエンテーリング	5～12	12～24
ラケットボール	8～13	15～22
ロッククライミング	5～10	13～18
ローイング(手こぎボート)	6～14	12～18
ラグビー		10～17
スキー		
アルペン	7～14	18～24
クロスカントリー	7～12	16～22
ジャンプ	10～15	12～18
スピードスケート	10～14	15～24
シンクロナイズドスイミング		12～24
水　泳	9～12	14～24
テニス	12～16	16～24
陸上競技		
円盤投げ	14～18	22～27
跳躍	7～12	10～18
長距離	6～13	12～20
砲丸投げ	16～20	20～28
短距離	8～10	12～20
混成競技	8～10	
トライアスロン	5～12	10～15
バレーボール	11～14	16～25
ウェイトリフティング	9～16	
レスリング	5～16	

出典：運動生理学大辞典 p.477(2017)

(3) アスリートの身体組成の評価

アスリートは，食事摂取量とトレーニングの成果を，LBMやFMの量および体脂肪率の変化で評価する場合がある。同種目であっても，男性より女性の方が体脂肪率が高く，性差がみられることがわかる。また，競技種目よる違いもみられる(表4-3)。趙ら(2018)の大学生新体操選手を対象にした測定では(図4-2)，BMI，体脂肪率，皮下脂肪厚を測定し，競技力をレギュラー選手か非レギュラー選手かで区分して，比較した。その結果，レギュラー選手はBMI，体脂肪率，皮下脂肪厚(腹部，大腿前面)で，非レギュラー選手よりも有意に低値を示したことが報告されている。このように，種目によっては，競技力による違いもみられ，体重が増加した場合は，脂肪量によるものか，除脂肪量によるものか，体重が減少した場合には，除脂肪量が減少していないか，といった確認が重要である。そのことからアスリートにおいて，体重や体格の評価だけではなく，身体組成の評価も適切に行うことが，競技のパフォーマンス向上には必要であることがわかる。また，体脂肪率の測定はいくつかの方法があることから，測定方法を理解し，適切な方法で，定期的に測定をすることが重要になってくる。

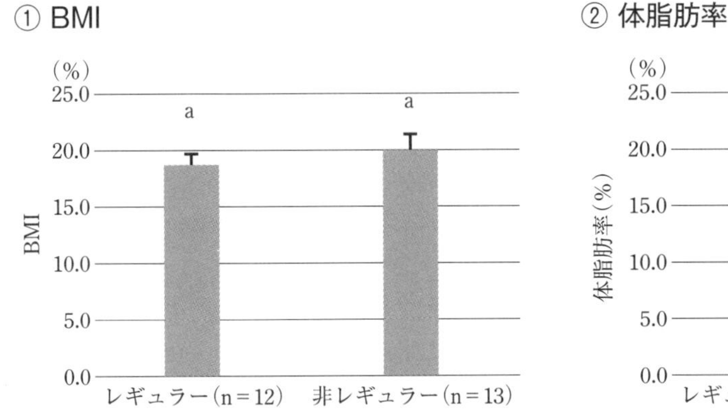

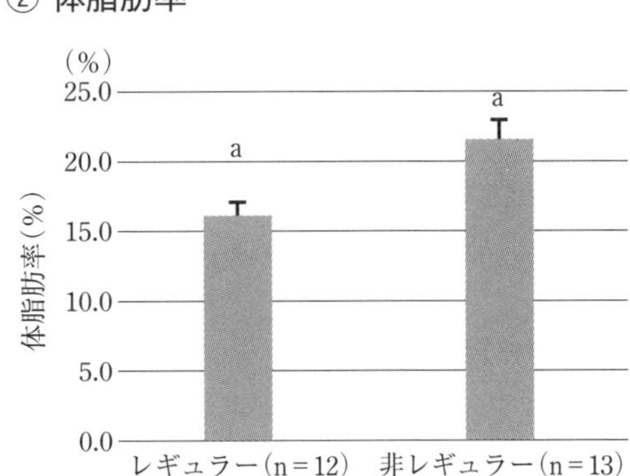

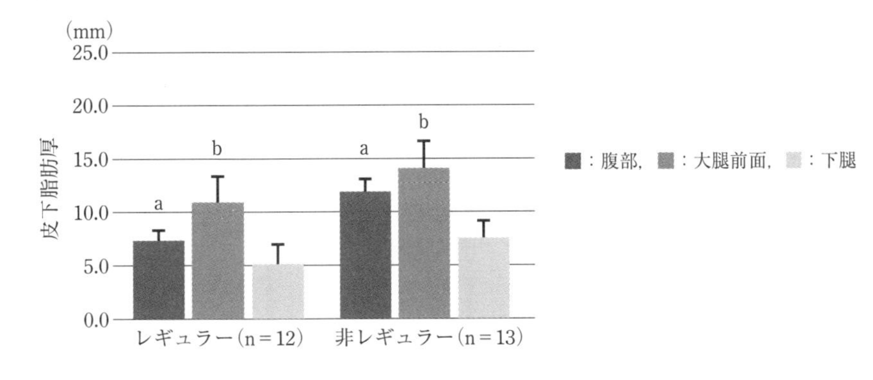

図4－2　レギュラーと非レギュラーの体格と身体組成の違い

出典：趙ら(2018)より作成(同符号間で有意差あり)

大学生新体操選手を対象にした測定では，レギュラーはBMI，体脂肪率，皮下脂肪厚(腹部，大腿前面)で，非レギュラーと比較して有意に低値を示した。

SECTION 2　身体組成の測定方法

身体組成を間接的に測定する主な方法は以下の通りである。

1　体密度法

体密度を測定する方法には，水中体重秒量法と空気置換法がある。これらの方法により，測定した全身体密度の推定値から体脂肪率と除脂肪率を算出することができる。体密度が1.0500 g cm³であると仮定した場合の体脂肪率は，物理学者 William Siri（1926〜2004）の以下の公式を使って算出することができる。

なお，脂肪の密度は0.90 g/cm³であり，除脂肪量の密度は1.10 g/cm³である。

体脂肪率（%）= 495 ÷ 体密度 − 450

495 ÷ 1.050 g / cm³ − 450 = 21.4%

（1）　水中体重秤量法

体密度を測定する水中体重秤量法では，完全に水中に沈んだときに押しのけられた水の量を測定し，体積とする。もしくは，完全に水中に沈んだときの体重を計測し（図4-3），その値を大気中で計測した体重の値から差し引き，測定時の水の密度で割り，肺に残っている残気量を引くことで水の体積を求める。大気中で計測した体重を水の体積で割ることで，体密度が算出される。

身長と体重が同じでも，身体組成が異なる場合，体積が異なることになる。

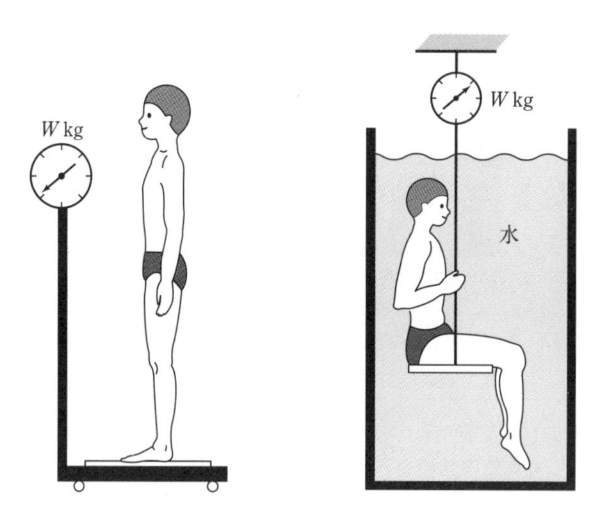

図4－3　通常の状態と完全に水中に沈んだときの体重測定

$$\text{身体密度}(g/cc)\ \frac{\text{体重}(kg)}{((\text{体重} - \text{水中体重})/\text{水の密度}) - \text{残気量}}$$

(kg)　(kg)　(g/cc)　(L)

体重＝60 kg　　　水中体重＝2 kg
残気量＝0.1 L
水の密度＝0.9944 g／cm³(34℃)の計算式

$$\frac{60}{((60\,\mathrm{kg}-2\,\mathrm{kg})/0.944\,\mathrm{g/cm^3})-0.1}=1.0422\,\mathrm{g/cm^3}$$

(2) 空気置換法(図4-4)

押しのけられた空気の容積から身体の密度を求めることにより，体密度を測定する。BOD POD(アメリカ Life Measurement, Inc の BOD POD という装置が有名)では，密閉された室内に座り，室内の容積を変化させることで生じるわずかな圧力の変化から身体の体積を測定する。大気中で測定した体重を BOD POD で測定した体積で割り，体密度を算出する。

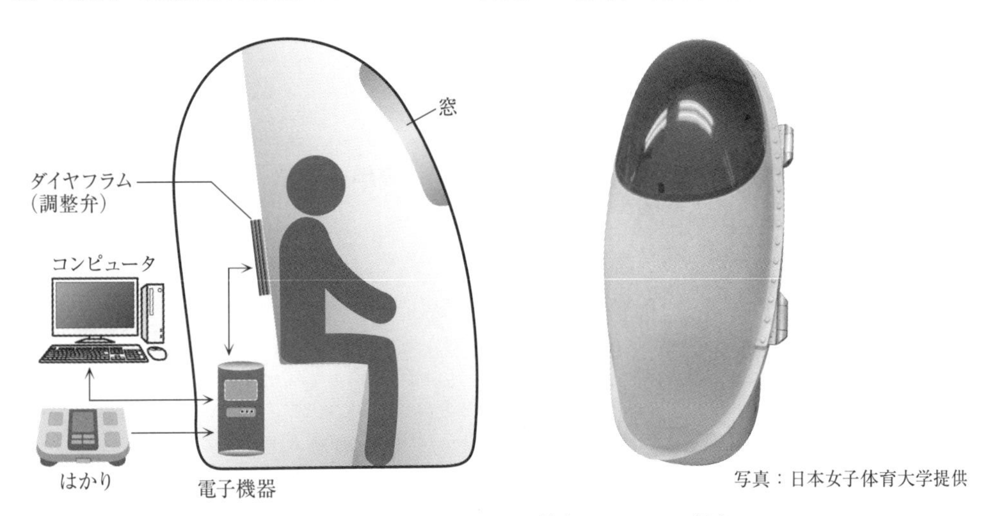

図4－4　BOD POD のシステム(左)と BOD POD(右)

密度法で求めた体脂肪率の推定誤差は他の測定方法と比較して低値を示すが(±3.0％程度前後)，測定には，特別な装置と，それを扱うことのできる測定者が必要である。被験者は水着を着用する必要があり，容易に測定することは難しい。

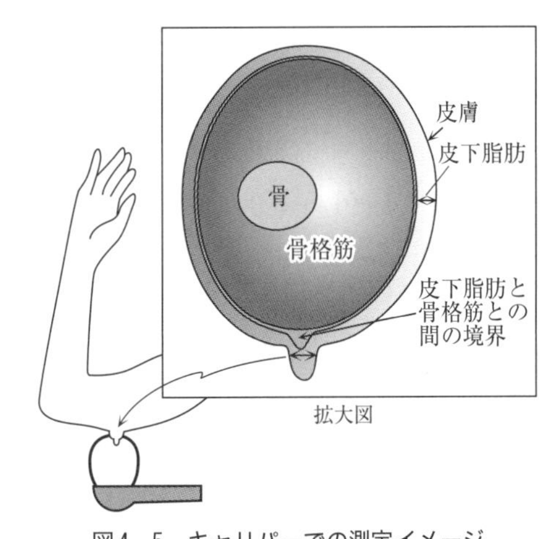

図4－5　キャリパーでの測定イメージ
出典：ダン・ベナードッド著，寺田新訳：スポーツ栄養ハンドブック，東京大学出版会(2021)より作成

2 皮脂厚法

皮脂厚測定用のキャリパーを用いて，皮膚およびその下の皮下脂肪をつまんで二重にして，その厚さを測定する(図4-5, 6)。

皮下脂肪厚と身体密度には高い相関があることから，キャリパーで測定した皮下脂肪厚から，身体密度を推定し，体脂肪率を算出する。また，皮下脂肪厚の数値やその合計値は，個人間における相対的な肥満度を示すことができ，トレーニング前後の絶対的な変化も反映することができる。

図4-6　キャリパー

撮影　古泉

(1)　キャリパーによる測定部位(図4-7, 8)

①　上腕三頭筋部

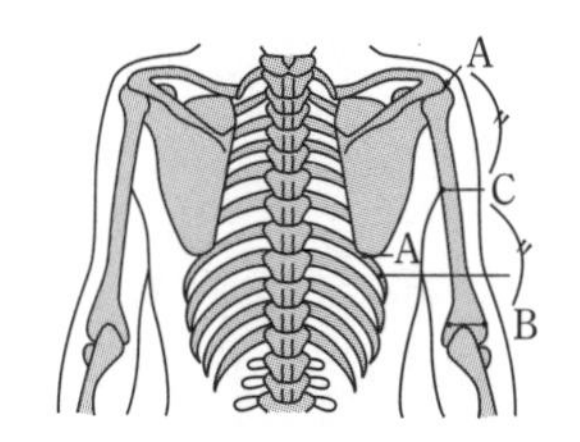

弛緩した状態で肩峰点Aと橈骨点Bの中間，上腕の中央線を垂直につまむ。

図4-7　上腕三頭筋部

②　肩甲骨下部

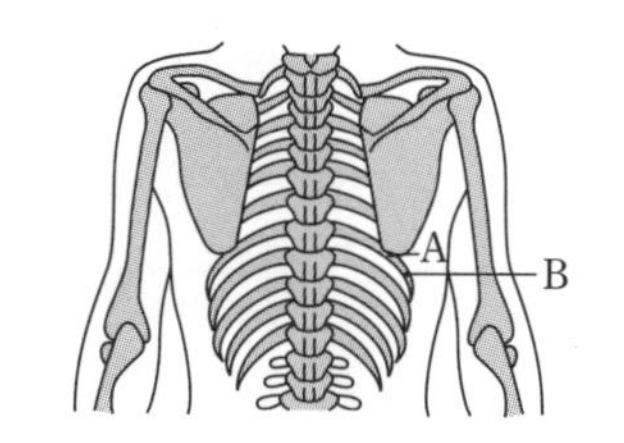

肩甲骨の下部A, Bを斜めにつまむ。

図4-8　肩甲骨下部

(2)　計算式

Nagamine と Suzuki の式により体密度を算出する。

女性　**1.0897 − 0.00133 ×（上腕三頭筋部(mm) + 肩甲骨下部(mm)）**

男性　**1.0913 − 0.00116 ×（上腕三頭筋部(mm) + 肩甲骨下部(mm)）**

測定結果の精度は，測定部位の正確さや，測定する者の技量に影響されるため，個人内の変化や個人間の差を検討する場合は，測定者を同一にするといった注意が必要である。

3　DEXA 法

二重エネルギーX線吸収測定(Dual Energy X-ray Absorptiometry：DEXA)法は，身体組成を推定する方法の中で，最も精度の高い手法であり，身体組成の測定法によるゴールドスタンダードといわれている。そのため他の手法の妥当性は，DXA 法で得られたデータを基準として検証されている。

DEXA法では，2種類のX線を被験者に照射して，そのX線が各組織において，どれくらいを吸収されたかを測定(図4-9)することで，身体組成を推定する仕組みである。全身，部位別の体組成および骨密度の測定が可能である。

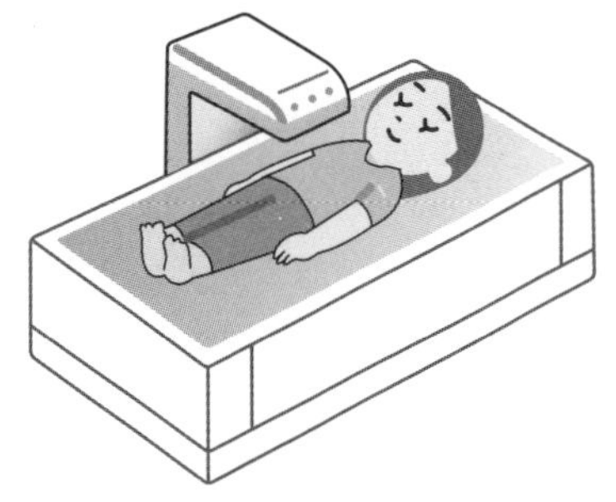

図4－9　DEXA法での測定風景

4　生体電気インピーダンス法

水は電気を流し，油は電気の流れを妨げるという，電気の性質を利用して身体に微弱な電気を流して生体電気抵抗値(インピーダンス)を測定する方法。身体の水分の大部分は除脂肪組織に存在しているため，電流に対するインピーダンスが大きくなるほど，電流を妨げる脂肪の量が大きくなることを意味する。装置の価格は幅が広く，安価な装置では単周波数の電流を使用しているため，体内の水分状態の違いの影響を受けやすい。高価な装置は，身体の体節毎(腕，脚，体幹)に組成を測定することができるため，左右対称性や脂肪の蓄積部位を判定するのに有用である(図4-10)。多周波数の電流を用いている装置は，低周波数の装置よりも測定誤差が小さくなる。

図4－10　生体電気インピーダンス法で用いる測定機器

誰でも手軽に測定することができるが，測定結果は，体内の水分の状態がインピーダンスへ影響を及ぼすことから，運動後や入浴直後の脱水した状態での測定は避ける。電極部分に触れる部分に水分や汚れがついていないことを確認する。また，個人内の変化や個人間の差を検討する際は，同機種を利用する注意が必要である。

〈参考引用文献〉

Nagamine, S, Suzuki, S.：Anthropometry and body composition of Japanese young men and women. Hum Biol 36：p.8-15, 1964

V. カッチ，マッカードル，F. カッチ著，田中喜代次，西平賀昭，征矢英昭，大森肇監訳：カラー運動生理学大辞典，西村書店(2017)

Wang, Z. M, Pierson, R. N. Jr, Heymsfield, S. B.：The five-level model：a new approach to organizing body-composition research. Am J Clin Nutr. 56(1)：p.19-28(1992)

日本人の食事摂取基準(2020年版)

趙秋華，高橋弥生，大森茜，木皿久美子，古泉佳代：大学生女子新体操選手の競技レベルによる形態の違い，日本女子体育大学トレーニングセンター紀要，20：p.13-16(2017)

5章　エネルギー消費量

SECTION 1　エネルギー消費量の定義と構成

1　エネルギー消費量とは

スポーツ選手が外界から摂取するエネルギーは，生命機能の維持やトレーニングなどの身体活動，骨格筋の同化や修復などに利用され，その多くは最終的に熱としてからだから放出される。そのためエネルギー消費量(energy expenditure：EE)，摂取量(energy intake：EI)および身体への蓄積量は，これと等しい熱量(カロリー：cal)として表示される。

①　エネルギー必要量の定義

スポーツ選手が競技力向上を目指すための食事の基礎となるのが，適切なエネルギー摂取量を確保することである。これをエネルギー必要量という。エネルギー必要量は，WHOによると「ある身長・体重と体組成の個人が，長期間に良好な健康状態を維持する身体活動レベルのとき，エネルギー消費量との均衡がとれるエネルギー摂取量」と定義されている。エネルギー出納バランスは「エネルギー摂取量－エネルギー消費量」で定義され，成人であれば，その結果は体重または体格(Body Mass Index：BMI)の変化となる。

②　スポーツ選手のエネルギー必要量

エネルギー摂取量がエネルギー消費量を上回ると体脂肪が増加し肥満を招くことになる。一方で，エネルギー摂取量がエネルギー消費量を下回ると体重の減少や骨格筋の萎縮をもたらす(図5-1)。したがって，スポーツ選手の栄養管理において，体重を一定に保てるような適切なエネルギー摂取量の確保が必要であり，対象者が日常のトレーニングや試合な

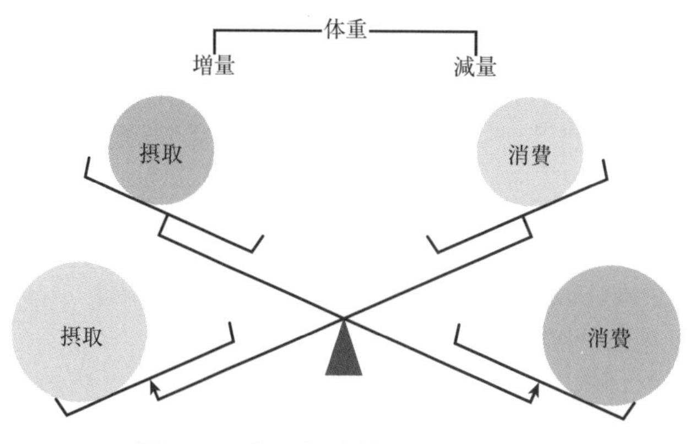

図5－1　エネルギー出納バランスの概念図

どにおいて，どれくらいのエネルギーを消費しているかを知ることが大変重要である。

また，スポーツ選手のエネルギー必要量はトレーニングの期分けや大会の周期，年間トレーニング計画に応じたトレーニングの強度や量に応じて日々変化する。各種ガイドラインにおけるスポーツ選手のエネルギー必要量についてまとめたものを表5-1に示した。

表5－1　各種ガイドラインにおけるスポーツ選手のエネルギー必要量の考え方

ガイドライン	目標量
DRIs 2020	• 短期的なエネルギー出納のアンバランスは，体重の変化で評価可能 • 長期的には，EI，EE，体重が連動して変化し，調節される。望ましいBMIを維持する • 長期間に良好な健康状態を維持するPALにおけるEEと均衡がとれるEIを必要量とする • 推定方法の一つとしてBMRにPALを乗じる方法がある
IOC	• エネルギーバランスよりも，EAを維持することが重要 • 摂食障害，減量の必要量の誤った判断，トレーニングによるEEに見合ったEI増加の不足が，摂取不足を招いている • EEの増加に応じてEIが増加するような，無意識な食欲増加は起こらない
ACSM	• 必要量は，期分け，試合の日程，トレーニングの量や強度により異なる • 通常のレベルに比べて，寒冷や酷暑の暴露，不安，ストレス，高度，外傷，薬によって必要量は増加することがある • EEは基本的に，基礎代謝量，食事誘発性体熱産生，身体活動による消費量の合計である • BMRの推定には，CunninghamまたはHarris-Benedictの式が推奨できる • 身体活動量は活動記録とMETs表，DRIsなどから算定できる
ISSN	• 体重減少を目指す場合は，徐々に，あるいは段階的にEIを減少し，週当たり0.5-1.0%体重を減少させる • エネルギー摂取のタイミングの変更で，減量，身体組成の改善，健康指標の改善に役立つことがある

DRIs：日本人の食事摂取基準(2020年版)，IOC：国際オリンピック委員会，ACSM：アメリカスポーツ医学会，ISSN：国際スポーツ栄養学会
EE：エネルギー消費量，EI：エネルギー摂取量，PAL：身体活動レベル，EA：エナジーアベイラビリティー，BMR：基礎代謝量

1日の総エネルギー消費量(Total Energy Expenditure：TEE)は，基礎代謝量(Basal Metabolic Rate：BMR)，食事誘発性体熱産生(Diet-Induced Thermogenesis：DIT)および身体活動時代謝量(Thermic Effect of Activity：TEA)または活動時のエネルギー消費量(Physical Activity Energy Expenditure：PAEE)に大別される(図5-2)。

体重やBMIが一定に保たれている場合は，エネルギー摂取量の合計がTEEと等しい状態(エネルギー平衡)にある。次に1日の総エネルギー消費量の構成要素について説明する。

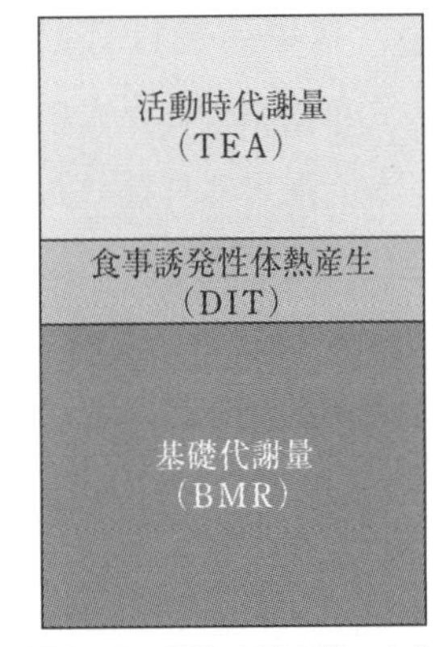

図5－2　挿入 1日の総エネルギー消費量の構成要素

2 基礎代謝量

基礎代謝量は，ヒトが生命維持のために必要とされる最低限のエネルギー消費量を表す概念である。通常，基礎代謝量は1日の総エネルギー消費量の50～70％を占める。日本人を対象とした研究によると，基礎代謝量は除脂肪量，脂肪量，身長，年齢，性別により個人差の約84％を説明できる。その他，甲状腺ホルモンや交感神経活動等も個人差に寄与する可能性がある。

① 基礎代謝量の定義

基礎代謝量と同義語で安静時代謝量(resting metabolic rate：RMR)や安静時エネルギー消費量(resting energy expenditure：REE)がある。これらは，覚醒時安静状態において座位で測定されることが多く，代謝量は基礎代謝量の1.1倍程度である。一般的に基礎代謝量は最も厳密に定義がされており，①前日の夕食以降(約12時間程度)絶食し，②室温22-25℃，湿度50-60％に保たれた快適な室内において，③心身共にストレスの少ない覚醒状態(早朝起床後)で，④安静仰臥位を保ち測定がされる。前日，当日における食事や身体活動などの測定条件を統一するため，スポーツ選手においては，厳密に測定することが困難であると考えられている。

② 睡眠代謝量

睡眠のエネルギー消費量(sleeping energy expenditure: SEE)は睡眠時間の長さに比例する。睡眠が短ければ，消費量は小さくなる。近年では睡眠時代謝量(sleeping metabolic rate: SMR)が基礎代謝の代わりとして用いられるようになってきている。これは長時間のエネルギー代謝を高精度で測定可能なヒューマンカロリメーターを用いて，睡眠時も測定するようになってきたからである。この場合は，睡眠中最も代謝率が低い時間(1～3時間)の平均値を用いており，単位時間当たりの代謝率として示されている。基礎代謝量の誤差が2～6％なのに対し，睡眠時代謝量は1～3％程度であり，高い再現性があるために用いられるようになってきている。この睡眠時代謝量は基礎代謝量の約0.9倍である。

3 食事誘発性体熱産生

食事誘発性体熱産生(Diet-Induced Thermogenesis：DIT)は，食後によりエネルギー消費量が亢進する現象である。食べ物のにおいや，咀しゃく，嚥下，消化および吸収といった一連の活動が活発になることでエネルギー消費量が高まる。この現象は食事直前から確認され，およそ60分後に最高となった後，徐々に減っていく。この食物の摂取によるエネルギー代謝の亢進は，様々なよばれ方がされており，食事産熱効果(Thermic Effect of Food：TEF)または，特異動的作用(Specific Dynamic Action：SDA)ともよばれる。食事誘発性体熱産生を意味する英語のDITとTEFに明確な違いはないが，食後のエネルギー亢進の絶対値をDIT，エネルギー摂取量に対するエネルギー消費量の割合(相対的なエネルギー消費量)をTEFと区別して使うことが多い。なお，SDAは動物研究において用いられている。

食事誘発性体熱産生の構成

DITは食物が胃に入るまでの第1相(cephalic phase)と，胃の中で消化吸収が始まる第2相(postabsorptive phase)で構成される。

① **第1相** 交感神経活動の活性化や咀しゃくにより体熱産生で，食事前から確認される。食事の香りや外観による嗅覚や視覚からの交感神経刺激や，唾液の分泌，咀しゃくおよび嚥下などにより消費するエネルギーの総量で食事開始30～60分にみられる。

② **第2相** 消化・吸収等の代謝に使われるエネルギーの総量で，消化ホルモンの分泌や食物の消化・吸収などによるものである。

通常，DITは1日の総エネルギー消費量の約10％を占める。DITは，たんぱく質のみを単独摂取した場合に最も高く，摂取したエネルギーの約30%，糖質のみの場合は約6%，脂質のみの場合は約4%とされている。スポーツ選手の場合はたんぱく質摂取量が通常よりも多いので，DITが高い可能性がある。なお，DITにより発生したエネルギーは，運動には利用ができないが，寒冷環境下では体温の保持に役立つ。

4 活動代謝量

身体活動時のエネルギー消費量とは，基礎代謝量と食事誘発性体熱産生を1日の総エネルギー消費量から除いた量であり，身体活動に伴うエネルギー消費量を指す。1日の総エネルギー消費量の0～30%を占めるが，個人差が大きい。身体活動時のエネルギー消費量はスポーツ選手や健康増進のために身体活動を実施している人で，1日に占める割合は高くなる。一方，寝たきりの人や身体活動をあまり行わない人はこの割合は低くなる。つまり，1日のエネルギー消費量の変動に大きく寄与する。

(1) 身体活動の強度と量を表す指標

現在，身体活動の強度を表す指標としてメッツ値(metabolic equivalents：METs)やAf(Activity factor)が，1日当たりの身体活動量を表す指標として身体活動レベル(Physical Activity Level：PAL)が用いられている。

① METs(メッツ)とAf

METsとは，個々の身体活動が座位安静時の代謝量(酸素摂取量)の何倍のエネルギー消費であるかを表した指標である。一方，Afは個々の身体活動が基礎代謝量の何倍のエネルギー消費であるかを表した指標である。座位安静時代謝量は基礎代謝量の約1.1倍であるため，メッツ値≒Af×1.1という関係式が成り立つ。METsはアメリカで体格などに左右されない指標として発表され，現在は日本でも一般的に使用されている。

② 身体活動レベル(PAL)

1日のエネルギー消費量が基礎代謝量の何倍であるかを示したものであり，測定または推定した基礎代謝量にPALを除することで一日のエネルギー消費量が求められる。

(2) 身体活動基準

健康づくりのための身体活動基準2013において，身体活動は生活活動と運動に大別される。生活活動は労働，家事，通勤・通学などの身体活動のことをいう。この生活活動に伴うエネルギー消費量はNEAT(Non - Exercise Activity Thermogenesis)ともよばれ，健康づくりの観点から少しでも増やすことが求められている。一方，ここでいう運動とは，スポーツなどの，特に体力の維持・向上を目的として計画的・意図的に実施し持続性のある身体活動を指す。健康づくりのための身体活動基準2013では，将来の生活習慣病などを発症させるリスクを低減させるために，18～64歳において，3 METs以上の身体活動を毎日60分，週に23メッツ・時を，3 METs以上の運動を毎週60分，週に4メッツ・時をそれぞれ達成することが望ましいとされている。主な生活活動と運動・スポーツ活動のメッツ値は表5-2, 3にそれぞれ示した。なお，その他のMETs値については，国立健康栄養研究所の「身体活動のメッツ表」を参照してほしい。

(3) エネルギー消費量の亢進

身体活動には，活動中のエネルギー消費だけでなく，活動後にエネルギー消費量の亢進作用もみられる。これをEPOC(Excess Post - exercise Oxygen Consumption)とよぶ。

表5－2　生活活動におけるメッツ値の例

メッツ	活動内容
1.3	TVを見る
1.5	座位作業(PC作業，デスクワーク，読書)
1.8	立位(会話，電話，読書)，皿洗い
2.0	ゆっくりとした歩行(平地，53 m/分未満)，洗濯，料理
2.8	ゆっくりとした歩行(平地，53 m/分)
3.0	普通歩行(平地，67 m/分)，車の荷物の積み下ろし，階段を下りる
3.3	歩行(平地，81 m/分，通勤時など)
3.8	やや速歩(平地，94 m/分)，風呂掃除
4.0	自転車に乗る(16k m/時未満，レジャー，通勤)
4.5	植木の植栽，庭の草むしり，耕作
5.0	かなり速歩(平地，107 m/分)
5.5	芝刈り(電動芝刈り機を使って，歩きながら)，シャベルで土や泥をすくう
6.0	サッカー，スキー，スケート，ハンドボール
8.0	運搬(重い荷物)，階段を上がる
8.8	階段を上がる(速く)
9.0	荷物を運ぶ：上の階へ運ぶ

出典：厚生労働省，健康づくりのための身体活動基準2013，国立健康・栄養研究所，身体活動のメッツ表(2012)を一部改変

表5-3　運動・スポーツ活動におけるメッツ値の例

メッツ	活動内容
1.5	スポーツ観戦
2.3	ストレッチ，全身を使ったテレビゲーム(ヨガ・バランス運動)
2.5	キャンプ(楽からほどほどの労力)
3.0	ボウリング
3.5	自転車エルゴメーター(30～50W)，ウェイトトレーニング(自重で軽・中強度)
3.8	全身を使ったテレビゲーム(スポーツ・ダンス)，新体操，体操競技
4.0	ラジオ体操第1，卓球，陸上競技(投擲)，バレーボール
4.5	ラジオ体操第2，テニス(ダブルス)
5.0	野球，ソフトボール
5.5	バドミントン
6.0	レスリング，バスケットボール，陸上競技(跳躍)，ウェイトトレーニング(高強度)
6.5	山を登る(0-4.1kgの荷物を持って)
7.0	サッカー，スキー，スケート，ハンドボール
7.8	フィールドホッケー
8.0	陸上競技(短距離)，サイクリング(約20km/時)，アイスホッケー
8.3	ランニング(134m/分)，水泳(クロール，普通の速さ，46m/分未満)，ラグビー(試合)
9.0	登山(19.1kg以上の荷物を持って)
10.0	陸上競技(障害物走，ハードル，中距離，トラック)，サッカー(試合)
10.3	武道・武術(柔道，柔術，空手，キックボクシング，テコンドー)
12.0	ハンドボール
13.3	陸上競技(長距離，マラソン)

出典：厚生労働省，健康づくりのための身体活動基準2013，国立健康・栄養研究所，身体活動のメッツ表(2012)を一部改変

このEPOCは身体活動の強度(最大酸素摂取量に対する相対的強度：% $\dot{V}O_{2max}$)と関連しており，強度が高くなるほど増加する。また，身体活動の持続時間が長くなることによっても高くなる。したがって，PALが高くなるほど，1日のエネルギー消費量に対するEPOCの寄与率が高くなる。このEPOCは最大48時間後まで続くと考えられている。そのため，スポーツ選手においては，このEPOCが常に存在していると考えられる。アメリカ・カナダの食事摂取基準においては，身体活動によるエネルギー消費量を活動記録で推定する場合には，EPOCを該当する身体活動で消費したエネルギー量の15%と仮定して推定エネルギー必要量の計算に含めている。

SECTION 2　エネルギー消費量の測定

1　測定法の種類

(1)　直接法

消費されたエネルギーは熱となり放散される。直接法(Direct Calorimetry)は，その放出された熱を水や空気に吸収させ，その温度上昇と媒体の流量，比熱から放熱量を求める方法である。代表的な測定機器としてルームカロリーメーター(Atwater - Rosa - Benedict Human Calorimeter)が用いられている。測定室内に滞在している被験者の放散する熱を，室内に張りめぐらされた管を流れる水の温度変化と，室内で発生した水蒸気量から呼気などの水蒸気の気化熱を測定し，体温変化を考慮して，エネルギー消費量が算出される。しかしながら，装置が大掛かりで，かつ技術的な管理が必要であること，測定室内の活動内容が限定されてしまうことから，ヒトのエネルギー消費量測定には普及していないのが現状である。

(2)　間接法

食物から摂取した栄養素(糖質，脂質，およびたんぱく質)がエネルギーを生み出す際に，体内に取り込まれた酸素と反応し二酸化炭素を産生する。間接法は，この体内に取り込んだ酸素量と排出された二酸化炭素量からエネルギーを算出する方法である。これらの化学式に基づいて酸素摂取量と二酸化炭素排出量，および尿中窒素量が正確に得られれば，多くの場合1%程度かそれ以下の誤差でエネルギー消費量が推定できるとされている。直接法と比べると簡便であり汎用性が高いため，現在では間接法によるヒトのエネルギー消費量の測定が一般的となっている。

最も広く普及しているWeirの推定式は，次の通りである。

EE(kcal)=3.941 ×酸素摂取量＋ 1.106× 二酸化炭素排出量－ 2.17× 尿中窒素排泄量

また，三大栄養素のうち，たんぱく質による摂取エネルギーの割合は比較的安定している。そこで，12.5%と仮定すると前述のWierの式は下記の通りとなる。

EE(kcal)=3.9 ×酸素摂取量＋ 1.1× 二酸化炭素排出量

また，酸素摂取量のみでもエネルギー消費量を簡易に推定することが可能である。呼吸商(Respiratory Quotient：RQ)が0.7～1.0の間では，酸素1L当たりの発生熱は約5kcal(4.686 - 5.047kcal)である。この関係を知っておくことで，スポーツ選手に対する栄養指導現場で，エネルギー摂取量を推定する作業において，大いに活用ができる。

酸素摂取量1L当たり，5kcalの熱量が産生される。

間接法は閉鎖回路系と開放回路系に大別される。閉鎖回路系は閉じた回路内の酸素を再呼吸させ，酸素減量を測定する方法である。この方法は身体活動の測定には不向きであるため，病院などでの使用に限られている。一方，開放回路系は外気を吸入させ呼気を採取し，呼気中の成分と量を測定することにより酸素摂取量と二酸化炭素排出量を算出する方法である。スポーツや健康の分野においては，この測定原理に基づいてエネルギー代謝を測定する方法が一般的に利用されている。

間接法ではエネルギー消費量だけでなく，三大栄養素におけるエネルギーの利用比率を知ることができる。

生体内のエネルギー代謝過程によって産生された二酸化炭素と消費した酸素の比(二酸化炭素排出量/酸素摂取量)を用いる方法で，呼吸商(Respiratory Quctient：RQ)とよばれる。これは，糖質，脂質およびたんぱく質がもつ化学的構造の違いから，最終的に水と二酸化炭素を排泄するまでに使用される酸素量が異なることを利用したものである。RQは0.7−1.0の範囲で測定されることが多く，1.0付近であると糖質が，0.8付近であるとたんぱく質が，0.7付近であると脂質が利用基質として利用されていると推定できる。

その理論は下記の通りである。

• 糖質燃焼の場合

ブドウ糖(グルコース)が1モル燃焼すると，6モルの酸素を消費して，6モルの二酸化炭素を排出する。酸素摂取量に対する二酸化炭素排出量の比は6/6で，RQ=1.0となる。

$$C_6H_{12}O_6 + 6O_2 \longrightarrow 6CO_2 + 6H_2O$$

$$RQ = \frac{CO_2}{O_2}$$

$$RQ = \frac{6\text{モル}}{6\text{モル}} = 1.0$$

• たんぱく質燃焼の場合

たんぱく質のアルブミンが1モル燃焼すると，77モルの酸素を消費して，63モルの二酸化炭素を排出する。酸素摂取量に対する二酸化炭素排出量の比は63/77で，RQ ≒ 0.8となる。

$$C_{72}H_{112}N_2O_{22}S + 73O_2 \longrightarrow 63CO_2 + 38H_2O + SO_{32} + 9CO(NH_2)_2$$

$$RQ = \frac{CO_2}{CO_2}$$

$$= \frac{63\text{モル}}{77\text{モル}} \fallingdotseq 0.82$$

• 脂質燃焼の場合

脂肪酸の中で，トリオオレイン酸が1モル燃焼すると，80モルの酸素を消費して，57モルの二酸化炭素を排出する。酸素摂取量に対する二酸化炭素排出量の比は57/80で，RQ ≒ 0.7となる。

$$C_{57}H_{104}O_6 + 80O_2 \longrightarrow 57CO_2 + 52H_2O$$

$$RQ = \frac{CO_2}{CO_2}$$

$$= \frac{57\text{モル}}{80\text{モル}} \fallingdotseq 0.71$$

① 二重標識水法(Doubly Labeled Water：DWL)

DLW法とは，水素原子(H)と酸素原子(O)の安定同位体(^{2}Hと^{18}O)を用いてエネルギー消費量を測定する方法である。日常の自由生活下におけるエネルギー消費量測定では最も精度が高いとされている。^{2}Hと^{18}Oを含む水(二重標識水：多くが10 atom%の$H_2{}^{18}O$の水と99 atom%の^2H_2Oを用意し混合することが多い)を体重当たり一定の割合(IAEAの報告書では，10 atom%の$H_2{}^{18}O$を1.8 g/kg体重，99 atom%の^2H_2Oを0.12 g/kg体重)で空腹時に摂取させ，その後，水分や呼気ガス中の二酸化炭素として体外に排出される^{2}Hと^{18}Oを，1～2週間の期間にわたって体水分(多くが尿サンプルを用いる)中の濃度を測定することによって，その変化率からエネルギー消費を推定していく方法である。測定精度を保つために，体水分サンプルはDLW投与前，DLW投与直後，最終日に2回，または2日間かけて採取する。DLWや安定同位体を測定する機器(質量分析計)が高額であり，分析できる場所が限られるため，現時点では研究上の使用に限られる。

② ダグラスバッグ法

ダグラスバッグ法とは，被験者にマスクを装着させ，それにつながったダグラスバッグとよばれる袋に呼気ガスを回収し，その中に含まれる酸素濃度や二酸化炭素濃度から，マスク装着中の酸素摂取量と二酸化炭素排出量を算出する方法である。

③ ブレス-バイ-ブレス法(図5-3)

ブレス-バイ-ブレス法は，被験者にマスクを装着させ，一呼吸ごとの呼気ガスに含まれる酸素濃度や二酸化炭素濃度から，酸素摂取量と二酸化炭素排出量を算出する方法である。現在，固定型とポータブル型，フード型があり，広くスポーツ現場でその用途に応じて使い分けがされている。フード型は頭部がすべてを覆うため，基礎代謝量の測定にも用いられる。これらの方法ではマスクやマウスピースを装着するために個々の活動について正確に測定することが可能である。しかし，身体活動中の測定でマスクやマウスピースを装着することにより活動が制

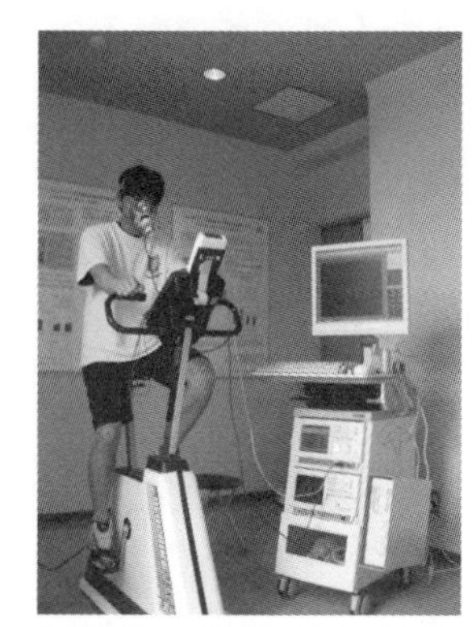

図5－3　ブレス-バイ-ブレス法を用いた測定の様子

限されてしまう欠点もある。

④　エネルギー代謝測定室

エネルギー代謝測定室は，ヒューマンカロリメーター(Human Calorimeter：HC)ともよばれる(図5-4，5，6)。

HCは間接熱量測定，つまり酸素摂取量と二酸化炭素排出量から測定する装置の一種で，密閉された室内(約18 m^3：2.00 × 3.66 × 2.46 m)に，必要最低限の設備(トイレ，テレビ，ベッド，机，洗面台など)が備えられている。

また，HCは室内の空気をファンで十分に混合させた後に一定量を室外に排出する一方，それを補う量の外気が一定状態(25℃，湿度50％)に調整された後に室内に供給される。排気速度を質量流量制御装置で制御し，室内から排出される空気中のガス濃度をオンラインのプロセス用質量分析計で測定する。得られた O_2，$^{12}CO_2$ および $^{13}CO_2$ の濃度を測定し，ガス産生率は $^{13}CO_2$ の濃度を $^{12}CO_2$ の濃度に加算し，Henningの式に基づいて毎分の酸素摂取量および二酸化炭素排出量を，Weirの式に基づいて毎分のEE(kcal/min)を算出するものである。室内に限定されるが，日常に近い状態で長時間のエネルギー消費量を測定することができる。そのため，マスクを装着しては測定が困難な睡眠時や食事誘発性体熱産生の測定が可能である。

図5-4　ヒューマンカロリメーターでの安静時測定の様子

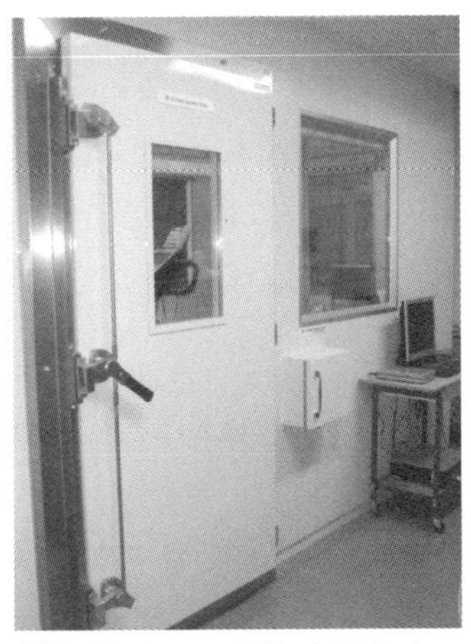

図5-5　ヒューマンカロリメーター外観

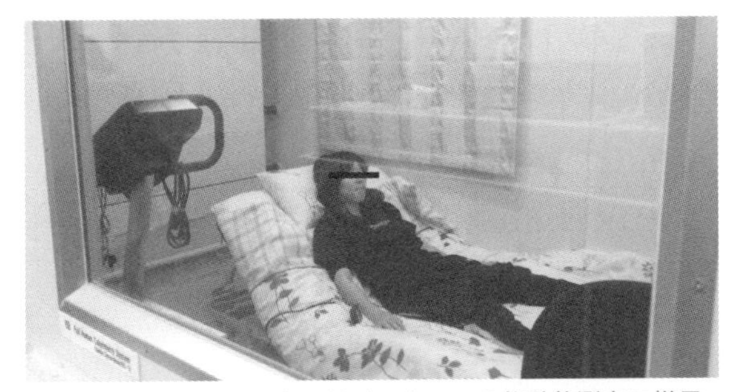

図5-6　ヒューマンカロリメーターでの仰臥位測定の様子

(3) 推定法

日本人の食事摂取基準(2020版)では，参考資料として1日のエネルギー必要量を「基礎代謝量×身体活動レベル(Physical Activity Level：PAL)」で求める方法が紹介されている。基礎代謝量は「基礎代謝基準値(kcal/ kg BW/ 日)×体重」で求めることができる。この基礎代謝基準値(表5-4)は日本人を対象とした測定値を基に策定されているが，スポーツ選手のものではない。これまではJISSの研究により，アスリートの体格に合うように換算された除脂肪体重(FFM：Free fat mass またはLBM：Lean Body Mass)1kg当たり28.5kcal/dという基礎代謝基準値が報告され，広く使用され，28.5kcal × FFMで基礎代謝量が求められてきた。しかしながら，この基礎代謝基準値は実測値から求められていないことや一般人のデータを用いてないことから，実測値よりも過大評価されることが報告されてきた。近年では，スポーツ選手においては，田口らが女子競技者の実測値を基に基礎代謝量を算出した推定式が，妥当性とともに検討されており，男性スポーツ選手においても有効であることが報告されている。そのため，基礎代謝量の推定にはスポーツ選手を対象に作成された推定式，スポーツ選手において妥当性が検討されている式，除脂肪体重を変数に含む式が望ましいと考えられている。表5-5には基礎代謝量を求める代表的な推定式を示したので，参考にしてほしい。

表5－4　基礎代謝基準値

年　齢 (歳)	基礎代謝基準値 (kcal/kgBW/d)	
	男　性	女　性
1-2	61.0	59.7
3-5	54.8	52.2
6-7	44.3	41.9
8-9	40.8	38.3
10-11	37.4	34.8
12-14	31.0	29.6
15-17	27.0	25.3
18-29	23.7	22.1
30-49	22.5	21.9
50-64	21.8	20.7
65-74	21.6	20.7
75以上	21.5	20.7

出典：「日本人の食事摂取基準(2020年版)」を一部改変

表5－5　基礎代謝量の代表的な推定式の一覧

式の名称	推定式(上が男性，下が女性)
基礎代謝基準値(DRIs2020)	基礎代謝基準値× BW(kg)
国立栄研の式(2007)	(0.0481 × BW(kg) + 0.0234 × Ht(cm) − 0.0138×Age − 0.4235) × 1000/4.186 (0.0481 × BW(kg) + 0.0234 × Ht(cm) − 0.0138×Age − 0.9708) × 1000/4.186
Harris-Benedict 式(1919)	66.5 + 13.75 × BW(kg) + 5.00×Ht(cm) − 6.76×Age 655.1 + 9.56 × BW(kg) + 1.85×Ht(cm) − 4.68×Age
Cunningham 式(1980)	22 × FFM(kg) + 500
JISS 式(2005)	28.5 × FFM(kg)
田口の式(新式) (2011)	27.5 × FFM(kg) + 5

BW：体重，Ht：身長，Age：身長，FFM：除脂肪体重　　Dietary Refernce Intakes：DRIs

トライ

一日のエネルギー消費量を推定してみよう。

1. 基礎代謝量を推定する。　2. 身体活動レベルを乗ずる(表5-6, 図5-7参照)。

スポーツ選手が一日に食べる量を算出する ―アスリート向け―

スポーツ選手の推定 BMR(kcal/日) = 27.5(kcal/kg FFM/日) × LBM(kg) + 5

① FFM(除脂肪体重)を推定する

体脂肪率を測定し，その値から FFM を推定する。

体脂肪量 = 体重 × 体脂肪率(10%→0.1)

FFM = 体重 − 体脂肪量

② 基礎代謝量を推定する

スポーツ選手の BMR = [27.5 kcal/kg/日] × [FFM kg] + 5 = [(A) kcal/日]

③ 身体活動レベルを乗じて1日の推定エネルギー必要量を算出する

= 推定基礎代謝量(kcal/日) × 身体活動レベル

[kcal/日] = [(A) Kcal/日] × [ ]

① 加速度計法

身体活動に伴う大きさがエネルギー消費量と関連することを利用し，エネルギー消費量を推定する方法で，加速度の変化から身体活動の強度を推定し，その大きさからエネルギー消費量を算出する。加速度計の重量は数十グラム程度であり，腰部や胸部に装着するだけで測定が可能なため被験者の負担は軽い。市販されている万歩計や歩数計の多くは，1軸加速度計(垂直方向)であり，その加速度の変化量から算出するもので，オプションとしてエネルギー消費量が表示できるようになっている。しかし，この1軸加速度計では垂直方向以外の方向に対して加速度を計測できずエネルギー消費量を評価できないという問題点がある。例えば，自転車運動やローイング動作などを充分に感知できず，過小評価をしてしまう。

表5-6　種目別分類別身体活動レベルの表

種目カテゴリー	期分け	
	通常練習期	オフトレーニング期
持久系	2.50	1.75
瞬発系	2.00	1.75
球技系	2.00	1.75
その他	1.75	1.50

出典：スポーツ選手の栄養調査・サポート基準値策定および評価に関するプロジェクト報告, 栄養学雑誌(2006)を一部改変

ここでいうオフトレーニング期とは，まったくトレーニングをしていないわけでなく，最低限の体力と体格の維持を目的としてトレーニングを実施している期間のことである。

現在では，より精度を高めるために3軸(3次元)加速度計が販売されている。この加速

度計は垂直方向に加えて，前後方向，左右方向の三方向に加速度センサーが搭載されている。この3軸加速度計を用いることで上半身の傾斜の変化による合成加速度変化を捉えることが可能になり，日常生活のエネルギー消費量を高い精度で評価できるようになった。しかし，この3軸加速度計にも限界があり，立位と座位では消費されるエネルギーが異なるにもかかわらず，動作(加速度)が伴わない場合は同等のエネルギー消費量として評価されてしまい，誤差が大きくなる可能性がある。また，水中運動や入浴中などの活動や，自転車運動や坂道の登り降り，重い荷物を持つなどの活動においても加速度とエネルギー消費量が一致しないため，注意が必要である。そのため，実際の活用においてはスポーツ活動以外の日常生活時の身体活動の記録・評価で使用し，スポーツ活動は後述するHR法や要因加算法と併用することが現実的である。

② 心拍数法

心拍数は運動や身体活動の増大に比例し，酸素摂取量と正の相関が高いことがわかっている。この関係を利用し，心拍数からエネルギー消費量を推定する方法が心拍数法である。心拍数法では，様々な運動や身体活動中の心拍数の変動を測定し，あらかじめ作成しておいた心拍数と酸素摂取量の回帰式に当てはめて，酸素摂取量を推定できる。酸素摂取量1Lあたり約5kcalであると仮定することで，推定した酸素摂取量からエネルギー消費量を算出することが可能である。このように，心拍数法は事前に回帰式を作成しておかなければならない。また，心拍数法は推定した酸素摂取量からエネルギー消費量を算出するため，間接法の間接法であると言え，一定の測定誤差が見込まれる。

心拍数は，胸部に密着させる防水型センサー付きバンドと共に装着し，腕時計型の小型

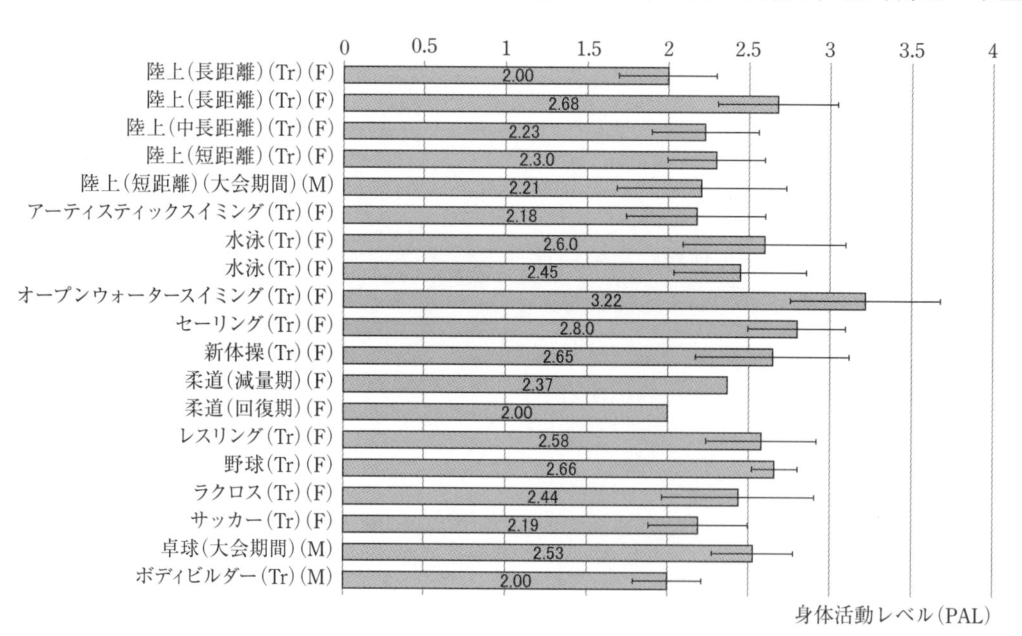

図5-7　日本人における各種スポーツの身体活動レベル(PAL)

受信モニターにより心拍数の情報を記録することが可能な機器により測定可能である。この危機は比較的安価であることから，スポーツ現場でもよく活用されている。ただし，防水型とはいえ水中に長く滞在するような競技や，相手や自身の動きでセンサーが外れやすい競技，腕時計型の小型センサーの着用が困難な競技などは測定が難しくなる。

心拍数法では心拍数とエネルギー消費量の関係式算出方法が下記の通りいくつかある。

One - line 法(一直線法)

運動強度，心拍数，最大酸素摂取量が正の相関関係にあることを利用して，心拍数とエネルギー消費量の関係を1本の回帰直線で表す方法である。安静状態から高強度運動域までの直線回帰式を作成する方法と，一定強度以上の運動負荷(中・高強度運動域)で回帰式を作成する方法がある。前述の方法は低強度運動において比較的誤差が大きくなり，後述の方法では安静時から低強度運動時のエネルギー消費量が求められない。

Two - line 法，Flex - HR 法

Two - line 法は One - line 法の安静状態における問題点を解決するために考案された方法で，安静・低強度運動域と中・高強度運動域とで分け，それぞれ求めた直線回帰式によりエネルギー消費量を推定する方法である。この方法の応用法が Flex - HR 法である。Flex - HR 法は立位安静時の心拍数と運動負荷試験時の最低心拍数の平均値を基準値と設定し，この基準値以上の心拍数では運動負荷試験で求めた直線回帰式を，基準値以下の心拍数では安静時のエネルギー消費量を一律に当てはめるものである。

Log - liner 法，Logistic function 法

心拍数とエネルギー消費量の関係を対数などの曲線回帰式で表す方法である。安静時から運動時までの幅広い活動範囲での計算を可能とする。そのため，24時間生活全体の1日のエネルギー消費量を求める場合に，Two - line 法と共に用いられる。

(4) 生活活動記録に基づく要因加算法

1日24時間の運動や身体活動など生活活動の内容を記録して，それぞれの身体活動時のエネルギー消費量を推定し，それらの情報を加算して1日のエネルギー消費量を推定する方法である。それぞれの身体活動時のエネルギー消費量については，呼気ガス分析により測定すれば精度高く求められるが，現実的には難しいため METs を用いて推定することになる。この方法は，測定機器類を必要としないため最も安価にエネルギー消費量を求めることができる。しかし，アスリート自身が練習内容や1日の活動を詳細に記録することが困難であることや，競技種目によっては，選択できる METs 値が限定されてしまうため，1日のエネルギー消費量は過小評価されやすいので注意が必要である。

トライ

運動や身体活動などの生活活動記録表を作成してみよう。

＊シートは付表2を使用する

1. 起床後，体重を測定しましょう。
2. 1日分の記録が終わったら，METs表を参考に，それぞれの生活活動のメッツ値を算出してください。
3. 以下の式を使って，それぞれの生活活動で消費したエネルギーを算出してください。

$$\text{活動の EE(kcal)} = 1.05\text{(kcal)} \times \text{METs} \times \text{体重(kg)} \times \frac{\text{時間(分)}}{60\text{(分)}}$$

4. 算出したエネルギー消費量を合計して，1日の総エネルギー消費量を算出してください。

注意点〕

- 1日(朝起きてから，翌日の起床まで)の生活活動を記録してください。
- 活動内容はなるべく詳細に記録してください。
- 時系列に分単位で記録し，記録漏れがないように注意しましょう。

〈引用・参考文献〉

Burke, L. M.: The IOC Consensus on Sports Nutrition 2003: New Guidelines for Nutrition for Athletes, International Journal of Sport Nutrition and Exercise Metabolism, vol. 13, 4, p. 549 - 552 (2003)

Cunningham, J. J.: A Reanalysis of the Factors Influencing Basal Metabolic Rate in Normal Adults, The American Journal of Clinical Nutrition, vol. 33, 11, p. 2372 - 2374 (1980)

Ganpule, A. A., *et al.*: Interindividual Variability in Sleeping Metabolic Rate in Japanese Subjects, European Journal of Clinical Nutrition, vol. 61, 11, p. 1256 - 1261 (2007)

Harris, J. A., Francis, G. B.: A Biometric Study of Basal Metabolism in Man. Carnegie institution of Washington (1919)

Henning, B., *et al.*: Chamber for Indirect Calorimetry with Improved Transient Response, Medical & Biological Engineering & Computing, vol. 34, 3, p. 207 - 212 (1996)

Kerksick, C., *et al.*: ISSN Exercise & Sports Nutrition Review Update: Research & Recommendations, Journal of the International Society of Sports Nutrition, vol. 15, 1, p. 38 (2018)

Thomas, D. T., *et al.*: American College of Sports Medicine Joint Position Statement. Nutrition and Athletic Performance, Medicine and Science in Sports and Exercise, vol. 48, 3, p. 543 - 568 (2016)

Weir, J.B.D.E.B.: New Methods for Calculating Metabolic Rate with Special Reference to Protein Metabolism, The Journal

of Physiology, vol. 109, 1-2, p. 1 - 9 (1949)
Yoshida, Asumi., *et al.*: Validity of Combination Use of Activity Record and Accelerometry to Measure Free-Living Total Energy Expenditure in Female Endurance Runners, Journal of Strength and Conditioning Research / National Strength & Conditioning Association, vol. 33, 11, p. 2962 - 70 (2019)
安藤貴史：エネルギー消費量・摂取量の個人内・個人間変動から迫るエネルギーバランスの規定要因，体力科学，vol. 67, 5, p. 327 - 344 (2018)
川口昌代ほか：柔道選手の総エネルギー消費量とエネルギーバランス事例研究，武道学研究，vol. 37, 2, p. 15 - 22 (2004)
厚生労働省：健康づくりのための身体活動基準2013
https://www.mhlw.go.jp/stf/houdou/2r9852000002xple-att/2r9852000002xpqt.pdf, 2013
厚生労働省：日本人の食事摂取基準（2020年版）
国立栄養・健康研究所：改訂版「身体活動のMETs（メッツ）表」
https://www.nibiohn.go.jp/eiken/programs/2011mets.pdf, 2012
小清水孝子ほか：「スポーツ選手の栄養調査・サポート基準値策定及び評価に関するプロジェクト」報告，The Japanese Journal of Nutrition and Dietetics, vol. 64, 3, p. 205 - 208 (2006)
下山寛之：アスリートにおけるエネルギー代謝および身体組成，体力科学，vol. 67, 5, p. 357 - 64 (2018)
田口素子ほか：除脂肪量を用いた女性競技者の基礎代謝量推定式の妥当性，体力科学，vol. 60, 4, p. 423 - 432 (2011)
引原有輝ほか：高校野球選手における簡易エネルギー消費量測定法の妥当性の検討，体力科学，vol. 54, 5, p. 363 - 372 (2005)
村松愛梨奈ほか：試合調整期における陸上短距離選手のエネルギーバランスと主観的コンディションの検討，人間と生活環境，vol. 22, 1, p. 1 - 7 (2015)
山本祥子ほか：ボディービルダーの基礎代謝量と身体活動レベルの検討，栄養学雑誌，vol. 66, 4, p. 195 - 200 (2008)
吉田明日美ほか：女性スポーツ選手における食事記録法によるエネルギー摂取量の評価誤差に関連する要因，栄養学雑誌，vol. 70, 5, p. 305 - 315 (2012)
吉田明日美ほか：女性陸上短距離選手における自意識と食事記録法によるエネルギー摂取量の評価誤差との関連，日本栄養・食糧学会誌，vol. 66, 2, p. 101 - 107 (2013)

6章　食事摂取状況の調査

SECTION 1　食事状況の調査

1　食事状況の調査

食事調査は，対象者の摂取した食品の種類や量，食事の内容からエネルギー，および各栄養素の摂取量を得るものである。また，アスリートにおいてはサプリメントの摂取の有無や，摂取のタイミングなどの情報も必要である。得られた食事摂取状況をアセスメントすることにより，エネルギーおよび各栄養素だけでなく，食品の種類や質など食事の内容やタイミングが適切かどうかを評価する。食事状況の評価に基づき，食事改善(栄養補給計画)や栄養教育，行動計画の立案を作成・実施を行う。

①　食事摂取状況(エネルギーおよび各栄養素の摂取量)の評価

食事調査によって得られた習慣的な摂取量と食事摂取基準(日本人の食事摂取基準，またはスポーツ栄養に関するコンセンサス)で示されている量とを比べることによって行うことができる。なお，エネルギー摂取量の過不足の評価には，体重またはBMIの変化量を用いるが，スポーツ選手においては身体組成の変化や，練習やトレーニングが適切に行えているかも考慮する必要がある。特にローエナジーアベイラビリティ(Low Energy Availability：LEA*)になっている可能性も検討しておく必要がある。

* LEA：運動によるエネルギー消費量が食事によるエネルギー摂取量を上回った状態をいう。

②　評価時の注意点

食事調査を評価する際には注意する点が2つある。一つ目は食事調査によって得られる習慣的なエネルギー，または各栄養素の摂取量には必ず測定誤差が伴う点である。個人の日々の食事は変動している点を理解しておかなければならない。この変動には栄養素など摂取量の個人内変動と，個人と個人の差である個人間変動がある。個人の摂取量については，長期間の摂取量を調査することにより，偶然誤差の影響は少なくなり，その結果，習慣的な摂取量を知ることができる。しかし，個人の習慣的な摂取量の ±5%以内の範囲に，観察値の95%信頼区間を収めるために必要な日数は52～69日間とされており，長期間の食事調査はきわめて困難であり，現実的ではないのが現状である。スポーツ選手の場合は3～7日間(1週間)で食事調査が行われることが多い。二つ目は食品成分表と実際の食品との間に誤差が生じる点である。食事調査の結果からエネルギー，および各栄養素の摂取量を推定する際には，食品成分表を用いて栄養価計算を行う。食品成分表に収載されている食品の栄養素量は，摂取した食品中に含まれる栄養素量と必ずしも同じではないため誤差が生じる。また，食品成分表と食事摂取基準とでは栄養素の定義が異なるものもある。これは食事摂取基準で示されている数値が摂取時を想定したものであるからである。そのため，栄養価計算を行う際には調理によって生じる栄養素量の変化も考慮する必要がある。このような誤差や定義が異なる栄養素の存在を理解したうえで対応をしなければならない。

③ 食事調査の方法

過去を振り返る方法と調査時当日について調べる方法に大別される。過去を振り返る方法には食物摂取頻度調査法，食事歴法，24時間思い出し法，生体指標法がある。調査時当日について調べる方法には食事記録法，陰膳法がある。食事記録法はさらに秤量記録法，目安量記録法，写真記録法に分けられる。これらの食事調査法には，それぞれ長所と短所があるため，調査の目的により選択することが重要である。食事調査法を選択する際に考慮すべき点は次の4点である。①調査目的：観察単位として個人か集団か。②対象者の特性：対象者の人数や性別，年齢。③期間：短期間(ある一時点)，長期間(習慣的)。④コスト：費用，マンパワー，調査期間。代表的な食事調査法の特徴について，表6-1にまとめたものを示した。スポーツ選手は，個人それぞれにおいて一定の習慣的な評価を行うことが必要である。習慣的な食事摂取の評価には食物摂取頻度調査法が適しているが，アス

表6－1 代表的な食事調査法の特徴

調査法	概 要	長 所	短 所	対象者の負担	費用	精度
食事記録法	摂取した食物を調査対象者が自分で調査票に記入する。重量を測定する場合(秤量記録法)と目安量を記録する場合(目安量記録法)，食事を写真で記録する場合(写真記録法)がある。調査結果を基に食品成分表を用いて各栄養素の摂取量を算出する	対象者の記録に依存しない。重量を測定しているため，精度は高く，他の調査方法の基準，ゴールデンスタンダード*として用いられることが多い	対象者の負担が大きい。そのため，調査期間中の食事に影響する可能性があり，習慣的な摂取量でない可能性がある。食品成分表の精度に依存する	×	△	○
24時間思い出し法	前日の食事，または調査時点から24時間以内の飲食物の摂取を，調査者が対象者に聞きとる。フードモデルや写真を使って，目安量をたずねる。食品成分表を用いて，栄養素摂取量を計算する	対象者の負担は小さい。対象者の記録による影響が小さい。調査が食習慣へ影響することがない	適切なプロコトルを作成することや，調査者のトレーニングが必要。対象者の記録に依存するため，高齢者や低年齢の子どもに不向き。食品成分表の精度に依存する	△	△	○
食物摂取頻度調査法	数十～百数十項目の食品の摂取精度を，調査票を用いて尋ねる。その回答を基に，専用に開発された食品成分表を用いて栄養素摂取量を計算する	簡便に調査を行える。対象者1人当たりのコストが安く，データ処理に要する時間と労力が少ない。標準化に長けている	対象者の記録に依存する。得られる結果は質問項目や選択肢に依存する。食品成分表の精度を評価するための，妥当性研究を行う必要がある	○	○	△

*ゴールデンスタンダード：最も基準となる(信頼できる)検査や方法のこと。

リート向けのものは未だ開発されていないことや，詳細な食事内容や摂取タイミングなどがわからないため，食事記録法などと併用することが現実的である。

（1） 食物摂取頻度調査法（Food Frequency Questionnaire：FFQ）

過去の食物や栄養素等の習慣的な摂取量を把握するために開発された方法で，対象者に特定期間中の各食品（群）における日常の摂取頻度を訪ねる方法である。この調査は，①どのような食品（群）を食べたかを問う食品リスト，②ある一定期間内の摂取頻度，③1回当たりの平均的な摂取量（目安量）から構成される。対象者には，これらについて調査票を用いて回答することを求めるため，比較的簡易であり，多人数の調査に適用できる。この調査は，調査者が対象者と面接して聞きとる面接法と，対象者自身が調査票に回答する自記式があり，一般的に後者が用いられる。スポーツ選手においては，過大過小評価による誤差を小さくするためにも，面接法を用いることが望ましい。また，その際には食品の目安量がわかるフードモデルや，食品の写真などを準備するとよい。

食物摂取頻度調査法には，食品（群）の摂取頻度のみを回答させる定性的食物摂取頻度調査法と，食品（群）の摂取頻度と摂取量について回答させる半定量食物摂取頻度調査法（Semi Quantitative Food Frequency Questionnaire：SQFFQ）がある。

① 定性的食物摂取頻度調査法

食品リストとして牛肉，豚肉，鶏肉，卵，魚，野菜，乳製品など単一の食品または食品群を採用し，「指定された期間（例えば1週間）に何回食べますか？」のように，摂取頻度を聞きとる方法である。

② 半定量食物摂取頻度調査法（SQFFQ）

エネルギー，栄養素，あるいは食品成分の各個人におけるSQFFQはエネルギー，栄養素，あるいは食品成分の各個人における習慣的な摂取量を推定することを目的として開発されている。しかし，この方法で推定された摂取量は個人の絶対値というより，集団におけるランクづけに用いられる相対値として考えるのがよいとされている。

この方法の長所は，1人当たりの調査費用が安価であること，対象者および調査者の負担が小さいこと，データ収集や処理の時間が短いこと，わずかなマンパワーでも多人数に対応できることなどがある。一方で，短所は調査票に記載されている食品（群）リストに掲載されている食品のみからしか情報が得られないこと，対象者の記憶に依存すること，実際に食べている食品や料理の味つけなど詳細の情報がわからず正確でないことなどである。そのため，用いる質問票は信頼度や妥当性の検討が必要である。

スポーツ選手に活用する場合は，期分けによって食事内容や回数が異なるため，摂取量が比較的一定に保たれている期間に調査を実施することが望ましい。対象の選手が摂取した食品の重量が，食品リストの食品の目安量に対してどれくらいであるかを適切に判断することも必要である。また，プロテインサプリメントなど食品リストに含まれていない食品を習慣的に摂取している場合に備えて，事前にリストにない食品の取り扱いについて決めておく必要がある。特に，サプリメントなどは別途栄養価計算を行い，調査票の結果と合算することになる。体格の大きいスポーツ選手の場合，エネルギー必要量が高くなると(4,000 kcal 以上)，精度が低くなり質問票が適さないため，他の方法を用いる必要がある。

(2) 24時間思い出し法(24-Hour Dietary Recall)

24時間思い出し法は，対象者の24時間以内または調査日前日の食事内容(摂取したものすべて)を面接者が聞きとるものである。対象者は事前の準備が必要ないことや，前日1日(または24時間以内)を思い出すだけなので，比較的負担が軽い。調査内容は摂取食品名とその摂取量，摂取時刻などである。1日の行動を振り返らせながら聞きとりを行うと比較的脱落がなく調査が可能である。また，聞きとった目安量から摂取重量を推定する必要があり。そのため，面接者は高い能力が求められる。妥当性・信頼性を高めるためには，予め適切なプロトコル(手順)を作成し，面接者側がトレーニングを積んでおく必要がある。また，フードモデルや写真・イラストなどの適切なツールを使用し，目安量を標準化することができる。栄養素等摂取量は食品成分表を用いる。近年，米国の National Health and Nutrition Examination Survey (NHANES；日本の国民健康・健康栄養調査に当たる)では対象者自身が過去24時間に摂取した飲食物を選択する方法が，米国がん研究所ではコンピューター対面自記式を用いた調査方法が開発・導入され始めている。

この方法の長所は，所要時間が20～40分程度と対象者の負担が少ないこと，思い出す期間が短いため摂取した飲食物のほとんどを思い出せること，摂取したものを調査するため調査による食習慣への影響がないことが挙げられる。一方，短所は調査側の聞き取り能力により結果に影響が出る可能性がある，記憶に依存するため，高齢者や低年齢の子どもには不向きである。しかし適切なプロトコル作成やトレーニングの実施で解決が可能である。

(3) 食事記録法

食事記録法は，対象者が一定の期間内に摂取した料理名，食品名とその摂取量などを，原則としてその場で(リアルタイムで)記録する方法である。食事記録法は調査者が対象者の食事を記録する直接法と，対象者自身が記録する間接法(自記式法)とがある。一般的に間接法が用いられる。前述したように，食事記録法はさらに秤量記録法，目安量記録法，写真記録法に分けられる。どの食事記録法においても，調査者(主に栄養士)が，調査結果について適切に内容確認を行う必要があり，場合によっては聞きとりを行い修正や追加を行うこともある。この際，調査手順やツールを標準化することで測定の向上が期待できる。なお，食事記録が行えない対象者(高齢者や幼い子など)は用いることができないが，保護者が代わりに記録すれば可能である。また，食事記録法における食物摂取量は過小評価される場合があり，特に肥満者や女性の場合に，過小申告されることがわかっている。

① 秤量記録法

秤量記録法は，秤，計量カップ，計量スプーンなどを使用して，実際の食品の重量や容積を科学的単位で測定・記録する。この方法では，調理前の生食材や調理中に出た廃棄量，食後の残菜量等を測定する。得られた調査結果(各食品の重量や容積)を基に，食品成分表などを用いて，調査者(栄養士)が栄養価を算出する。この方法の長所は，実際の食品重量や容積を測定しているので，食事調査法の中では真に近い方法と位置づけできることである。そのため，他の食事調査法の精度を評価する際の基準，ゴールデンスタンダードとして用いられる。一方で短所は，食材や料理一つひとつを測定していくため手間がかかること，それによって普段と異なる食習慣になってしまう可能性があること，外食や総菜では秤量が難しく困難であることなどで誤差が大きくなってしまうことがある。そのため，外食や総菜を頻繁に利用する対象者には不向きであり，異なる調査法を用いなければならない。

トライ

秤量記録法を使って，食事記録表を作成してみよう。

＊シートは付表3-1〜3を使用する

1. 対象期間は3〜7日間とし，1日はオフ日を含めてください。
2. 朝起きてから夜寝るまで，食べたり飲んだりしたものをできるだけ記録してください。
3. 起床後，体重を測定しましょう。
4. 記入と同時に食前に可能な限り飲食したものの写真撮影をお願いします。

〈撮影例〉

既製品などは
商品名が見えるように
撮ってください。

携帯電話など大きさの特定できるものを
近くにおいて撮影してください(カードやペンなど)。

5. 食事をした場所も記入してください。
6. 料理に使用した調味料はわかる範囲で書いてください。
7. ドレッシングやしょうゆ，ソース，マヨネーズなどをかけた場合は忘れずに記入してください。
8. 菓子，加工食品，サプリメントなどは備考欄に商品名やメーカー名などを記入してください。
9. 外食の場合は料理名，材料名，目安量など，できる範囲で記録してください。
10. 秤で計れる場合には，重量を記録してください。計れない場合には，量が推測できるように目安量を書いてください。
11. みそ汁のように一人前がわかりにくい場合には，つくったときの全量を計って(または目安量を書いて)全体の何分の一を食べたか記入していただいても結構です。

② 目安量記録法

目安量記録法は，実際の測定は行わず，料理の単位や食品を数える通常の単位である目安量(portion size；切り身一切れ，目玉焼き1個など)を記録する方法である。この方法を用いる際には，各食品について目安量とそれに対する重量を予め決めて標準化をすることで誤差が小さくなる。目安量記録法では，目安量を記載した調査結果では，栄養価が算出できないため，調査者(栄養士)が摂取量や廃棄量を確定することが必要である。場合によっては対象者に聞きとりを行って測定誤差を小さくすることも必要になってくる。この方法の長所は，秤量法に比べると記録が簡便に行えるため対象者の負担が少ないことである。一方で短所は誤差が大きくなることである。これは，現実的に料理や食品の種類や数が多く，その摂取量も大きなばらつきがあるためである。

トライ

目安量記録法を使って，食事調査をしてみよう。

＊シートは付表4を使用する

1. 選手にシートを配布し，1週間記入してもらうように依頼しましょう。
2. コンディションチェックのために，起床時間は，体重，体脂肪率(できれば)，起床後体温，起床後心拍数を計り，体調や排便の記録と共に記入させましょう。
3. 摂取した食事の内容や時間を記入させましょう。
4. 運動した場合は運動内容も記入させましょう。
5. 1週間の記録が終わったら回収し，栄養価を算出する。記載内容で不明な点(食事の量や内容)が不明な点は個別に聞き出し，栄養価算出の精度を高めましょう。

③ 写真記録法

写真記録法は，対象者がデジタルカメラやスマートフォンなどを用いて，食事や間食・補食の摂取前後に，すべての飲食物を撮影し記録する方法である(図6-1, 2)。調査者は写真より料理名や食品名およびその摂取量を推定する方法である。写真のみでは推定が困難であるため，多くの場合は他の記録法との併用や，料理名や食品名とその目安量をメモ程

図6－1　記録された写真記録法(弁当)の一例

図6－2　記録された写真記録法(食事)の一例

度で残しておくことが求められる。さらに，大きさがわかるようなもの(一定長さのスケールや，ペン，スマートフォンなど)と一緒に撮影したり，撮影する角度(真上，横，斜め45°など)の指定を依頼したりすることで誤差が小さくなる。この方法の長所は，目安量記録法と同様で記録が簡便に行えるため対象者の負担が少ないことである。一方で短所は誤差が大きくなることである。

2　食品成分表を用いて，栄養価計算をする際の注意点

食事調査によって得られた結果から，エネルギーや各栄養素の摂取量を推定する際には食品成分表を用いて栄養価計算を行う。現在，わが国で最も広く用いられているものは日本食品標準成分表2020年版(八訂)である。食事摂取基準(2020年版)と日本食品標準成分表(八訂)とでは，栄養素の定義に関して異なるものがあるので，留意が必要である。その栄養素について表6-2に示す。また，食事摂取基準などで用いられている摂取量の数値は摂取時を想定したものである。そのため，調理中に生じる損失などの栄養素量の変化について考慮して，栄養価計算を行わなければならない。日本食品標準成分表(八訂)では，「生」，「乾」など未調理食品を収載食品の基本としているが，一部の食品については「茹で」や「焼き」などの基本的な調理の食品も収載されている。また，調理の概要と質量変化の記録および18群に収載する調理済み流通食品の成分値などの充実が図られているため活用したい。ただし，これを考慮することは容易ではないため，栄養素の摂取量を算出して食事摂取基準と比較する際には，この点に留意して，対応することが望ましい。

表6－2　栄養価計算時に留意が必要な栄養素

栄養素	食事摂取基準	日本食品標準成分表	留意点
ビタミンE	α-トコフェロールだけを用いている	α-，β-，γ-，およびδ-トコフェロールをそれぞれ報告している	α-トコフェロールを用いる
ナイアシン	ナイアシン当量を用いている	ナイアシンとナイアシン当量をそれぞれ示している	ナイアシン当量を用いる

出典：日本人の食事摂取基準(2020年版)を一部改変

サプリメントの取り扱い

スポーツ選手はサプリメントを摂取している可能性が高く，それらに含まれる栄養素も含める必要がある。含まれる栄養素は，各製品の栄養成分表示やメーカーのホームページ上に記載されているため，摂取量を基にその値を入力する。対象者には，正しい記録のために写真による製品の撮影やラベルの回収などの対応が有効である。次に各サプリメントにおける食事調査の注意点を示す。

プロテインサプリメントは，牛乳やオレンジジュース，水で溶かして摂取することが推奨されていることが多いため，一緒に摂取した(溶かした)飲料についても，記録・栄養価計算が必要になる。アミノ酸やBCAA，EAAサプリメントは，たんぱく質の構成要素な

ので，アミノ酸1gをたんぱく質1gに換算するが，基本的にはメーカーと商品名を記録し，栄養成分表示を使用する。スポーツ飲料，ゼリードリンク，ミールバー（エナジーバー）なども同様にメーカーと商品名，摂取量を記録し，各製品の栄養成分表示を使用する。タブレット型サプリメントの場合も原則として同様の対応を行う。しかし，鉄，ビタミンAおよびビタミンB_1については，データを入力する際に換算するなど注意が必要である。

鉄は，一部ヘム鉄と成分量が併記されている場合があるため，その場合は鉄の成分量を用いる。ビタミンAはレチノール活性当量（μgRAE）に換算して入力が必要である。サプリメントとして摂取する油容化βカロテンは，ビタミンAとしての生体利用率が半分程度になるため下記の換算式を用いて算出する。

- レチノール活性当量（μgREA）＝レチノール（μg）＋ 1/2× βカロテン（μg）＋ 1/24× αカロテン（μg）＋ 1/24 ×βクリプトキサンチン（μg）＋ 1/24× その他のプロビタミンAカロテノイド（μg）

- ビタミンB_1は，チアミン塩酸塩相当量で入力する。もしも，チアミンで表示されていた場合は，下記の換算式を用いて算出する。

  チアミン塩酸塩相当量（mg）＝チアミン（mg）× 337.3 / 265.3

Column　食事記録とレコーディングダイエット

秤量記録法では食材や料理を一つひとつ秤量（測定）していくために手間がかかってしまい，精度が落ちてしまうことや普段とは異なる食習慣になってしまう可能性について紹介した。それを逆手にとったダイエット法（減量方法）を実践された方がいらっしゃるのでご紹介したい。

2007年に岡田斗司夫氏（2022年現在はYouTuberとして活躍中）が執筆した『いつまでもデブと思うなよ』で実践方法が紹介されている。その方法は至ってシンプルで，メモ帳1冊に一日に口にした飲食物とその量を記録するだけである。できれば，「食べたら30秒以内にメモをする習慣化をする」ことや「満足感を得られたら残りを捨てる」などのマイルールを設けることで，より効果が高まるそうだ。その結果，117 kgあった体重が67 kgへと50 kgの減量に成功したことを記している。

まさに食事記録法を実践・継続していたのである。岡田氏いわく，毎日毎食口にした飲食物を記録することが面倒になり，食事量が減ったため，痩せることができたのではないかとしており，食事記録法の大変さを物語っているようにも感じる。

食事記録法を対象者に実施する際には，事前にご自身でやってみることをおすすめする。まずは，対象者の苦労から知ることが重要であり，実際に体験することで食事調査の参加率や精度を向上させることができる可能性がある。実体験を基に調査をお願いすることで選手たちへの説得力が増すと思われる。

SECTION 2　食事バランスガイドを用いた評価

1　食事バランスガイドの特徴

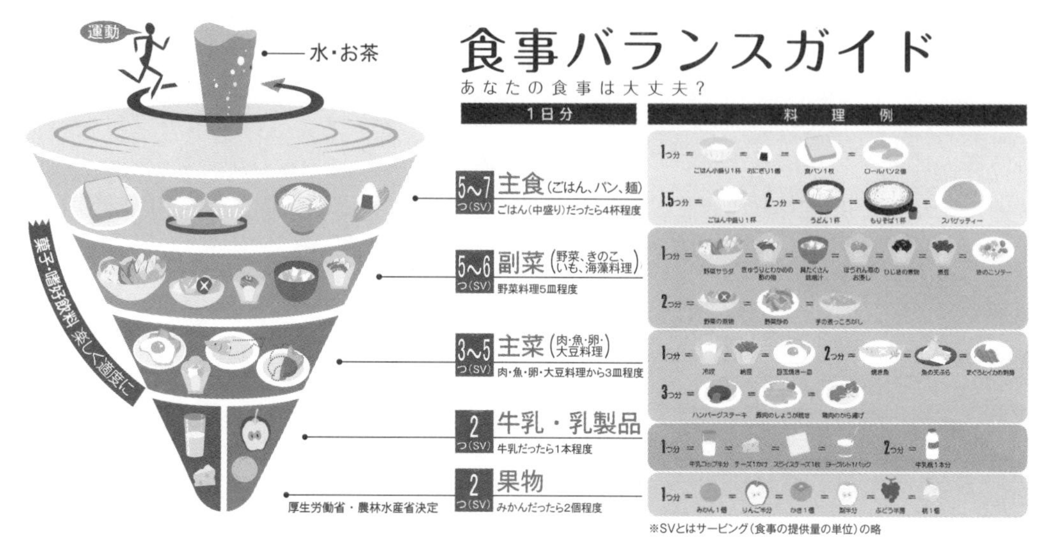

図6－3　食事バランスガイド

「食事バランスガイド」は，食生活指針を具体的な行動に結びつけるために，1日に「何を」「どれだけ」食べたらよいかを考えるときの望ましい食事の組み合わせとおおよその量を示すツールとして，2005年に厚生労働省と農林水産省の共同により策定された。コマをイメージしたイラストでわかりやすく示したものであり，上部から伝統的な日本の食事パターンである主食，副菜，主菜が順に並べられ，一番下に牛乳・乳製品と果物が並列にして表されている。食事のバランスがわるいと倒れ，回転(運動)することによって安定することを表している。

2　食事バランスガイドの使い方

実際に食べた食事を5つの料理区分別にどのくらい摂ったかを数値化し，1日の目安量と比べて，何の料理が不足していたか，多すぎたのかを自己診断することができる。

(1)　5つの料理区分と基準

食事バランスガイドで示されている5つの料理の量の基準を表6-3に示した。

食事バランスガイドでは，コマに示されている料理のイラストを目安に，料理を「1つ」「2つ」…と「1つ(SV＝サービング)」のように新しい単位で数える独自な方法である。

5つの料理に分類できない菓子，菓子パン，酒類などの菓子・嗜好飲料は1日200 kcalまでとする。また，100％である野菜ジュースや果物ジュースは，飲んだ重量の半分量の野菜，または果物として取り扱う。例えば，りんご100％ジュースを200 g飲んだ場合は，果物100 gの摂取と取り扱い，1 SV「つ(SV ＝サービング)」とする。

表6－3　5つの料理区分における量の基準

料理区分	主材料	1つ(SV)(サービング)の基準
主　食	ごはん，パン，麺，パスタなど	主材料の炭水化物が約40 g
副　菜	野菜，いも，豆類，きのこ，海藻など	主材料の重量が約70 g
主　菜	肉，魚，卵，大豆製品など	主材料のたんぱく質が約6 g
牛乳・乳製品	牛乳，ヨーグルト，チーズなど	主材料のカルシウムが約100 mg
果　物	みかん，りんご，バナナなど	主材料の重量が約100 g

(2)　1日分の目安量

性別・年齢・身体活動レベルより該当する区分A～C(表6-4)に対応した1日に摂るべき5つの料理の摂取目安を表6-5に示した。

表6－4　エネルギー量別の摂取目安

区　分	男　性		女　性	
	低　い	ふつう以上	低　い	ふつう以上
6～9歳	A	A	A	A
10～11歳	B	B	A	A
12～69歳	B	C	A	B
70歳以上	A	B	A	A

「低い」：1日のうち座っていることがほとんど
「ふつう」：座り仕事中心だが，歩行や軽いスポーツなどを行う。

表6－5　性別・年齢・身体活動レベルによる区分

目　安	エネルギー	主　食	副　菜	主　菜	牛乳・乳製品	果　物
A	1400～2000 kcal	4～5	5～6	3～4	2	2
B	2200 ± 200 kcal	5～7	5～6	3～6	2	2
C	2400～3000 kcal	6～8	6～7	4～6	2～3	2～3

3　食事バランスガイドを活用した毎日のセルフコンディショニング

スポーツ選手では日々のトレーニングやコンディションに応じた継続的な食事管理が必要である。食事バランスガイドを活用した毎日のセルフコンディショニングの方法と事例を紹介する。

(1)　セルフコンディショニングの方法

トレーニング，コンディション，食事の3つの要素から構成される栄養コンディショニング日誌(図7-2)を用いて，毎日のデータを記録する。日誌の各項目や記録方法については7章(p.94)で詳しく述べる。

(2) セルフコンディショニングの事例

陸上長距離選手を対象として栄養コンディショニング日誌によるデータ収集の事例を紹介する(図6-4)。データは4～9月にかけての6か月間で，すべての項目において1週間ごとに平均値を算出してグラフに示している。

この選手が重要視する5月上旬のトラックレースと9月中旬の駅伝大会に向けて総トレーニング量を示すLoadと走行距離が徐々に減少している。それに伴ってコンディションを示す起床時脈拍数が下がり，主観的回復(TQR)が上がっているが，トラックレース前は主観的回復(TQR)が15近くまで改善しているのに対して，駅伝前は12前後であった。

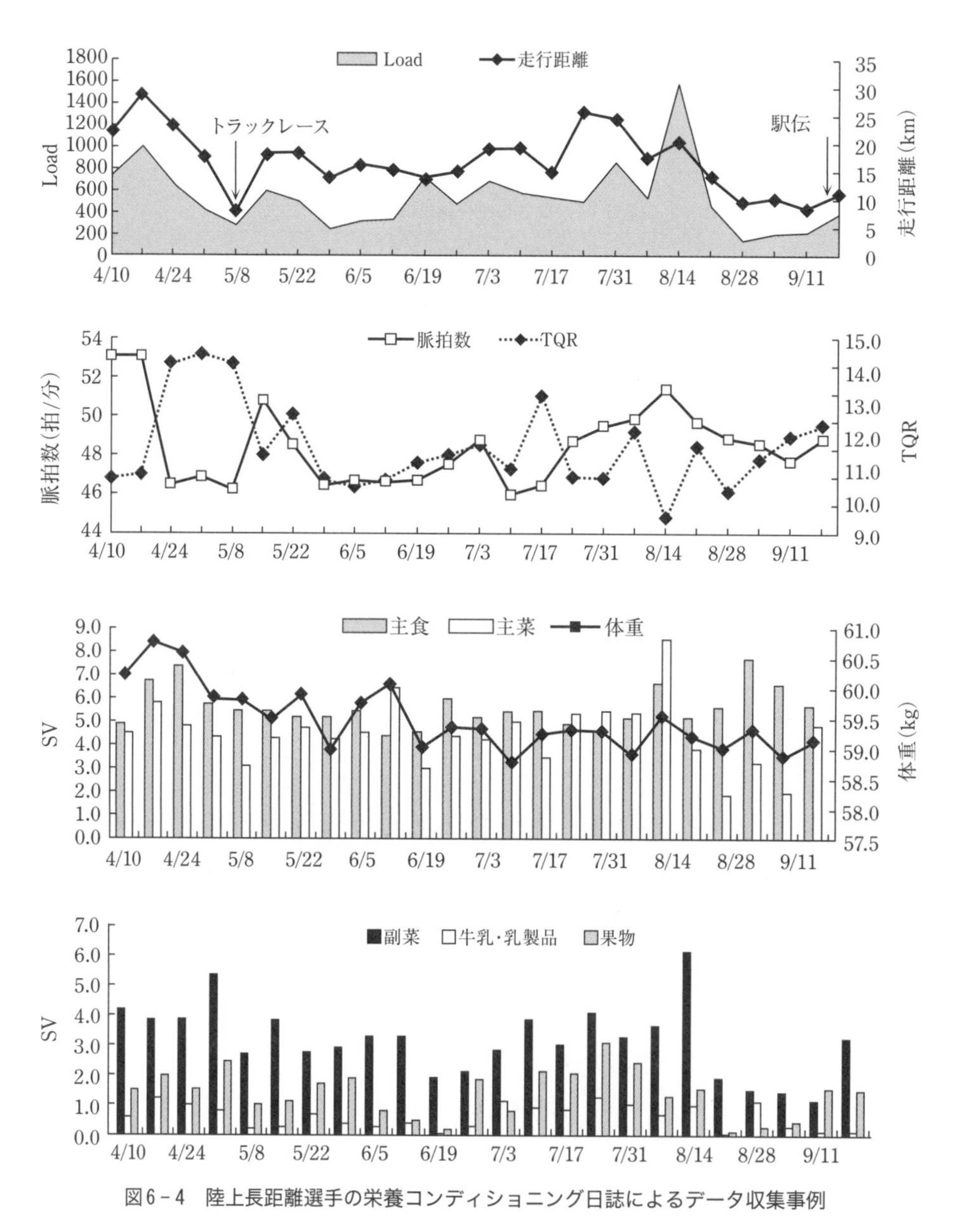

図6-4 陸上長距離選手の栄養コンディショニング日誌によるデータ収集事例

また，起床時脈拍数も47付近まで下がったのに対して49前後であった。両レース前の期間の主菜，副菜，果物の摂取量（SV）をみると，駅伝前は他の期間に比べて摂取量が少なくなっていることがわかる。大会結果に対する選手の自己評価はトラックレースが非常によく，駅伝大会はややわるかった。これらのことから，駅伝前の食事バランスの崩れがコンディションに影響を及ぼした可能性が考えられる。

(3) データの活用と注意事項

食事バランスガイドは一般向けにつくられ，簡便で数値化できることから長期間にわたって食事のデータを収集することが可能である。事例に示したようにトレーニングやコンディションのデータと照らし合わせることでアスリートのセルフコンディショニングとして活用することができる。対象者が食事バランスガイドを初めて使用する場合には，最初の1～2週間程度は実際に食べた食事，もしくは撮影した食事の写真などと照らし合わせて，各料理区分の摂取量（SV数）が妥当な数字であるかどうかを使い方のわかる者が確認しながら記録できるとよい。

また，食事バランスガイドには3,000 kcalを超える場合の目安量が示されていないが，トレーニング量や体重などコンディションの長期的な変動を食事バランスガイドの摂取量と合わせて分析することにより，それぞれに合った各料理区分の摂取量（SV数）がどのくらいかを判断することができる。すでに目安量が示されている3,000 kcal以下の場合においても，同様に分析することでアスリート各個人に合った独自の摂取目安を設定することも可能である。

〈引用・参考文献〉

厚生労働省・農林水産省：「食事バランスガイド フードガイド（仮称）検討会報告書」，第一出版（2005）

田口素子（責任編集）：アスリートの栄養アセスメント，第一出版（2017）

https://www.mext.go.jp/a_menu/syokuhinseibun/mext_01110.html, 2020

武見ゆかり，吉池信男 編：「食事バランスガイドを活用した栄養教育・実践マニュアル」p.11-14，第一出版（2018）

田中 平三編著：スマホ・携帯電話写真を用いた「24時間食事思い出し法」マニュアル－別冊「実物大料理写真集」付属，同文書院（2019）

特定非営利活動法人日本栄養改善学会監修：食事調査マニュアルはじめの一歩から実践・応用まで，第3版，南山堂（2016）

文部科学省：日本食品標準成分表2020年版（八訂）

7章　トレーニング期分けに応じた栄養計画と日誌を活用したセルフコンディショニング

SECTION 1　トレーニング期分けに応じた栄養計画

多くのアスリートは目標とする競技会に向けて，年間トレーニングプログラムに沿ってトレーニングを行っている。栄養管理を行ううえで，対象者の年間トレーニングプログラムを把握し，それに合わせて計画することが重要である。

1　トレーニング期分けに応じた栄養管理のポイント

年間トレーニングプログラムは，大きく準備期・試合期・休息期からなるトレーニング期分けにより構成されており，それらに合わせて栄養計画を考える必要がある。期分けにより，トレーニングの目的や内容が異なるため，それに合わせた栄養管理を考慮する必要がある（表7-1）。

表7－1　トレーニング期分けと栄養管理のポイント

	特　徴	栄養管理のポイント
準備期	筋力や持久力など基礎的な体力や身体機能の向上を目的とするため，トレーニングの強度が高く，時間も長くなる	筋肉量の増大 疲労回復 エネルギー補給
試合期	準備期で高めた体力や身体機能を維持しながら，コンディションをピークに合わせる	疲労回復 エネルギー補給
休息期	次のシーズンに向けて身体的，精神的な疲労回復をはかる。準備期よりもトレーニング量は減少する	エネルギー量の調整 体重管理

2　年間トレーニングプログラムに合わせた栄養計画の立案

期分けによって構成された年間トレーニングプログラムは，競技種目や対象者の年齢，所属するチームなどにより様々である。休息期に完全休養期間はあるのか，増量や減量がある場合は準備期のうちどの期間に実施するのか，試合期の試合頻度はどの程度か，どの試合が最も重要であるかなど，できるだけ詳細な状況を把握したうえで栄養計画を考える必要がある。以下に大学生硬式野球部をモデルとした年間トレーニングプログラムに合わせた栄養計画の具体例を示す。

（1）　目標設定の方法

目標設定と行動計画の例を表7-2に示した。チームの目標は所属地域における春秋のリーグ戦で優勝し，全国大会に出場することである。目標を達成するための課題は，リーグ戦期間中に体重が減少することによるパフォーマンスの低下を防ぐことである。食事の問題点は，エネルギー摂取量の不足であるため，準備期に除脂肪量を増加させ，それを試合期で維持できるようにすることを目標とした。目標を達成するための行動計画としては，朝食欠食がある場合にはなくす，朝食の摂取量を増やす，トレーニング後の間食を摂り4～5回食/日とするなどが考えられる。

表7－2　目標設定と行動計画の例

チームの目標	所属地域のリーグ戦で優勝し全国大会に出場すること
課　題	試合期に体重が減少してしまうこと
問題点	エネルギー摂取量の不足
目　標	準備期に増加させた除脂肪量を試合期で維持する
行動計画	・朝食の欠食を無くすまたは朝食の摂取量を増やす ・トレーニング後に間食を摂り4～5回食/日とする　など

(2)　年間トレーニングプログラムに合わせた栄養計画

表7-2に設定された目標を達成するための栄養計画を対象者の年間トレーニングプログラムに合わせて図7-1に示した。

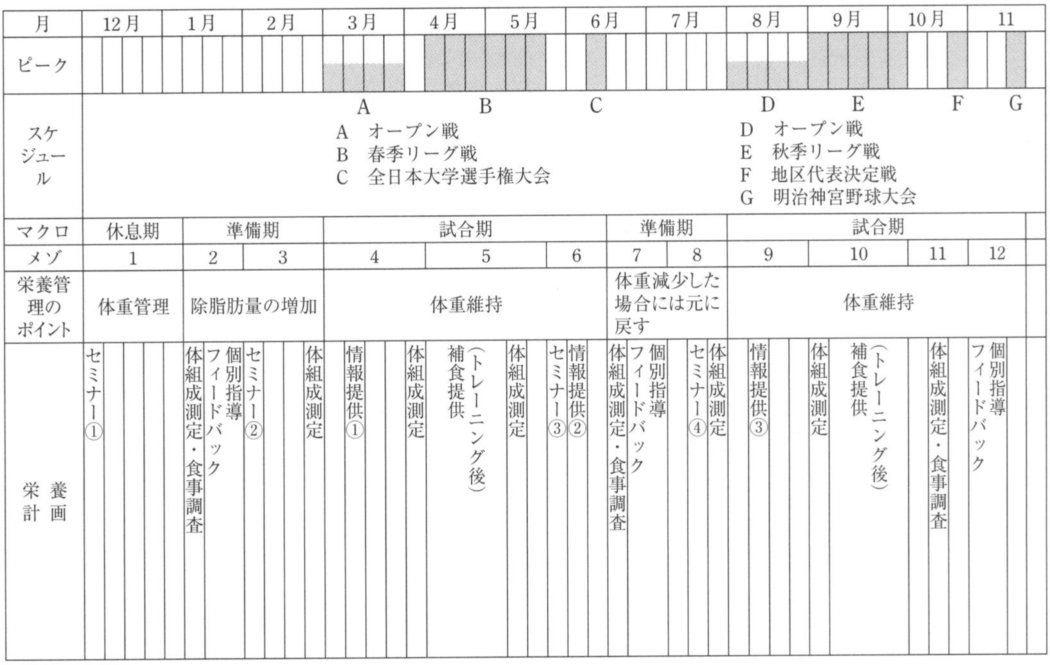

月	12月	1月	2月	3月	4月	5月	6月	7月	8月	9月	10月	11
スケジュール				A	B		C		D	E	F	G

A　オープン戦
B　春季リーグ戦
C　全日本大学選手権大会
D　オープン戦
E　秋季リーグ戦
F　地区代表決定戦
G　明治神宮野球大会

マクロ	休息期	準備期		試合期			準備期		試合期			
メゾ	1	2	3	4	5	6	7	8	9	10	11	12
栄養管理のポイント	体重管理	除脂肪量の増加		体重維持			体重減少した場合には元に戻す		体重維持			
栄養計画	セミナー①	体組成測定・食事調査 個別指導フィードバック	セミナー② 体組成測定	情報提供① 体組成測定	補食提供(トレーニング後) 体組成測定	セミナー③ 情報提供②	体組成測定・食事調査 個別指導フィードバック	セミナー④ 体組成測定	情報提供③	体組成測定 補食提供(トレーニング後)	体組成測定・食事調査	個別指導フィードバック

セミナー①：オフの体重管理および増量のための食事
セミナー②：試合期の食事(体重維持のために)
セミナー③：食事バランスの整え方(新入生対象)
セミナー④：疲労回復の食事
情報提供①：試合前の食事
情報提供②：水分補給
情報提供③：間食の活用方法

図7－1　年間トレーニングプログラムに合わせた栄養計画の実施例

① 年間トレーニングプログラム

主要な試合は春と秋のリーグ戦で，それぞれのリーグ戦の成績により6月と11月に開催される全国大会への出場が決まる。それらの試合とリーグ戦前のオープン戦を含む期間が試合期となるため，最後の全国大会の翌月となる12月より休息期が始まり，1月から春のオープン戦前と春の全国大会後から秋のオープン戦前までの期間が準備期となる。

② 栄養計画

年間トレーニングプログラムに合わせて栄養計画を示すことで，チーム（あるいは，個人）の動きを意識しながらそれに連動させて栄養サポートを進めることができる。それぞれの期分けにより異なるトレーニング目的や方法に応じた栄養管理が必要となるが，最終的には目標となる試合でピークパフォーマンスを発揮できるように年間の流れを見ながら計画することが重要である。

＜休息期＞

主要な試合を終えて休息期になるとそれまでよりエネルギー消費量が減少するため，体脂肪の増加に注意が必要である。ここでは，年間トレーニングプログラムの最初に休息期の体重管理と準備期に向けた増量のための食事のとり方について全体に対してセミナー形式で行い，目標である「除脂肪量の増加と試合期での体重維持」に関する知識の提供に加えて，栄養計画の方針や流れを確認してもらう。

＜準備期＞

初めに体組成測定と食事調査を行い，個々の食事の問題点や除脂肪量を把握する。その結果をフィードバックする際に個別指導を行い，目標となる除脂肪の増加量や具体的な行動計画を決定する。体組成測定は月に1回実施し，除脂肪量の増加および維持ができているかどうかを定期的に確認する。食事調査は主要な試合のない期間に年3回実施している。これらのアセスメントは対象者の負担を考慮して実施時期や頻度を設定する必要がある。

行動計画がうまく実行できているかを日々自分自身で確認することができれば，目標の達成がしやすくなる。そこで，セルフコンディショニングができる日誌を活用する方法があるが，詳しくはSection2を参照する。

＜試合期＞

試合期に入ると，対象者の指導に時間が長くとれない期間が増えるため，その時期に必要な情報を紙媒体で対象者に配布したり，電子媒体で配信したりして情報提供を行う。全体のセミナーや個別指導で実施した内容を媒体にまとめて，もう一度確認してもらってもよい。リーグ戦期間中には体重減少を防ぐことを目的としてトレーニング終了後の補食提供を行う。提供前後の体組成測定の推移をみて，体重維持ができているか確認するが，場合によっては補食提供した日の3食の食事量が十分に摂れているかを聞き取り調査するか，食事の写真を送ってもらい，対象者に負担がない範囲でサポートする必要がある。

SECTION 2　日誌を活用したセルフコンディショニング

栄養計画の立案にあたっては，目標や行動計画を決めて進めていくが，日々の食事については栄養管理者が把握することは難しい。そのため，競技者自身が毎日の食事摂取状況をトレーニングやコンディションと平行して継続的に把握することが望ましい。トレーニング，コンディション，食事の3つの要素から構成される栄養コンディショニング日誌(図7-2)を活用したセルフコンディショニングの方法について説明する。

令和　年　月　日　　　氏名

コンディション(起床時)		主観的回復(TQR)
就寝時刻	:	6 7　非常に回復がわるい 8 9　かなり回復がわるい 10 11　回復がわるい 12 13　回復 14 15　回復がよい 16 17　かなりよい回復 18 19　非常によい回復 20
起床時刻	:	
脈　拍	回/分	
体　重	kg	
• 脈拍は起き上がる前に測定する • 体重は排尿排便後に測定する • TQRは該当する数字に○をつける		

トレーニング		主観的運動強度(RPE)
トレーニング内容		0　まったくなし 0.5　きわめて弱い 1　非常に弱い 2　弱い 3　中程度 4 5　強い 6 7　非常に強い 8 9 10　極めて強い
トレーニング時間	分	
走行距離	km	
• RPEはトレーニング終了30分後に該当する数字に○をつける		

食事	主　食(SV)	副　菜(SV)	主　菜(SV)	牛乳・乳製品(SV)	果　物(SV)
朝食					
昼食					
夕食					
間食					
合計					

図7-2　栄養コンディショニング日誌(陸上長距離選手)

1　栄養コンディショニング日誌の記入方法

(1)　コンディションの項目

①　起床時刻および就寝時刻

前日の就寝時刻および当日の起床時刻を記録する。

②　起床時脈拍

目が覚めてから起き上がらない状態で，触診により1分間の回数を測定する。脈拍の触診は，手首の親指付け根部分に相当する橈骨動脈に沿って，反対の手の人差し指，中指，薬指を平行に当てて拍動を感じとる。

③　起床時体重

起床してすぐ排尿排便後に測定する。

④　主観的回復(TQR)

Kentta and Hassemen(1998)のTQRスケールを用いて起床直後に6～20のうち該当する数字に○をつける。

(2)　トレーニングの項目

①　トレーニング内容

トレーニングの内容を記入する。

②　トレーニング時間(分)

トレーニングを行った時間(分)を記録する。

③　主観的運動強度(RPE)

Foster and Lehmann(1996)のRPE改変スケールを用いて，トレーニング終了30分後に0～10のうち該当する数字に印をつける。

④　総トレーニング量(Load)

トレーニング時間(分)と主観的運動強度(RPE)の積により1日の総トレーニング量(Load)を算出する(表7-3)。

表7－3　Loadの算出方法(陸上長距離選手の算出例)

曜　日	トレーニング内容	トレーニング時間(分)	RPE	Load
日	完全休息	0	0	0
月	10000m ペース走，200m × 5	120	6	720
火	Jog 12km，6000m × 2 + 2000m	150	7	1050
水	Jog 100分	120	3	360
木	1000m × 10，Jog 60分	120	8	960
金	Jog 6km	50	3	150
土	ロード10km走	70	5	350
1週間平均				513

⑤ 走行距離(km)

トレーニング中に走った距離を記入する。陸上長距離選手を対象とした場合に必要な項目であるが他の種目では不要な項目である。種目によってトレーニング量が把握できるような別の指標があれば，走行距離の代わりに追加してもよい。

(3) 食事の項目

食事バランスガイドを用いて，1回の食事に摂取した5つの料理区分である主食，副菜，主菜，牛乳・乳製品，果物のSV数を記録し，それぞれの料理区分において1日の合計量を算出する。各料理区分のSV数の算出方法は6章(p.87)に示した。

2 栄養コンディショニング日誌の活用方法

(1) 日誌の記録方法

① 印刷された日誌に直接記入する方法

競技者が自分自身で記入することにより，日々のトレ-ニング量やその日の体調，体重，食事摂取状況などを確認することができる。過去のデータを振り返ることができるようにファイリングしておくとよい。ただし，長期間になると日誌の枚数が多くなり，過去のデータを振り返る際にも，1日ごとに見比べなければならない。1枚の紙に1週間程度の記録ができるようにしておくと振り返りもしやすくなる。

② 電子データで記録する方法

パソコンの表計算ソフトなどを使ってデータを入力すれば，過去のデータがどのように推移しているかを簡単に確認することができ，便利である。

その場合，栄養管理者が日誌の項目に沿って入力できるようにフォーマットを作成して，対象者に渡すと競技者がスムーズに入力できる。

(2) データの共有

日誌は栄養管理者が定期的に回収して電子データとして記録しておくと，フィードバックやデータの分析に活用できる。競技者自身が電子データで入力する場合には，栄養管理者の入力の手間は省ける。また，最近ではGoogleスプレッドシートのようなインターネット上でデータ入力・保管できるシステムも利用可能である。これを利用すれば競技者がスマートフォンからの入力ができるだけではなく，栄養管理者とリアルタイムでデータ共有することも可能である。

(3) フィードバック

競技者が印刷された日誌に毎日直接記入するだけでも，日ごとの振り返りはできるが，月単位を超えて長期間になった場合は，毎日の記録が負担に感じ始めてしまうことがあり，記録を継続するのは難しくなることがある。そのため，週単位もしくは月単位でデータを分析し，その結果を定期的にフィードバックするとよい。

図7-3は1か月のデータをグラフ化したフィードバック例である。7月10日頃まではLoad(総トレーニング量)が高い日が多いが，主菜や副菜，牛乳・乳製品，果物の摂取量がその他の期間に比べて少ない。コンディションを示す起床時脈拍はやや高い日もあり，TQR(主観的回復)も低い日が多くなった。その後7月10日過ぎから食事量が増えると共にコンディションの値も改善している。フィードバックの際に，全体の食事量が減ったのかどうかや，トレーニング時のパフォーマンスに影響がなかったどうかなど確認することでその後の栄養計画に活かすことができる。

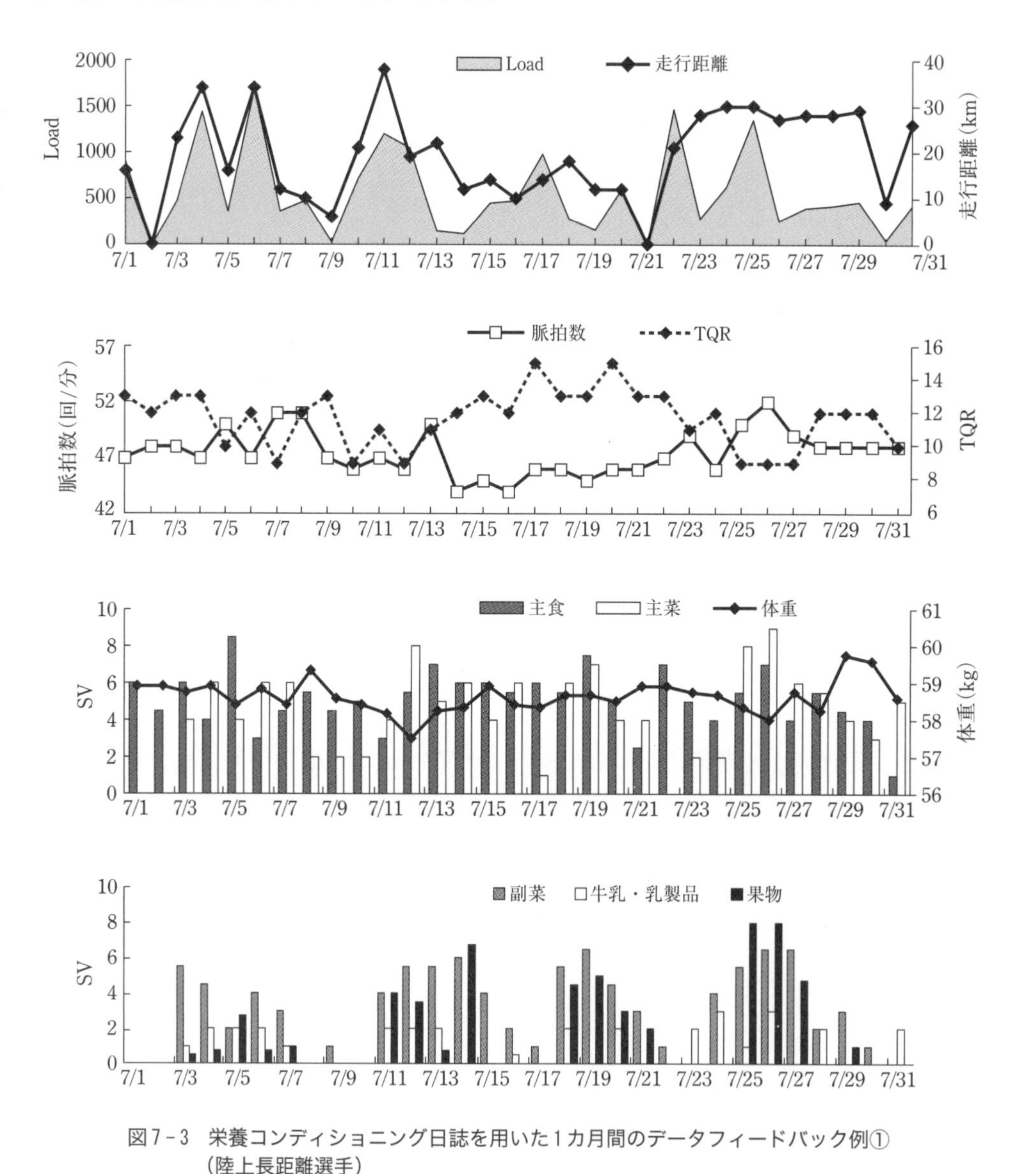

図7-3　栄養コンディショニング日誌を用いた1カ月間のデータフィードバック例①
(陸上長距離選手)

図7-3に加えて月平均のデータをフィードバックする場合の例を図7-4に示す。

フィードバックするデータは週平均で推移を示すこともできる。フィードバックの頻度やデータのまとめ方は対象者の状況に合わせて決めるとよい。また，データが1か月を超える場合には，日ごとのデータを一つのグラフで示すことが難しくなるため，それぞれの項目で1週間の平均値を算出して示す。6章(p.88)において図6-4に実例を示したので参考にしていただきたい。

1か月の平均値(走行距離のみ月合計)

	7月	6月	5月	4月
睡眠時間	7.1	6.6	7.3	6.9
脈拍(回/分)	47.5	46.8	48.0	50.8
TQR	11.7	13.0	10.8	11.7
体重(kg)	59.2	59.5	59.6	60.6
Load	570	415	463	739
走行距離(km)	599	447	505	568

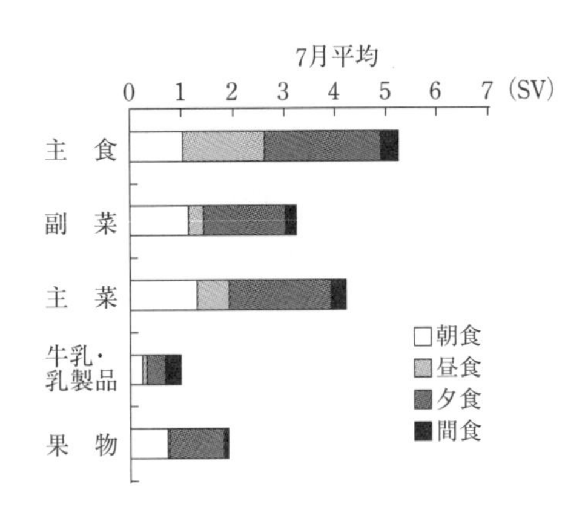

図7-4 栄養コンディショニング日誌を用いた1か月間のデータフィードバック例②
(陸上長距離選手)

参考文献

Kentta, G., P. Hassemen：Overtraning and recovery, Sports Medicine, 26(1), p.1-16(1998)
Foster, C., M. LEHMAN：Overtraining syndrome, In Running injuries, G.N. Guten, ed, p.173-188(1997)

8章　体重調節と食事

SECTION 1　エネルギー収支のバランスと体重増減

1　エネルギー収支とは

エネルギー収支とは，エネルギー摂取量とエネルギー消費量の差のことを示しており，エネルギー出納ともよばれている。

基本的に，体重はこのエネルギー収支を調節することで変化し，双方が均衡に保たれている場合は体重が維持される。これを静的エネルギー収支とよぶ。しかし，この摂取量と消費量に影響を与える要因は複雑で，非常に多くのことがあり，常に天秤のように動いているのが実際である。これを動的エネルギー収支とよび，体重の増減はこの動的エネルギー収支に影響を及ぼす要因を理解し，その状況に応じて，食事や運動をコントロールすることが求められる(図8-1)。

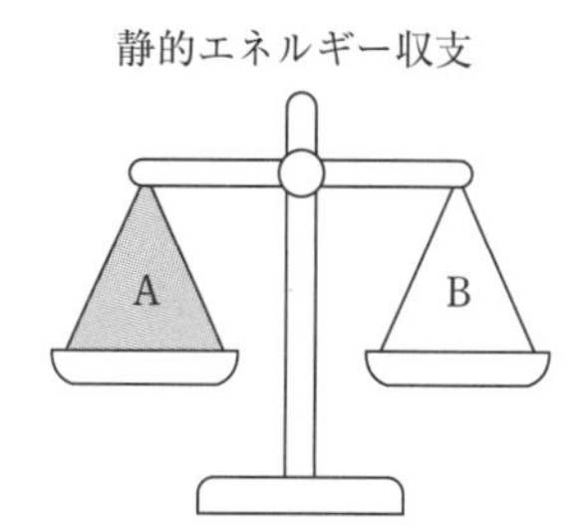

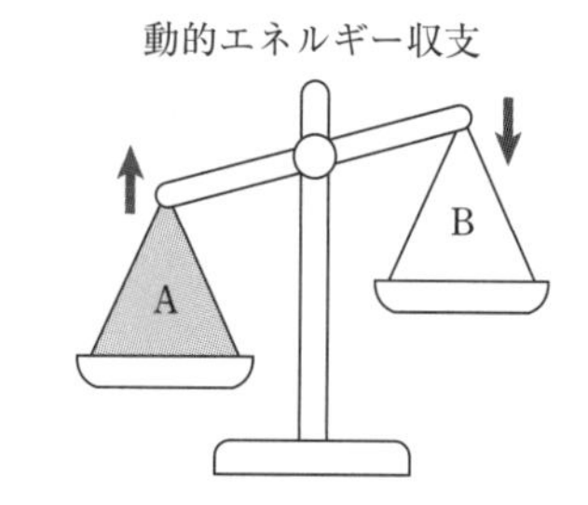

A：エネルギー摂取量
B：エネルギー消費量

図8-1　エネルギー収支のイメージ図

2　エネルギー収支に影響を及ぼす要因

エネルギー収支に影響を及ぼす要因を表8-1に示した。エネルギー摂取量は，例えば，食事の内容はもちろん，中・高強度の身体活動やホルモンによる食欲変化などによって変わることもある。また，エネルギー消費量も同様に，身体活動の種類や持続時間，強度などによって変化する。特に，エネルギー消費量は，基礎代謝量，食事誘発性体熱産生，身体活動(主に練習やトレーニング，日常活動など)によって構成されており，身体活動は特に日々大きく変化する要因となる。その他にも，アスリートであればトレーニングの期分けや試合の日程，寒冷や酷暑などの環境，不安やストレス，標高，外傷，投薬なども影響を及ぼすことが明らかになっている。

表8－1　エネルギー収支に影響を及ぼす要因

エネルギー摂取量に影響を及ぼす要因	エネルギー消費量に影響を及ぼす要因
•食事の組成 •高脂肪食 •食事のエネルギー密度 •高食物繊維食(満腹感が高まり，摂取量が減少) •中・高強度の身体活動 •ホルモンによる食欲変化 •体重(体重が多ければ，摂取量も多い) •エネルギー消費量(身体活動量に伴い，身体活動量も増加)	•安静時代謝量 •身体活動の種類 •身体活動の持続時間 •身体活動の強度 •身体組成(骨格筋や骨量) •食事誘発性体熱産生(たんぱく質摂取で上昇) •座りがちな習慣(日常生活の活動量減少による消費量の低下) •エネルギー摂取量

出典：Grandjean，AC(1989)，Manore MM(2015)，Manore MM, *et al.*(2017)より作成

3　エネルギー収支を理解するためのアセスメント

エネルギー収支を理解するためには，アセスメント(3章 p.52参照)を行う必要がある。エネルギー収支のアセスメントは，図8-2で示したように重要ではあるものの簡単ではない。例えば，エネルギー摂取量を把握するためには，食事調査を実施する必要がある(6章 p.78参照)。しかし，食事調査は方法や実施者の技術，正確性によって誤差が生まれることは否めず，特にアスリートは食べる量が多く，頻度も高いため，日々異なる食生活を送っている状態を，正確に把握することは難しい。また，エネルギー消費量に関しては，対象者の年齢や身体組成，身体活動などによって大きく変動し，日々練習やトレーニング内容が異なる状況を踏まえて考えなければならない。

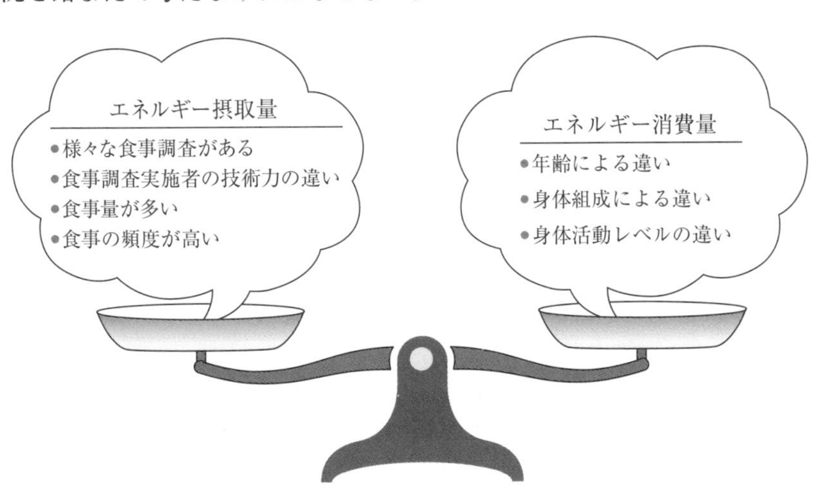

図8-2　エネルギー収支のアセスメント

図8-3は，筆者らが大学ラグビー選手を対象にエネルギー収支を調査したものである。管理栄養士がすべての合宿に帯同し，要因加算法(5章 p.75参照)でエネルギー消費量を算出して，秤量記録法と目安量記録法(6章 p.83参照)を併用したうえで，エネルギー摂取量を算出した。その結果，負のエネルギー収支であったことが明らかになり，合宿期間中に

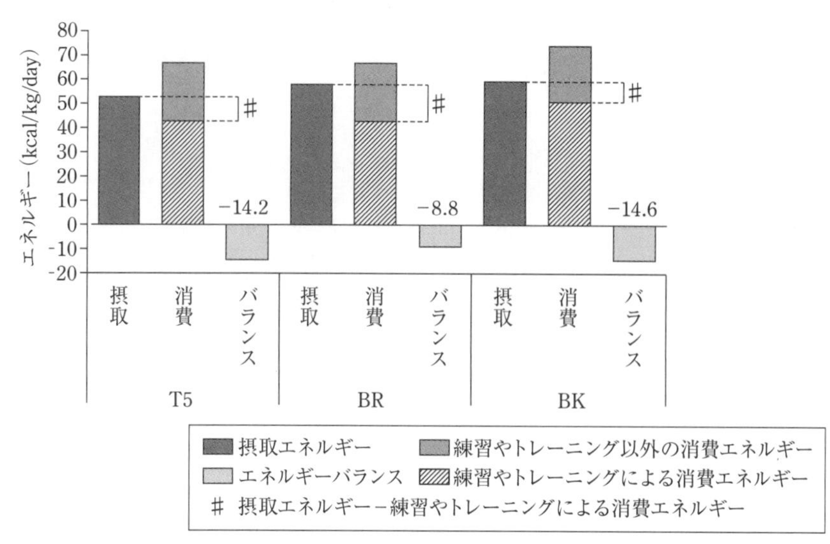

T5：タイト5　BR：バックロウ　BK：バックス

図8－3　大学ラグビー選手の夏合宿期におけるエネルギー収支

出典：Tokuyama M, *et al.*(2021)より和訳

結果的に体重減少に繋がってしまった。このように，エネルギー収支は，直接的に体重の増減に影響を及ぼすため，できる限り迅速にかつ正確に把握することが重要である。しかし，その課題に対して，食事評価ツールやウェアラブルデバイス*技術の妥当性も検証されているものの，未だ実用的ではないと報告されている。

＊ウェアラブルデバイス：手首や腕，頭などに装着するコンピュータデバイスのこと。スマートウォッチ，スマートプラスなどがある。また，ジョギングやスイミングなどといった運動を記録したり，心拍・脈拍，睡眠時間などを捕捉して健康維持に役立てる。

したがって，いずれかの方法によって可視化されたエネルギー収支は，推定として参考としながら，日々の体重の変化を確認して，食事と照らし合わせて調節する必要がある。

4　体重増減の基本的な考え方

ここまで示した通り，体重の増減は基本的にエネルギー収支のバランスが乱れることによって起こる。しかし，その変動は，主に1日の中で常に短期的に変化する日内変動と，長期的に変化する日間変動に分かれる。

日内変動の主な要因は，体水分の変化によるものである。水分や食事量，発汗量の変化が体水分量に影響を及ぼし，それによって体重は増減する。一方で，日間変動の要因は，エネルギー収支の過不足が蓄積されて起こるものである。エネルギー摂取量が消費量よりも多い日が続くことで，エネルギーが蓄積され，結果的に体重や除脂肪量，体脂肪量などの身体組成が増加する。その逆に，エネルギー消費量が摂取量よりも多い日が続くことで，これらの身体組成は減少する。特徴も踏まえたうえで，体重変化を捉える必要がある。

SECTION 2　増　量

1　増量の理論

増量を行うアスリートの多くは，単純に体重を増やすことが目的ではなく体脂肪量を維持，または減少させたうえで除脂肪量を増やし，結果的に体重も増えることを求めている。これはアスリートのパフォーマンスの向上を考えた場合，重要なことである。

除脂肪量を増量するためには，まずはエネルギー収支を正の状態にするためにエネルギー摂取量を付加しなければならない。アメリカの「食と栄養のアカデミー」から報告されている適切な付加量としては，男性アスリートが1日当たり400～500 kcal，女性アスリートが1日当たり300～400 kcalとされている。しかし，前項で示した通り，動的エネルギー収支を個別に把握することは容易ではないため，定期的に身体組成を確認しながら，個人の状況に基づいて食事頻度や内容を選択し，生活環境や個別性を考慮することが求められている。また，増量を計画する期間が長ければ長いほど，除脂肪量の増加と体脂肪量の維持を適切に実現できる可能性が高くなり，1日の付加量も無理なく調節できる。一方で短期的に増量を計画する場合は，1日当たり最大で1,000 kcalを上限として行うことが推奨されている。これらを踏まえて，個別性を最大限に考慮し，1か月で2～3%の体重増加率，ならびに1.5～1.8%の除脂肪量増加率が現実的な目標設定のポイントと捉えられるだろう。

2　増量のための食事

増量のための食事の重要なポイントを表8-2に示した。増量の食事を検討する際には，内容も重要であるが，練習やトレーニングに応じて頻回に補給タイミングを計画することも不可欠である。その中でも特に，運動後のタイミングでは十分なエネルギーを補給することが必要である。特にたんぱく質は，除脂肪量の増加に対して重要な役割を果たすため，表8-2を参考にしながら，個別性を十分に考慮して食事計画を策定する。

一方で，運動後は，のどの渇きから過剰な水分を補給してしまい食事を十分に食べられなくなったり，疲労による食欲減退や，他の活動(クールダウン，取材，ドーピング検査など)によって食事に集中できず，補給をし損ねるという問題も起こり得る。これらの状況に対する有効な対策としては，優先順位をよく考え，状況判断を適切にして食事や飲料を摂取できるように事前に想定しておいたり，高エネルギー飲料や少量でエネルギー密度の高いものを摂取することなどが考えられる。

なお，図8-4は大学ラグビーの夏合宿期に体重を増やすために，筆者らがマネジメントした食事の一例である。エネルギー付加量も含めて，十分な量が計画されていたはずだったが，想定以上のエネルギー消費量によって，結果的に体重が減少することとなってしまった。この食事だけをみれば，これだけ食べることができれば増量が実現できると思うかもしれないが，やはりエネルギー収支バランスを把握したうえで，計画を実施することの重要性が改めて示唆された事例である。これを食べたら増量できる(減量できる)という食事は存在しないことを認識して，エネルギー収支バランスを調節することが重要である。

表8－2　増量のための食事の重要なポイント

•アスリートの個別性を十分に考慮して，食事内容を計画する
•1日当たり男性アスリートは400～500 kcal，女性アスリートは300～400 kcal を目安にエネルギー摂取量を付加する
•食事のタイミングは，練習やトレーニングに応じて計画的にかつ頻回にする
•十分な食事をとることができるように，事前に水分をとり過ぎないように注意する
•高エネルギー飲料や少量でエネルギー密度の高いものを活用する
•エネルギー産生栄養素バランスは，炭水化物を50～60％，タンパク質を20～30％目安とし，高炭水化物・高たんぱく質食とする
•タンパク質は，除脂肪量の増加に対して重要な役割を果たす(以下にタンパク質補給のポイントを示す) －1日当たり1.4～2.0 g/kg 体重　の摂取が望ましい －レジスタンストレーニングを定期的に行っている場合は，2.4 g/kg 体重　の摂取も推奨される －1日の総摂取量をおよそ3～4時間ごとに，均等にタイミングを分けて摂取する －一食あたりの摂取量は，おおよそ20～40 g，または0.25～0.4 g/kg 体重(約10 g の必須アミノ酸を含む)とする －運動後の摂取(2時間後まで)は，アミノ酸スコアの高い(必須アミノ酸を含む)タンパク質源を推奨する －運動後の摂取では，特に必須アミノ酸の中でもロイシンが筋タンパク質の合成に重要である －レジスタンストレーニング日の就寝前のカゼインタンパク質(30～40 g 程度)を補給する

Kerksick CM, *et al.* (2017), Manore MM (2015), Manore MM, *et al.* (2017), Burke, LM (2001), Rankin, JW (2002) より作成

朝　食	昼　食	夕　食
•ご飯(量は個別)　•みそ汁 •塩さんま　•スクランブルエッグ •ベーコン　•マカロニサラダ •切り干し大根の煮物	•三色丼(量は個別) •山菜そば	•ご飯(量は個別)　•みそ汁 •デミグラスハンバーグ　•麻婆豆腐 •ポテト　•ミックスベジタブル •野菜ピザ　•日替わり副菜
【選択自由なメニュー】　•納豆　•卵　•ミニ豆腐　•野菜サラダ　•梅干し　•漬物　•塩辛などの珍味　•果物数種　•牛乳　•お茶　•水		

図8-4　体重を増やすためにマネジメントされた1日の食事例　出典：徳山ほか(2021)より

SECTION 3 減 量

1 減量の理論

増量の考え方と同様に，減量も単純に体重を減少させることが目的ではなく，除脂肪量を維持，または増やしたうえで体脂肪量を落とし，結果的に体重も減少することがアスリートには求められている。

減量計画を検討する際には，徐々にあるいは段階的にエネルギー摂取量を減少していき，週当たりで0.5～1%の体重減少を目安とする。アメリカスポーツ医学会では，1日当たり250～500 kcalの負のエネルギーバランスとし，3～6週間以上の期間を設けて減量を行うことを推奨している。

また，国際オリンピック委員会は，500 kcalの負のエネルギーバランスを上限に長期的に減量計画を定め，おおよそ2週間で1 kg程度の体重減少を見込むことで，除脂肪量を維持し，体脂肪量を中心に減量することが可能であると示している．減量は，脂肪組織1 kg中8割が中性脂肪とすると，おおよそ7,200 kcalを負にすることで1 kg減量することが理論上可能である。

2 試合に向けた減量の戦略と危険性

特に階級制の競技は，試合に向けて戦略的に急速減量を行うこともある。表8-3は，その方法とメリット，デメリットをまとめたものである。試合に向けて戦略的に短期間で減量を行うメリットもあるが，一方で健康やパフォーマンスに対してデメリットとなることの方が大きい。食事制限を短期間で厳しくし過ぎることで，除脂肪量や筋力，グリコーゲン，集中力およびトレーニングの適応が低下することがすでにわかっている。また，倦怠感や除脂肪量の低下によって，傷害のリスクが高まることも示されている。最低でも1日当たり1,500 kcal以上のエネルギー摂取量を保ち，女性アスリートの場合は特に女性アスリートの三主徴(12章p.134参照)や貧血を併発する恐れもあるため，注意が必要である。

なお，階級制競技アスリートの場合，減量を行う段階によってパフォーマンスやコンディショニングに影響を与える重要な要素が変化する(表8-4)。重要な大会の数週間前から数か月前，公式計量，計量後，競技前準備，競技後と段階が分かれ，それぞれで取り組むべき優先順位が異なるため，参考にしたうえで戦略的に減量を行って試合にのぞみたい。また，減量に失敗した人の要因として，エネルギー摂取量のマイナス幅は少ないにもかかわらず，空腹感や食欲が強く，睡眠の質がよくないことが明らかになっている。生活リズムや食事内容の乱れそのものが心理的状態に影響し，減量を行おうとするアスリートの阻害要因となることもあり得る。綿密に準備された計画と，日々の行動が基本となって減量が成り立つことを忘れてはならない。

表8－3　試合に向けた急速減量の戦略とメリット・デメリット

急速減量の方法		メリット	デメリット
腸内内容物の操作	下剤／整腸剤の使用	•1日で体重の1～2%の減少が可能	•心血管系運動能力の低下 •体水分の減少 •電解質のインバランス
	食物制限	•1日で体重の1～2%の減少が可能（腸内容物とグリコーゲンの組み合わせによるもの）	•エネルギー摂取量の減少
	食物繊維制限	•2～7日後に腸が空になる（腸の準備運動期間を要する） •急性期の栄養状態やパフォーマンスへの影響は少ない	•満腹感の低下
体水分の操作	中等度の脱水（3% BM[*1]以上）	•体重調整で最も単純な要素	•軽量日と同日に競技を行った場合，減少分を素早く回復させるのは難しい
	軽度の脱水（3% BM未満）	•1～3時間で迅速かつ容易に達成できる •4時間以内に水分バランスを回復させることができる	•熱耐性，有酸素能力，緩衝能力などが低下する •軽量日と同日に競技を行う場合は積極的な水分補給計画が必要
	水分制限	•1日で体重の1～2%の減少が可能 •他の形態の脱水症よりも生理的障害が少ないと思われる	•制限期間中に喉の渇きを感じることが多くなる
	グリコーゲンの枯渇（低炭水化物摂取＋グリコーゲンを枯渇させるトレーニング）	•7日間で体重の2%の減少が可能 •短時間での筋力とパワーの維持	•計量後に補給しない場合，約5分間の無酸素性能力の低下 •軽量日と同日に競技を行う場合は，積極的な炭水化物リカバリープランが必要
発汗の操作	積極的発汗（運動誘発性）	•計量前の既存のトレーニングセッションに容易に組み込むことができる •体温調節のための発汗よりも血漿量を維持することができる	•特定の運動様式や運動量に慣れていないアスリートの場合，追加の運動は疲労や痛みを誘発する可能性がある •高強度の運動は，胃排出やGI[*2]に悪影響を与える可能性がある
	受動的発汗（体温調節，すなわち，サウナ，熱い風呂，暖房の効いた部屋など）	•比較的簡単な減量方法 •スポーツ選手のリラックス効果や気分の向上などが期待できる	•血漿から体液が優先的に失われる •体温が上昇するため，規定体重に到達したら冷却を必要とする

＊1　BM：Body Mass（体重）
＊2　GI：Glycemic Index（食後血糖値の上昇を示す指標）

出典：Reale R, *et al.*（2017）より和訳作成

表8-4　すべての階級競技選手のパフォーマンスとコンディショニングに影響を与える
競技段階ごとの重要な要素

競技段階	取り組むべき要素
重要な大会の数週間から数か月前	•長期的な体重調整計画の策定と実施 •模擬計量や重要ではない大会での急速減量，リカバリー計画への対応を計画・実践・記録する •練習試合や重要ではない大会に合わせて，試合前の栄養戦略を開発し，改善する 　カフェイン，炭水化物マウスリンス，およびその他のサプリメント(適切な場合)の使用も含む
大会公式計量	•公式計量の前にリカバリー食と水分補給が計画され，準備されていることを確認する •公式計量会場には，計量後1時間に必要な食品／飲料を必ず持参すること •可能な限り長いリカバリー時間を確保するために，公式計量期間中のできるだけ早い段階で公式体重を確認する •水分補給とグリコーゲンの回復は，計量後すぐに開始する
計量後	•リカバリーは，選手の競技直前の「ルーティン」に影響を与えないように，(胃の空っぽ化に必要なタイミングを考慮して)可能な限り早期に完了する •試合前日の計量の場合，水分不足への対応(水分損失の150%を摂取)，炭水化物の回復5〜10g/kg(その時のグリコーゲンの状態や目標に応じて個別に対応)を試合前日の夜，寝る前までに行う •同日計量の場合，計量前に可能な限り最高の栄養状態をつくっておく(アスリートの心理的状態や好み，GIも考慮して)
競技前準備	•競技3〜4時間前の食事で1g/kg以上の炭水化物を最低でも摂取することが理想 •競技前の食事，補食のパターンを「心理的な気分がよくなる」ようなものにするべき •選手が希望する場合には，競技前の一定期間，食事や水分の摂取を控えることも考慮する •サプリメントの使用は，競技前に十分に試した場合のみとする
競技後	•急速減量，回復，大会準備の計画を振り返る •何がうまくいったか，次の大会までに何を調整する必要があるかを評価する

出典：Reale R, *et al.* (2017)より和訳作成

3　減量のための食事

減量するためには，食事によるエネルギー摂取量をある程度制限しなければならない。国際オリンピック委員会は，エネルギー摂取量の制限時に体脂肪量と除脂肪量の割合を適正に保つために，エネルギー産生栄養素バランスとして炭水化物を40%(3〜4g/kg体重)，たんぱく質を20〜30%(1.8〜2.7g/kg体重)程度にすることを推奨している。このような高たんぱく質食にしながら，脂肪は不飽和脂肪酸を中心とした良質な油を摂るようにし，水分もこまめに補給することを心掛ける。また，果物や野菜，全粒穀物，低脂肪の乳製品，豆類，赤身の肉などの低エネルギー密度の食事は，総エネルギー摂取量を減らしながら，満腹感を高めることができるため取り入れたい内容である。

なお，1日を通して練習やトレーニング前後など，こまめに摂取タイミングを計画する

ことは，除脂肪量の増加とリカバリーに対して効果的であることがわかっている。単純に食べる回数を減らしたり，生活リズムを変えたりするのではなく，トレーニングと連動させて食事の計画を検討することが重要である。

このような減量のための食事を実践する際には，図8-5を参照に行うとよい。1日当たりに食事でマイナスとするエネルギー量を検討したら，「エネルギーコントロール」，「食事の質のコントロール」，「食べ方のコントロール」の各項目に準じて，何でマイナスのエネルギー量を確保するか検討する。次に，これらを「具体的な食行動計画」に落とし込み，目標とする負のエネルギー収支を実現できるかがポイントとなる。この行動計画を検討する注意点は，アセスメントを実施して個別の現状や問題点を把握したうえで，①実践できる可能性が高く，②目標を達成するために優先度が高い行動を，③段階を経て設定することである。行動計画を実施する意義を栄養教育し，定期的にモニタリングを行うことで，より確実に減量を実現することができる。

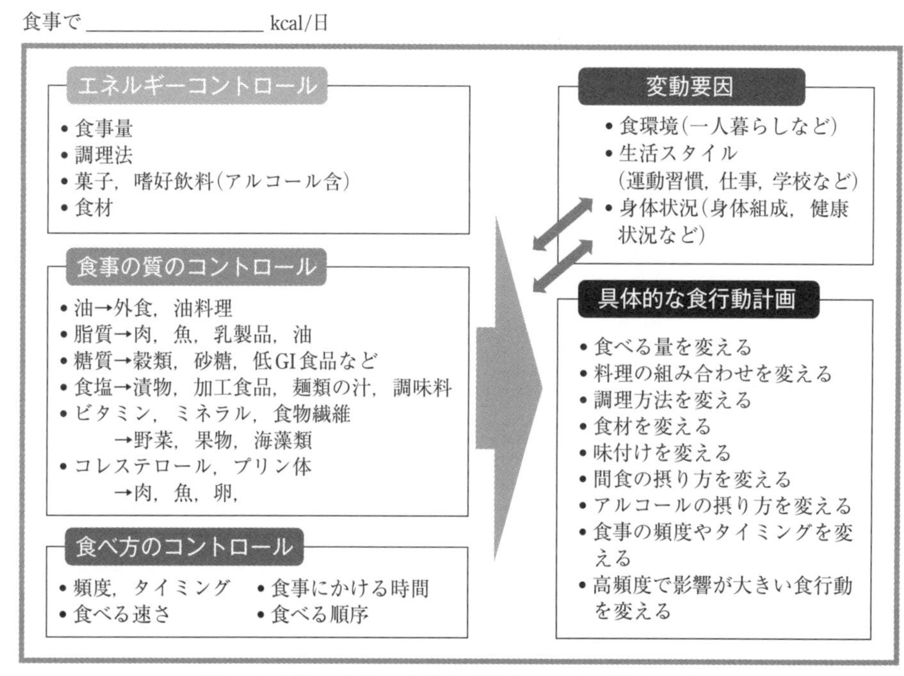

図8－5　減量のための食事を実践するための計画シート

清野（2014）

〈参考文献〉

Angelo, t., *et al*.: What Is the Profile of Overweight Individuals Who Are Unsuccessful Responders to a Low - Energy Diet? A PREVIEW Sub - study.Front Nutr. 2; 8: p. 707682（2021）

Aragon, A. A., *et al*.: International society of sports nutrition position stand: diets and body composition.J Int Soc Sports Nutr. p. 14: 16（2017）

Burke, L. M.: Energy needs of athletes. Can J Appl Physiol. 26: p. 202 - 219(2001)

Costello, N.: Are professional young rugby league players eating enough? Energy intake, expenditure and balance during a pre - season.Eur J Sport Sci. 19: p. 123 - 132(2019)

Dunford, M., *et al*.: Weight Management.In:Sports, Cardiovascular, and Wellness Nutrition Dietetic Practice Group, Ed.:Sports Nutrition. 6th Ed, Academy of Nutrition and Dietetics.: p. 218 - 235(2017)

Grandjean, A. C. : Macronutrient intake of US athletes compared with the general population and recommendations made for athletes. Am J Clin Nutr. 49(5 Suppl): p. 1070 - 1076(1989)

Joseph, E. D., *et al*.: American College of Sports Medicine Position Stand. Appropriate physical activity intervention strategies for weight loss and prevention of weight regain for adults.Med Sci Sports Exerc. 41(2): p. 459 - 71(2009)

Kerksick, C. M., *et al*.: International society of sports nutrition position stand: nutrient timing. J Int Soc Sports Nutr. 14 : p. 33(2017)

Loucks, A. B., *et al*.: Energy availability in athletes.J Sports Sci. 29(Suppl 1): S p. 7 - 15(2011)

Manore, M. M., *et al*.: Dynamic Energy Balance: An Integrated Framework for Discussing Diet and Physical Activity in Obesity Prevention—Is it More than Eating Less and Exercising More? Nutrients. 9: E p. 905(2017)

Manore, M. M.: Weight Management for Athletes and Active Individuals: A Brief Review. Sports Med. 45(Suppl 1): p. 83 - 92(2015)

Mountjoy, M., *et al*.: The IOC consensus statement: beyond the Female Athlete Triad - Relative Energy Deficiency in Sport (RED - S). Br J Sports Med. 48: p. 491 - 497(2014)

Nemanja, L., *et al*.: Effects of Rapid Weight Loss on Judo Athletes: A Systematic Review.Nutrients. 12(5): p. 1220(2020)

Rankin, J W.: Weight loss and gain in athletes. Curr Sports Med Repl: p. 208 - 213(2002)

Reale, R., *et al*.: Individualised dietary strategies for Olympic combat sports: Acute weight loss, recovery and competition nutrition. Eur J Sport Sci. 17(6): p. 727 - 740(2017)

Reale, R.: Acute Weight Management in Combat Sports: Pre Weigh - In WEIGHT LOSS, POST WEIGH - in Recovery and Competition Nutrition Strategies.Sports Science Exchange. 31(183): p. 1 - 6(2018)

Rolls, B. J., *et al*.: Reductions in portion size and energy density of foods are additive and lead to sustained decreases in energy intake. Am J Clin Nutr. 83: p. 11 - 17(2006)

Sawka, M. N,. *et al*.: American College of Sports Medicine position stand. Exercise and fluid replacement.Med Sci Sports Exerc. 39(2): p. 377 - 390(2007)

Taguchi, M., *et al*.: Increasing meal frequency in isoenergetic conditions does not affect body composition change and appetite during weight gain in Japanese athletes. Int J Sport Nutr Exerc Metab. 31(2): p. 109 - 114(2021)

Thomas, D. T., *et al*.: American College of Sports Medicine Joint Position Statement. Nutrition and Athletic Performance. Med Sci Sports Exerc. 48(3): p. 543 - 568(2016)

Tokuyama, M., *et al*.: Possible Association of Energy Availability with Transferrin Saturation and Serum Iron during Summer Camp in Male Collegiate Rugby Players.Nutrients. 13(9): p. 2963(2021)

厚生労働省：日本人の食事摂取基準(2020年版)

清野隼：減量に取り組む男性アスリートに対する栄養サポートの考え方とその事例，Strength & conditioning journal: 日本ストレングス & コンディショニング協会機関誌，21(7)：p. 2 - 6(2014)

清野隼：増量に取り組むトップアスリートの栄養サポートの考え方とその事例，Strength & conditioning journal: 日本ストレングス & コンディショニング協会機関誌，22(1)：p. 2 - 7(2015)

徳山円香ほか：大学男子ラグビー部のプレシーズンにおける夏合宿期の栄養サポート～自己決定理論を用いた体重減少を防ぐための取り組み～，日本スポーツ栄養研究誌，14：p. 108 - 121(2020)

9章　試合期の食事

SECTION 1　試合前に注意すべきこと

1　安全性と体調管理

(1)　試合前の食中毒対策

試合に万全の体調でのぞむためには，如何に健康状態を維持できるかに注意を払わなければならない。試合となると，必ずしも普段生活しているところではなく，遠方や海外など遠征を伴うことが多くなり，遠征先の食環境を確認することも重要である。例えば，食中毒を起こしたレストランとそうではないレストランを比較した研究があるが，食品安全認証を受けたサービス管理者を配置して，運営に透明性や持続性を伴っているかが食中毒の発生率に影響を及ぼしていることが示されている。宿泊場所を検討する段階で，栄養価が考えられている食事メニューはもちろん，安全管理も含めた食事提供体制を十分に確認して計画を立てることが必要である。

また，表9-1には様々な食中毒が発生する要因をまとめた。基本的には，「汚染された食品を食べない」という至ってシンプルな予防が大切であるが，試合前は特に注意をする必要がある。例えば，素手で握られたおにぎりなどは，食中毒菌である黄色ブドウ球菌が繁殖する可能性が高く，長い時間暑熱環境の中で持ち運ぶことでリスクが高くなる恐れがある。また，カレーや煮物なども長時間にわたって室温放置しておくことでウエルシュ菌によって汚染されることもある。さらに，調理されてから長時間にわたって野外に置かれてある料理や，加熱されていない魚介類や貝類・肉類，普段食べなれていない食品などは，万全を期して控えた方がよい。

表9－1　様々な食中毒が発生する要因

- 汚染された食材や水の経口摂取
- 生肉を扱ったトングを併用して焼いた食品を食べる
- 加熱が不十分な肉類，または生肉を食べる
- 加熱が不十分な魚介類や貝類，または保存の温度管理がされていない魚介類や貝類を食べる
- 猫や犬などの動物，汚染環境に生息するネズミや害虫によって汚染された食品を食べる
- 長時間放置された食品や食べかけ食品を食べる
- ヒトの指や手に傷があるにも関わらず素手で調理された食品を食べる
- 加熱調理した後に，長時間室温放置した食品を食べる
- 感染しているヒトの手やつば，糞便，嘔吐物によって汚染された食品を食べる

(2) 腸内環境の調整と対策

2010年以降の研究技術の飛躍的発展により着目されている，腸内環境の調整と対策(図9-1)も重要である。脳と腸，そして多くの疾患は互いに密接に影響を与えていることが明らかになっており，これを「脳腸相関」とよんでいる。例えば，選手の試合前の極度なストレスによって，正常な腸内細菌構成のバランスが崩れ，下痢や便秘を誘発することも自然であると理解しなければならない。この症状は「ディスバイオーシス」とよばれ，海外で試合が行われる場合の時差や移動によるサーカディアンリズムの乱れも，このディスバイオーシスの原因であることが報告されている。その他にも食事や運動はもちろん，遺伝や加齢，地域や環境，服薬によっても腸に影響を及ぼすことがわかっており，試合前のこのような要因を十分に想定して対策すること，とくに食生活に関する対策が重要である。

対策としてまず大切なことは，バランスのよい食事である。過剰な高たんぱく質食を継続することで，腸内環境が悪化することも報告されているため，エネルギー産生栄養素のバランスを考慮し，水溶性食物繊維やプロバイオティクスを豊富に含む食事をとることが必要である。ただし，プロバイオティクスといっても多様な菌が存在しているため，適正なエビデンスが蓄積されている菌を選択し，偏らないように注意したい。

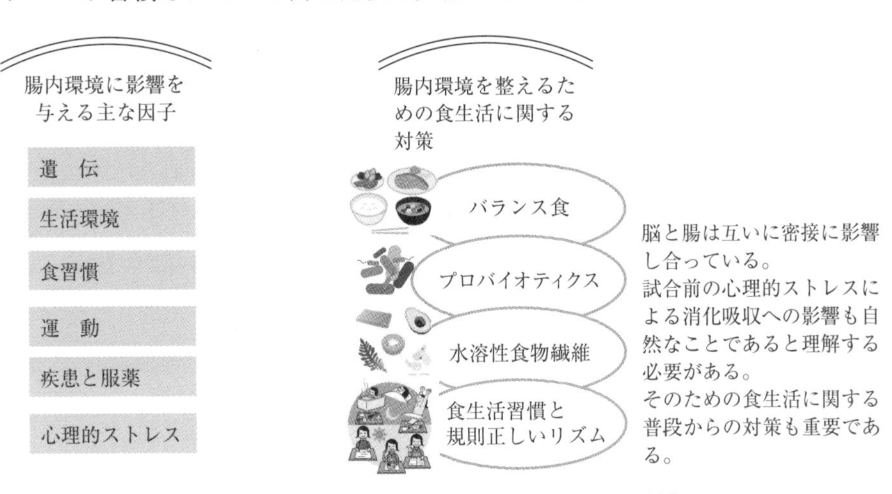

図9-1　腸内環境に影響を与える主な因子とその対策

出典：Vasile C and Dan CV(2020), Wosinska, L *et al.*(2019), Xiao, JZ *et al.*(2020), Dokladny, K *et al.*(2006)より作成

(3) 腸内細菌叢

これらの腸内環境は，運動や食事によって変化が起こり適応されてくると報告されている。そもそもヒトの大腸には40兆個ほどの細菌が棲んでおり，これらを腸内細菌叢(わが国では腸内フローラともよばれている)という。腸内細菌叢には数百種類の腸内細菌が確認されており，食物の消化や吸収，分解はもちろん，ビタミンの再合成，炎症や免疫応答の調節，病原体の排除などを担っている。これらの菌一つひとつによって特性に違いはあるものの，食事を変えてから24時間以内に腸内細菌叢の組成に顕著な変化がみられるこ

とが報告されている。また，食物繊維や植物性たんぱく質の摂取量の増加は，腸内細菌の豊富さと多様性に関連していること，さらに過剰なたんぱく質補給によって，多様性が損なわれることも示されている。一方で，脂質の種類や量の影響については，解明されていないが，種類(飽和脂肪酸と不飽和脂肪酸の違い)によって異なる可能性も示唆されている。

腸内細菌叢に関する研究は，目まぐるしく進(深)化しており，本章に記載されていることの内容が明日には改訂されていてもおかしくない状況である。総じて言えることは，消化吸収力を安定に保つためには図9-1に示されているような，食生活に対する対策を習慣的に行っておくことが重要であるということである。

2 グリコーゲンローディング

試合期においては，健康状態を維持することが最も優先するべきことではあるが，パフォーマンスを発揮するために，戦略的な栄養補給を検討することも手段の一つである。その一つの方法に，「グリコーゲンローディング」がある。グリコーゲンローディングとは，体重1kg当たり10～12gの糖質を1日で補給し，おおよそ2～3日を目安にそれを継続するという非常に極端な高糖質食を行うことである。これによって，筋肉や肝臓にグリコーゲンが貯蔵され，持久的パフォーマンスの向上に影響があると報告されている。グリコーゲンローディングを実施するか否かは，競技特性や試合時間，選手の健康状態や競技レベル，競技経験などいくつかの条件を考慮して慎重に判断しなければならない。表9-2は，グリコーゲンローディングの実施を検討するための条件をまとめたものである。運動時間が90分以上であることや，試合後半にグリコーゲンの枯渇が想定されること，日常的に練習を継続していることなどが挙げられている。また，選手自身が実施に対して前向きであることはもちろん，事前にテストを実施して胃腸の状態や体重変化，疲労の変化などを確認しているかも重要である。

表9-2　グリコーゲンローディングの実施を検討するための条件

- 運動時間が90分以上であること。
- 強度が高い持続的な運動などでグリコーゲンが枯渇する恐れがあること
- 試合後半にかけてグリコーゲンの枯渇による疲労が生じる可能性があること
- 選手の競技経験が長く，日常的に練習を継続していること
- 選手が実施に対して前向きであること
- 選手に高糖質食を避けるべき既往がないこと(例えば，糖尿病や内分泌疾患，摂食障害など)
- 必ずプレシーズンなどを活用して事前にテストを実施していること
- 事前のテストで胃腸の状態や体重の変化，疲労の状態などの問題が生じたか否かを確認していること

出典：Burke LM(2021)，Burke LM, *et al.*(2019)より作表

これらの条件を踏まえて，試合に向けた実施計画を策定する。図9-2は，一般男性マラソンランナーがレースに向けてグリコーゲンローディングを行う計画を事例としてまとめたものである。働きながらであっても毎日走る習慣があり，競技志向の高い対象者であれ

ば，事前のテストを行ったうえで十分に実施することができる。この事例においては，本番のレースも合わせて半年間で3回のテストを実施し，十分に検証して調整を図った。レース3日前までは通常食と変わらずに補給し，2日前と1日前，そしてレース当日に体重1kg当たり10～12gの糖質を補給した。特にレース2日前からの補給計画を検討する際には，対象者が食べたいものや食べやすいものを優先的に取り入れて，ストレスを調整することも重要である。

スケジュール		6日前	5日前	4日前	3日前	2日前	1日前	レース当日 フルマラソン
		勤　務	勤　務	勤　務	勤務/トレーニング(レース当日確認)	勤　務	移動日／事前受付	
起床時体重	kg	60.2	60.7	60.3	60	60.3	60.4	60.6
食　事		通常バランス食			通常バランス食＋トレーニング時サプリ	高糖質食		レース当日 栄養補給戦略
エネルギー量	kcal	2,450	2,450	2,450	2,800	4,000	4,000	4,750
糖質量	g	365	365	365	395	600	600	720
	g/kgBW	6	6	6	6.6	10	10	12
たんぱく質量	g	90	90	90	95g	105	105	115
	g/kgBW	1.5	1.5	1.5	1.6	1.7	1.7	1.9
貯蔵エネルギー推移イメージ								

図9-2　一般男性マラソンランナーのグリコーゲンローディング実施計画例

清野（2017）より作成

このグリコーゲンローディングは，先述した腸内環境の適応にも関連している。例えば，1回目のグリコーゲンローディングを実施した際には，胃腸の状態に対して不快感を覚え，予定していた糖質食品を食べきることができなかったものの，継続して練習を行いながら糖質食品を食べていく訓練を行い，2回目のグリコーゲンローディングを行ったところ，それらは改善されてタイムも向上した，という事例が報告されている。穀類など多くの糖質を含む食品は，炭水化物として，食物繊維も一緒に摂ることになる。炭水化物は，糖質と食物繊維を合わせた栄養素であるため，高糖質食を摂ることで，結果的に食物繊維も多く摂ることになる。食物繊維そのものは，消化されずに小腸から結腸を通過するため，過剰に補給することで胃腸障害を引き起こすこともある。一方で，継続的に運動と一緒に補給を繰り返すことで，腸内細菌叢が適応し，腸内細菌の豊富さと多様性に影響を及ぼす可能性も示唆されている。試合に向けた計画を検討するうえで，このように腸内環境も適応させていく計画は戦略として必要な要素の一つであるといえる。なお特に注意すべき点として，体重の増加への配慮も忘れてはならない。糖質食は，摂取エネルギー量が多くなることはもちろん，食品に含まれる水分量も多いため，短期的な実施でも体重が増加してしまう可能性は否めない。長距離走の選手などは，数パーセントの体重増が下肢への負担を増大させることもあるため，事前のテストで十分に確認する必要がある。

SECTION 2　試合当日の食事

1　試合のスケジュールや食環境の把握

試合当日のパフォーマンスは，多くの相互依存的な要因によって影響を受け，予想することが非常に困難である。したがって，試合のスケジュールや環境の十分なシミュレーションが必要である。シミュレーションを行ううえで，スケジュールには，競技時間だけではなく，予選や決勝の間隔，受付・召集時間などの競技規則や文化も影響する。また，環境においては暑さや湿度，風，高度，地形，移動の必要性などの考慮が求められる。これらを踏まえて，各試合に向けたオリジナルな補給計画を策定することが重要であり，如何にしてこれらの情報を事前に選手と一緒に確認をできるか，考慮するべきである。したがって，エビデンスに基づいた計画だけでは，選手の個別性に対応することは困難であり，試行錯誤しながら築きあげていくことが大切であることを理解する必要がある。

2　食事や補食の摂取タイミングと内容(試合前・中・後)

(1)　試合当日の補給の考え方

疲労は，運動中の筋グリコーゲンの枯渇と関連することが1967年に報告され，それ以来，如何にして体内のグリコーゲンを枯渇させずに競技を行えるかが戦略の重要な要素とされてきた。体内に貯蔵できるグリコーゲン量は限られる(例えば，筋グリコーゲンであれば400～750 g)ため，試合で必要とされる糖質量より少ないことが起こり得る。また，このグリコーゲン貯蔵量は，食事からの糖質摂取量と運動後のリカバリー時間が主な決定要因となるため，特に試合当日は糖質摂取のタイミングと量，内容について戦略的に計画を立てることが必要である。

図9-3は，試合当日の糖質摂取に関するガイドラインを示したものである。糖質補給の目安量が，試合前1～4時間前と30分前，試合開始してからの試合時間，試合後に分かれて設定されている。試合前1～4時間前については，体重1 kg当たり1～4 gの糖質が推奨されている。また，30分前には形状も消化に影響を及ぼさないゼリー状やドリンクに近いもの，果物などで少量の補給が推奨されている。試合が始まってからは，競技時間が長くなればなるほど，グリコーゲンの枯渇が予想されるために，こまめに計画的に補給することが重要であると示されている。試合後については体重1 kg当たり1～1.2 gを，1時間以内を目安に補給し，リカバリーを徹底することが必要である。

(2)　試合当日の具体的な摂取タイミングと内容

このガイドラインを基に，具体的な食事や補食の摂取タイミングと内容の例を示したものが図9-4である。これは野球を想定して，試合が2～2.5時間と予想して午後に開始さ

試合開始前・後	糖質目安量	体重別糖質摂取量と糖質エネルギー量			選択食品例(糖質源)
		50 kg	70 kg	90 kg	
4時間前	試合前1～4h の間に，1～4 g/kgBW の摂取	50～200 g (200～800 kcal)	70～280 g (280～1120 kcal)	90～360 g (360～1440 kcal)	糖質(炭水化物)中心 おにぎり，もち，かけうどん，だんご，カステラ，ロールパン，食パン(ジャム，はちみつ)，あんぱん他
3時間前					
2時間前					
1時間前					
30分前	少量 ※試合時間を考慮して調節。吸収が早いものを選ぶ	少量 ※試合時間を考慮して調節。吸収が早いものを選ぶ			エネルギーゼリー，エナジージェル，バナナ，100％果汁，栄養補助食品，スポーツドリンク，果物他
試合開始 短時間(45分以内) 高強度で断続的(45～90分) 持久性(90～150分) 超持久性(150～180分) 1時間以上の運動	必要なし 少量(口をすすぐ程度も含む) 30～60 g/h 90 g/h 以上 0.5～1.0 g/kgBW/h	必要なし 少量(個人差，環境要因による) 30～60 g/h(120～240 kcal/h) 90 g/h 以上(360 kcal/h 以上) 25～50 g/h (100～200 kcal/h)	35～70 g/h (140～280 kcal/h)	45～90 g/h (180～360 kcal/h)	エネルギーゼリー，エナジージェル，バナナ，100％果汁，栄養補助食品，スポーツドリンク，果物他
試合直後	1.0～1.2 g/kgBW/h を頻回に分けて早いタイミングで摂取	50～60 g/h (200～240 kcal/h)	70～84 g/h (280～336 kcal/h)	90～108 g/h (360～432 kcal/h)	リカバリー系プロテイン，エネルギーゼリー，ホエイプロテイン，バナナ，100％果汁，栄養補助食品，スポーツドリンク，果物，おにぎり，他
試合後　食事					糖質に偏った食事から栄養バランスに富んだ食事にシフトする

図9-3　試合当日の糖質摂取に関するガイドライン

出典：IOC(2010)，Burke LM, *et al.*(2019)，Burke LM(2011)より作成

れることを例として示している。重要なことは，試合の開始時間から逆算して計画を検討していくことである。試合開始30分前～1時間前を目安に少量の糖質源として，カステラ一切れやバナナ，エネルギーゼリーを補給する。そこから3時間前まで遡り，昼食を補給する。これは野球という，そこまで継続的に走ったり動いたりという競技特性ではないことも考えて目安として3時間としたが，例えば，これがマラソンなどの持久系競技であれば，消化吸収の時間も考慮して，もっと余裕をもって時間を設定することが必要となる。内容は高糖質食で消化吸収に悪影響のないものを選ぶ必要がある。ここでは，例として親子丼とざるそば，飲むヨーグルト，レモンのはちみつ漬けとしている。また，午前中は試

合に向けた調整練習が2時間計画されているが，この調整練習でもエネルギーを消費するため，その前に補給する朝食内容，ならびに直後の補食も内容を検討する必要がある。調整練習後は，すぐに昼食を食べることができるため，水分補給も兼ねてリカバリー系のプロテインを補給例としている。さらに朝食に関しても昼食同様に注意を払って内容を検討する必要がある。

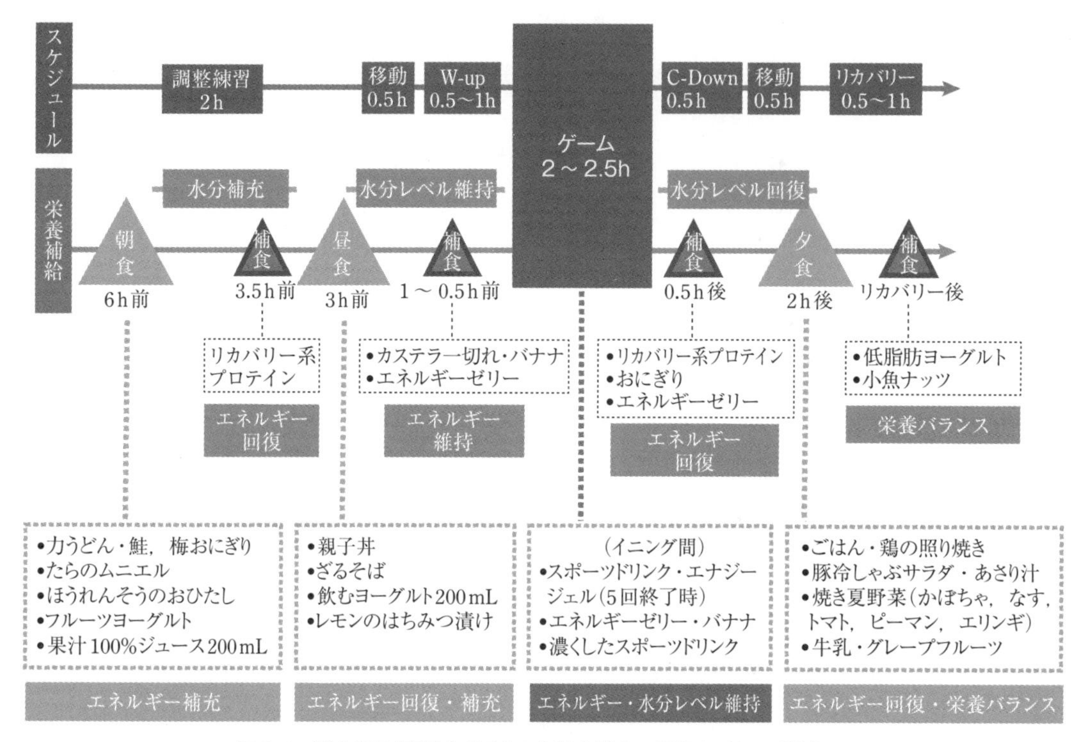

図9-4　試合当日(野球を想定)の食事や補食の摂取タイミング例

清野(2014)より作成

試合前の計画を検討したうえで，試合中ならびに試合後の補給内容を検討する。試合中は，野球のようにイニングごとに補給できるタイミングがはっきりする場合と，ハーフタイムのみの場合や予選と決勝の間など，競技によって異なるため，ルールと競技特性をよく確認して，事前のシミュレーションを徹底することが重要である。また，試合後は疲労で食べることが困難な状況も想定されるが，まずは優先的に水分レベルを回復して，循環を促すことが大切である。そのうえで，ゆっくりクールダウンを行いながら心身を落ち着かせ，糖質とたんぱく質源を中心にリカバリーを目的に補給を行う。

これらの試合当日の栄養戦略を検討するうえで，選手の心理的状況は最も尊重されるべきことであり，たとえエビデンスやガイドラインと異なることであっても，選手が食べたい食品に対する親しみや慣れによって，プラシーボ効果が得られることも報告されている。「これを食べた方がスポーツ栄養学の観点からはよい」といえるものと，「これを食べた方が競技力の発揮にとってはよい」といえるものが，決して同じではないということを十分に念頭において，選手と寄り添い栄養戦略を創造していくことが求められる。

〈参考文献〉

Bergstrom, J., *et al.*: Diet, muscle glycogen and physical performance. Acta Physiol (Oxf). 71: p. 140-150 (1967)

Burke, L. M., *et al.*: Carbohydrate for training and competition.J Sports Sci. 29: p. 17-27 (2011)

Burke, L. M., *et al.*: Contemporary Nutrition Strategies to Optimize Performance in Distance Runners and Race Walkers. Int J Sport Nutr Exerc Metab. 29 (2): p. 117-129 (2019)

Burke, L. M.: Nutritional approaches to counter performance constraints in high-level sports competition. Exp Physiol. 106 (12): p. 2304-2323 (2021)

Dokladny, K., *et al.*: Physiologically relevant increase in temperature causes an increase in intestinal epithelial tight junction permeability. Am J Physiol Gastrointest Liver Physiol. 290: G p. 204-212 (2006)

Fogelholm, G. M., *et al.*: Carbohydrate loading in practice: high muscle glycogen concentration is not certain.Br J Sports Med. 25 (1): p. 41-44 (1991)

Grgic, J., *et al.*: CYP1A2 genotype and acute ergogenic effects of caffeine intake on exercise performance: A systematic review. Eur J Clin Nutr. 60: p. 1181-1195 (2021)

Hedberg, C. W., *et al.*: Systematic environmental evaluations to identify food safety differences between outbreak and nonoutbreak restaurants. J Food Prot. 69 (11): p. 2697-2702 (2006)

IOC consensus statement on sports nutrition 2010.J Sports Sci. 29 (sup1): S p. 3-4 (2010)

Jeukendrup, A. E.: A step towards personalized sports nutrition: carbohydrate intake during exercise. Sports Med. 44 (Suppl 1): S p. 25-33 (2014)

Jeukendrup, A. E.: Training the Gut for Athletes. Sports Med. 47 (Suppl 1): p. 101-110 (2017)

Kerksick, C. M., *et al.*: International society of sports nutrition position stand: nutrient timing. J Int Soc Sports Nutr. 14: p. 33 (2017)

Mohr, A. E., *et al.*: The athletic gut microbiota. J Int Soc Sports Nutr. p. 17-24 (2020)

Peeling, P., *et al.*: Evidence-based supplements for the enhancement of athletic performance. Int J Sport Nutr Exerc Metab. 28: p. 178-187 (2018)

Raglin, J., *et al.*: Understanding placebo and nocebo effects in the context of sport: A psychological perspective. Eur J Sport Sci. 20: p. 293-301 (2020)

Vasile, C., Dan, C. V.: Gut microbiota and old age: Modulating factors and interventions for healthy longevity. Exp Gerontol. 141: 1 p. 11095 (2020)

Voigt, R. M., *et al.*: Circadian Disorganization Alters Intestinal Microbiota. PLoS One 9:e p. 97500 (2014)

Wosinska, L., *et al.*: The potential impact of probiotics on the gut microbiome of athletes. Nutrients. 11: p. 2270 (2019)

Xiao, J. Z., *et al.*: Probiotic Bifidobacterium breve in Improving Cognitive Functions of Older Adults with Suspected Mild Cognitive Impairment: A Randomized, Double-Blind, Placebo-Controlled Trial. J Alzheimers Dis. 77: p. 139-147 (2020)

塩瀬圭佑ほか：非アスリートの食事内容自己選択型グリコーゲンローディングにおける糖質摂取量と筋グリコーゲンの変化．ランニング学研究．25(2)：p. 17-23(2014)

清野隼：アスリートにおけるパフォーマンス向上につながる糖質摂取，Sugar & starch information，59：p. 2-10 (2017)

清野隼：チームスポーツに対する栄養サポートの考え方とその事例，Strength & conditioning journal: 日本ストレングス & コンディショニング協会機関誌，21(8)：p. 11-17(2014)

10章　運動時の体温調節と水分補給

SECTION 1　体内での水分の役割

1　水分の体内分布

アスリートは，トレーニングや試合中の発汗などにより，脱水状態に陥りやすく，それによりパフォーマンスの低下や熱中症(SECTION 2 p.120参照)を引き起こすリスクが高まる。それらを予防するためには，体内における水分の役割を理解し，適切な水分補給の知識を身につけることが重要である。

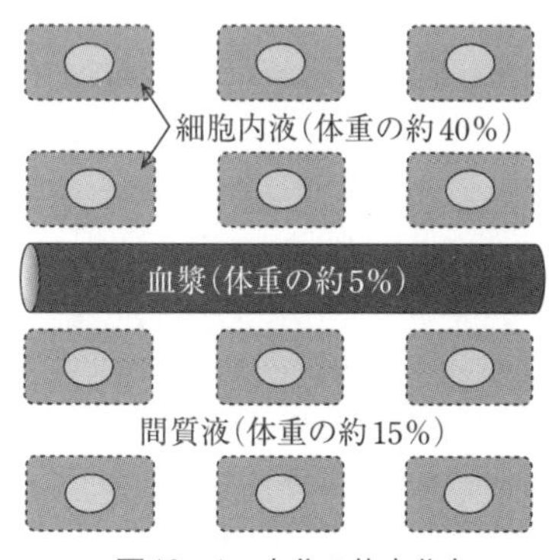

図10－1　水分の体内分布

人間の体内に最も多く存在する成分は水であり，性別や体組成などにより差はあるものの成人では体重の約60%を占めている。また，体内の水分量は加齢と共に変化し，新生児では体重の70～80%を占めるが，高齢者では40～50%程度に減少する。体内の水分(体液)は，細胞の中にあるもの(細胞内液)と外にあるもの(細胞外液)の2つに大別され，さらに細胞外液は間質液と血漿に分類される(図10-1)。

(1)　細胞内液

細胞内液は細胞膜の内側に存在しており，体内の水分量の約2/3(体重の約40%)を占めている。細胞内液の細胞内では生命活動を営むための機能を発揮させる様々な化学反応が進行している。

(2)　細胞外液

細胞外液は，体内の水分量の残り約1/3(体重の約20%)を占める。細胞外液の約3/4(体重の約15%)は細胞周囲の間質を満たす間質液(組織間液)であり，細胞は間質液から酸素や栄養素を供給され，間質液へ二酸化炭素や老廃物を排出している。細胞外液の残り約1/4(体重の約5%)の大部分は，血液から血球を除いた液体成分である血漿であり，そのほかにはわずかながらリンパ・脳脊髄液などが含まれる。血漿のほとんどは水分であり，ナトリウムイオン(Na^+)，塩素イオン(Cl^-)，タンパク質など様々な成分が溶けていて，からだに必要な栄養や酸素は，この水分にのせて運ばれている。

(3) 電解質の組成

体液には，電解質（イオン）が含まれており，水に溶けることによって陽イオンと陰イオンに分かれる。細胞内液と細胞外液の電解質の組成には違いがあり，細胞内液では陽イオンとしてカリウムイオン（K^+）が，陰イオンとしてリン酸水素イオン（HPO_4^{2-}）が多く溶け込んでおり，細胞外液では陽イオンとしてナトリウムイオン（Na^+）が，陰イオンとして塩素イオン（Cl^-）が多く溶け込んでいる。これらは五大栄養素の一つであるミネラルに属し，体液における浸透圧の調節（SECTION 3 p.126参照），筋細胞や神経細胞の機能に重要な役割を果たしているため，適切な摂取が求められる。とくにアスリートは多量の発汗により，ナトリウム不足に陥りやすくなるため，食欲不振や疲労感，筋肉痛などの症状をひき起こしやすいので注意が必要である。

2 水分出納バランス

体内の水分は，供給される量と体外へ排泄される量の間で動的な平衡状態がつくられることにより，一定の量に保たれている。成人における1日の水分出納は約2～3Lであるが，例として2,500mLの場合の水分出納の内訳は図10-2のようになる。

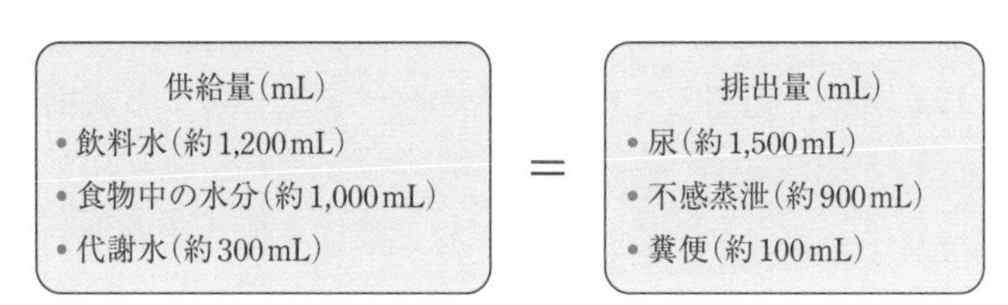

図10－2 成人の水分出納（1日当たり）

(1) 体内に供給される水分（供給量）

体内への水分の主要な供給は，飲料水（約1,200mL）と食物中の水分（約1,000mL）である。その他に，栄養素（糖質，脂質，たんぱく質）が体内で代謝される際に生じる代謝水（約300mL）がある。

(2) 体外へ排泄される水分（排出量）

体内に供給された水分と同量が体外へ排泄されるが，最も主要な排泄は尿によるものであり，約1,500mLが1日に排泄される。尿のうち約500mLは，体内で生成された代謝産物（老廃物）の排泄に必要なもので，不可避尿とよばれており，水分をまったく摂取していなくても排泄される。一方，その他の尿は摂取された水分量に影響される随意尿として体外へ排泄される。また，糞便中にも約100mLの水分が排泄される。

尿や糞便への排泄のほか，不感蒸泄として皮膚（約500mL）や呼気（約400mL）から約900mLの水分が体外へ排泄される。不感蒸泄は無意識に失われる水分で，汗とは異なり電解質が含まれていないのが特徴である。

3 水分の役割と体温調節

水はすべての生物にとって必要不可欠な物質であり，生命活動に関わる重要な役割を担っている。水分の摂取不足や発汗などによる過剰な水分の排泄により，体内において水分が本来の役割を果たせなくなり，健康障害の大きなリスク要因となる。

とりわけアスリートは，トレーニングや試合中における多量の発汗に加え，運動による体内での熱産生による体温の上昇にも注意する必要がある。

(1) 水分の役割

水は体内で様々な物質を溶かし，溶媒として機能している。酸素と二酸化炭素，栄養素や老廃物などは血漿やリンパ液に溶解し，この状態で様々な化学反応が進行する。また，これらの物質は体内のすみずみに輸送され，組織細胞間で交換される。一方，老廃物は回収された後に排泄される。このように体内の水分は，栄養素の消化や吸収，物質の体内輸送や排泄，化学反応の場としての役割を担っている。

また，水は比熱や気化熱(液体が気体に気化する際に必要な熱)，融解熱(個体が液体へ融解する際に必要な熱)が大きいという特性から，体温調節においても重要な役割を果たしている。体内からの熱の放散は，不感蒸泄や発汗によって行われる。さらに，運動時に筋肉などで産生された熱は，循環している血液の熱伝導によって体表面に移動し，放散される。

その他にも，電解質のバランスを維持し，細胞の形態を保持する役割などがある。

(2) 体温調節反応

われわれの体温は測定する部位によって異なり，通常では身体内部の温度(核心温度)が高く，体表面に近づくほど低下する。体表面の温度(外殻温度)は環境温度の影響を受けるが，核心温度は環境温度が変化しても，体温調節反応により約37℃に保たれるようになっている(図10-3)。本章における「体温」は核心温度を指すものとする。

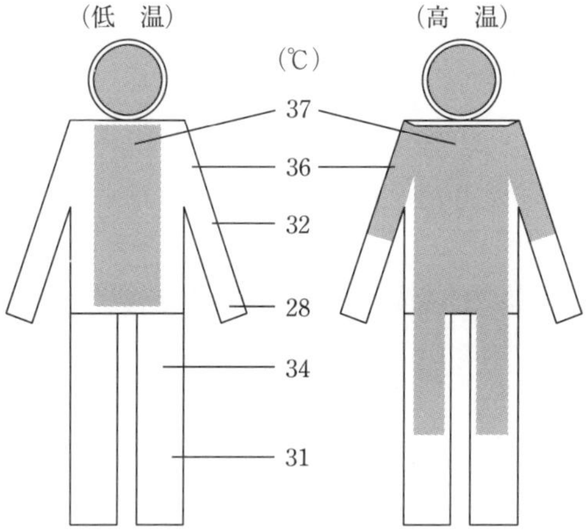

なお，体温調節に関わる生体の反応は，自律性体温調節反応と行動性体温調節反応に分類される。

図10－3　環境温度の違いによる体温の分布

出典：日本スポーツ協会，スポーツ活動中の熱中症予防ガイドブックより作成

① 自律性体温調節反応

血管運動による皮膚血流量の増減や発汗などによる物理的反応やホルモンの分泌亢進による代謝性熱産生のような化学的反応によって体温調節することである。環境温度がこの

ような物理的および化学的反応により体温が正常に保持される範囲を超えると，高体温または低体温となり，健康障害のリスクが高まる。

② 行動性体温調節反応

体温の維持，調節を目的とした意識的な行動を指す。例として，快適な温度環境への移動，衣服の着脱，冷暖房の使用，飲み物の摂取などによる体温調節が挙げられる。

(3) 体温調節の仕組み

体温調節の中枢は間脳の視床下部である。環境温度を感知する皮膚温度受容器や体内(脳，内臓，関節など)に存在する深部温度受容器からの情報が視床下部の温中枢および冷中枢を刺激することで，体温調節反応が起こる。高温環境において温中枢が刺激されると，熱放散反応として皮膚の血管運動や発汗による水分の蒸発が促進される。一方，低温環境において冷中枢が刺激されると，熱産生反応としてふるえ熱産生や非ふるえ熱産生が起こる(図10-4)。

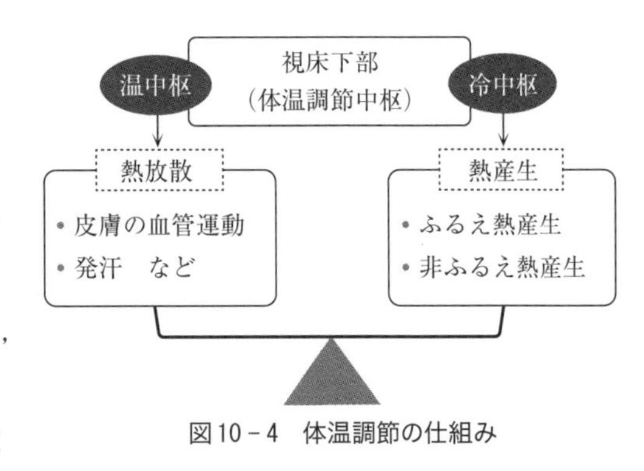

図10－4 体温調節の仕組み

① 発 汗

発汗は水分の蒸発による最も効果的な熱放散の手段である。水分が蒸発する際には，1gにつき約580calの気化熱が生じ，これによって体温が低下する。発汗は皮膚に存在する汗腺から生じるが，汗腺にはエクリン腺とアポクリン腺の2種類があり，体温調節に関連する発汗では，全身に分布するエクリン腺よる水分の多い薄い汗が分泌される。汗の成分は99%以上が水分であり，ナトリウムや塩素，カリウムなどのミネラルも含まれる。

② ふるえ熱産生

快適な温度に保たれた場所から低温環境に移動した際に身震いが起こることがある。これは，ふるえ熱産生(Shivering Thermogenesis：ST)であり，骨格筋の収縮による熱産生反応である。この収縮は屈筋と伸筋が同時に不随意的かつ周期的に反復するものであり，その収縮によるエネルギーは，すべて熱に転換される。

③ 非ふるえ熱産生

非ふるえ熱産生(Non-Shivering Thermogenesis：NST)は骨格筋の収縮によらない熱産生であり，主要な発現部位は褐色脂肪組織である。褐色脂肪組織は，新生児の肩甲骨間や腋窩に存在し，ミトコンドリアが豊富に含まれていることが特徴である。このミトコンドリアの内膜に存在するタンパク質により，熱産生の能力が高くなっている。非ふるえ熱産生は，ノルアドレナリンやアドレナリ，グルカゴン，甲状腺ホルモンなどによって調節されている。

SECTION 2　熱中症とその予防

1　熱中症の分類と発生の原因

熱中症とは，暑熱環境において発生する障害の総称である。体内の熱を外に逃がす(熱放散)ための方法には，輻射(皮膚の表面から直接的に熱を逃がす)，伝導(熱を液体や固体に移す)，対流(風によって熱放散の効率を上げる)がある。また，水分の蒸発(発汗)による気化熱も体温を下げるはたらきをする。しかしながら，高温，多湿，風が弱いなどの環境下では，体内からの熱放散が減少し，発汗による蒸発も不十分になることから，熱中症の発生リスクが高まる(図10-5)。したがって，アスリートはトレーニングや試合時の気温や湿度などの環境に注意し，当日の体調やトレーニングの内容・量などについても配慮する必要がある。

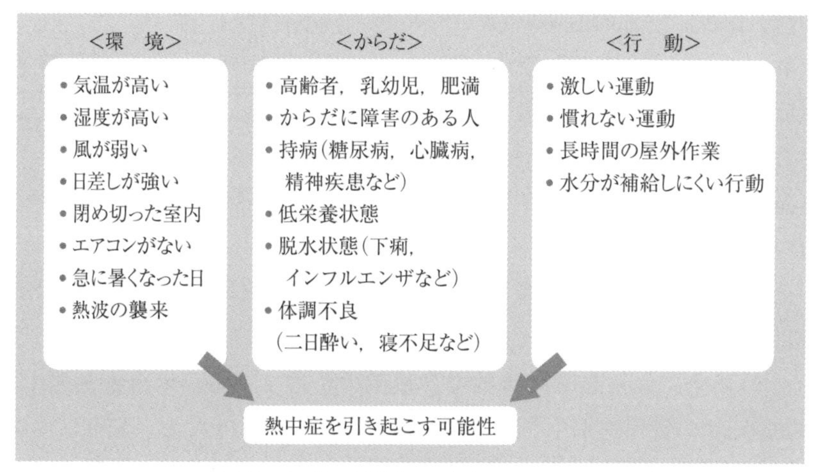

図10－5　熱中症発生の原因

出典：環境省，熱中症環境保健マニュアル2022

熱中症は，重症度によりⅠ～Ⅲ度に分類され，またその症状により，熱失神，熱痙攣(けいれん)，熱疲労，熱射病の4つの病型に分類される。図10-6は，暑熱環境下における身体の生理的反応および熱中症発生のメカニズムをまとめたものである。

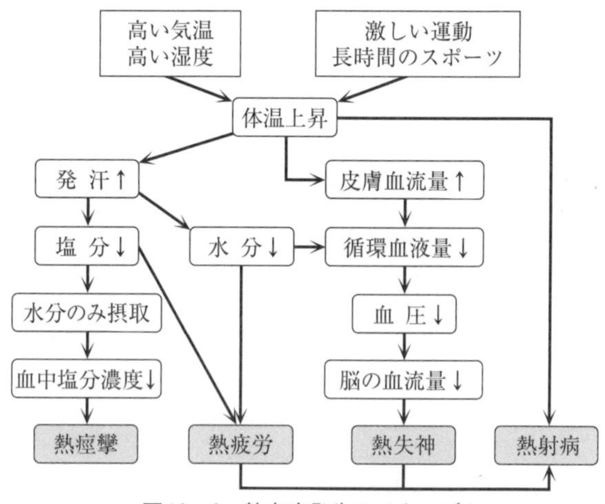

図10－6　熱中症発生のメカニズム

出典：日本スポーツ協会，公認アスレティックトレーナー専門科目テキスト第9巻スポーツと栄養より作成

(1)　Ⅰ度(軽度)

めまい，大量の発汗，筋肉痛などの

症状があり，対処法としては，冷所での安静，からだの表面(とくに首筋と大腿)の冷却，水分と塩分の補給が挙げられる。熱中症の病型では，「熱失神」と「熱痙攣」がⅠ度に該当する。

「熱失神」は，暑熱環境下で長時間立ったままの状態や急に立ち上がったとき，運動後などに起こる。皮膚血管の拡張や下肢に血液が貯まることにより血圧が低下し，脳血流量が減少して起こるもので，めまいや失神などの症状がみられる。

「熱痙攣」は，大量の発汗があった際に，水のみ(あるいは塩分の少ない水)を補給して血液中の塩分濃度が低下したときに起こるもので，痛みを伴う筋痙攣(こむら返りのような状態)がみられる。

(2) Ⅱ度(中等度)

頭痛や嘔吐，倦怠感，集中力の低下などの症状があり，対処法としては，体温管理，水分と塩分の補給(経口摂取が困難な場合は点滴)，医療機関にて診察と治療を受けることが望ましい。熱中症の病型では，「熱疲労」がⅡ度に該当する。

「熱疲労」は，発汗による，脱水と皮膚血管の拡張による循環不全(血液不足)の状態で，意識障害は認められるが体温調節機能は維持される。

(3) Ⅲ度(重度)

意識障害，体痙攣，異常な体温上昇，手足の運動障害などの症状があり，対処法としては，直ちに医療機関へ救急搬送する。熱中症の病型では，「熱射病」がⅢ度に該当する。

「熱射病」は，暑熱環境下において脱水が持続すると，過度の高体温(40℃以上)となり，体温調節中枢が機能不全に陥ることにより起こり，適切な処置が施されない場合は死に至る可能性もある。

2 熱中症の予防

スポーツ活動時の熱中症予防として，活動前に体調を確認すると共に，活動場所(グラウンドや体育館)の環境条件をチェックする必要がある。熱中症は，気温だけでなく湿度も大きな要因であるため，環境条件の評価にはWBGT(湿球黒球温度)を用いることが望ましい。また，熱中症は暑熱環境下で急に活動することで起こりやすくなるため，暑熱順化によりリスクを低下させる。また，適切な身体の冷却は，体温の過度な上昇を抑え，熱中症の予防と共に持久性パフォーマンスの低下を抑制にすることが明らかとなっている。

(1) 湿球黒球温度

湿球黒球温度WBGT(Wet-Bulb Globe Temperature)とは，体温調節に影響の大きい湿度，輻射熱，気温の3項目をとり入れた指標であり，湿球温度，黒球温度，乾球温度の値を用いて計算する。また，湿球温度と黒球温度には風(気流)の影響も反映されている。

WBGTは次の計算式によって求められる。WBGTが31℃を超える場合は，原則としてスポーツ活動を中止することが望ましい(表10-1)。

① 屋外で日射のある場合

WBGT ＝0.7×湿球温度＋0.2×黒球温度＋0.1×乾球温度

② 屋内で日射のない場合

WBGT ＝0.7×湿球温度＋0.3×黒球温度

表10－1 熱中症予防のための運動指針

WBGT	熱中症予防運動指針	
31℃～	運動は原則中止	特別の場合以外は運動を中止する。特に子どもの場合には中止すべき
28～31℃	厳重警戒 (激しい運動は中止)	熱中症の危険性が高いので，激しい運動や持久走など体温が上昇しやすい運動は避ける。運動する場合には，頻繁に休息をとり水分・塩分の補給を行う。体力の低い人，暑さになれていない人は運動中止
25～28℃	警　戒 (積極的に休憩)	熱中症の危険が増すので，積極的に休息をとり，適宜水分・塩分を補給する。激しい運動で，30分おきくらいに休息をとる
21～25℃	注　意 (積極的に水分補給)	熱中症による死亡事故が発生する可能性がある。熱中症の兆候に注意すると共に，運動の合間に積極的に水分・塩分を補給する
～21℃	ほぼ安全 (適宜水分補給)	通常は熱中症の危険は小さいが，適宜水分・塩分の補給は必要である。市民マラソンなどでは，この条件でも熱中症が発生するので注意

出典：日本スポーツ協会，スポーツ活動中の熱中症予防ガイドブックより作成

(2) 暑熱順化

暑熱環境下に身体を曝露し，ウォーキングやジョギングなどの有酸素運動を行うことで，暑さへの抵抗力が高くなることを暑熱順化という。暑熱順化の効果としては，発汗能の向上が挙げられる。つまり，発汗開始の体温が低下することで，同一体温における発汗量が増加し，より効果的な体温調節が可能となるため，熱中症のリスクが低下する。

アスリートが暑熱順化するためのポイントとしては，①トレーニングの開始時期を気温が高くなり始める5～6月に設定し，最大酸素摂取量の50～75％の強度の運動を30～100分実施する。②強度や運動継続時間は，暑熱順化の状況を確認しながら漸増させる。③効果が表れるまでには，開始から5日間程度を要するため，暑熱環境に移動して試合を行う場合は，5日以上前に現地に入り，トレーニングを行う。④発汗量が増加するため，汗の蒸発を妨げない服装や適切な水分補給の準備を心がける，などがある。

(3) 身体冷却

暑熱環境下での体温の過度な上昇を抑えることは，熱中症の予防，持久性パフォーマンス低下の抑制にとって重要である。したがって，暑熱環境下でスポーツ活動を行う際には，

積極的な身体冷却の実施が望まれる。身体冷却の方法は，身体の外部からの冷却と内部からの冷却に分類される。

① 身体外部冷却

外部からの冷却には，アイスバス(冷水浴)やアイスパック，アイスベストなどを用い，首筋や脇の下，鼠径部(脚の付け根)など大きな血管が通っている箇所を冷却することが効果的である。また，手のひらには動静と静脈が毛細血管を経ずに直接つながっている動静脈吻合(AVA)が存在する。動静脈吻合は毛細血管よりも太いため，この部分を冷却することにより血液が効率よく冷却されて深部体温を低下させることが可能となる(図10-7)。ただし，冷却による過度な筋温の低下は運動パフォーマンスに悪影響を及ぼす恐れがあるので注意が必要である。

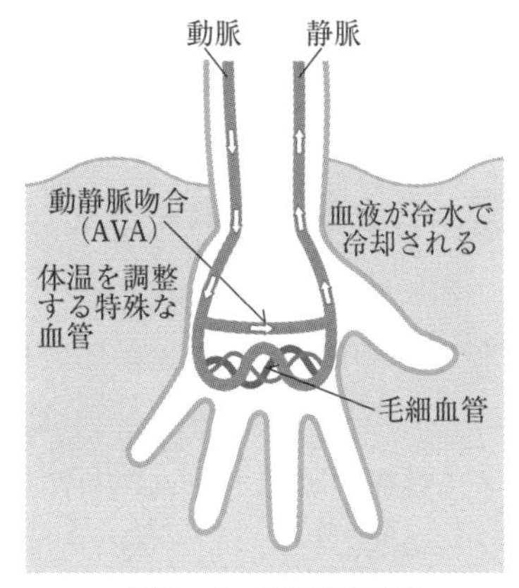

図10－7　手掌前腕冷却

② 身体内部冷却

水やスポーツドリンクなどの冷たい飲料を摂取することにより内部から冷却する方法である。外部冷却と異なり，筋温を過度に低下させないことが特徴である。最近では液体に細かな氷の粒が混合したシャーベット状の飲料であるアイススラリーの摂取が注目されている。アイススラリーの特徴は，氷が水に溶ける際に体内の熱を吸収することにより，体温の上昇を抑える効果が高いことである。図10-8 A，Bに，アイススラリーの摂取が深部体温に与える影響について示した。この図からもわかるように，アイススラリーは，冷水よりも深部体温の上昇を抑え，ウォーミングアップ前よりもウォーミングアップ後の摂取の方が，深部体温の上昇を抑制する。スポーツ活動中に発生する熱中症は，身体の深部体温が上昇することで発症し，それによりパフォーマンスが低下すると報告されているため，これらの特徴を踏まえたうえで，アイススラリーを活用することが望ましい。

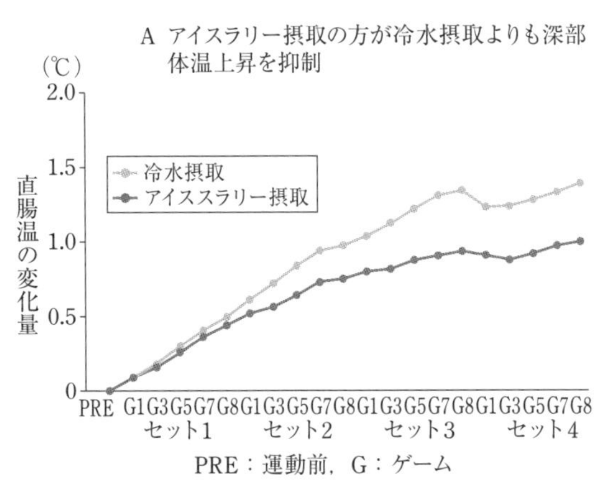

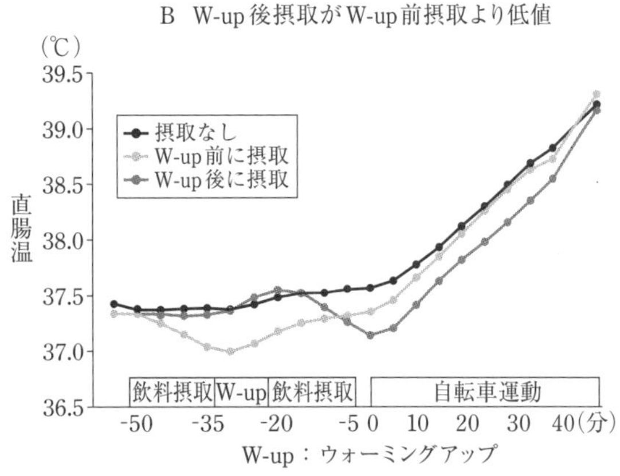

図10－8　アイススラリー摂取と深部体温の関係

出典：日本スポーツ振興センター，競技者のための暑熱対策ガイドブック(実践編)より作成

SECTION 3　運動時の水分補給

1　目安量と摂取タイミング

暑熱環境下における運動では，多量の発汗により過度な体温上昇を抑えている。その結果，血液中の水分が大量に喪失し，脱水症状を招く可能性がある。体水分の2%を喪失すると，めまい，吐き気，食欲減退などが起こり，6%の喪失では，手足のふるえ，ふらつき，頭痛，脈拍・呼吸の上昇などの症状が報告されている。また，脱水と運動パフォーマンスの関係では，体水分の2%の喪失で明らかにパフォーマンスが低下し，5%の喪失ではパフォーマンスは約30%低下する。

これらの予防，および対策として，適切な水分補給を実践するための知識を身につけなければならない。第一に水分補給は計画的に実行されるべきである。具体的な目安量は後述するが，一度に大量の水分補給するのではなく，適度に冷やした水(5〜15℃)を可能であれば15〜20分おきに，こまめに摂取するようにする。そのためには，トレーニングや試合中にもアスリートが自由に水分補給できる環境を整備することが重要である。

また，大量に発汗した場合には，水分のみを補給すると熱痙攣(SECTION 2 p.121参照)などのリスクがあるため，食塩(0.1〜0.2%程度)を加えた飲料を摂取することが望ましい。

さらに，長時間のトレーニングや競技時間の長い種目では，エネルギー源の補給として糖分(4〜8%程度)を含んだ飲料が推奨される。スポーツドリンクは，これらの成分が摂取できるように設計されているので，アスリートのコンディションや嗜好に合わせて活用するとよい。

運動時の水分補給は，発汗による体温上昇の抑制や身体冷却が促され，アスリートのパフォーマンスの維持・向上につながるため，重要な役割を担っているといえる。

(1)　目安量

過度の脱水による運動パフォーマンス低下を防ぐために，発汗により喪失する量と同程度の水分を補給し，運動後の体重減少が体重の2%以内に収まるようにする。また，水分の吸収速度を考慮して，一度に大量の水分補給を行わず，1回当たり約200 mLの水分をこまめに摂取する。

水分補給の適切な量には個人差があるが，尿の量と色を調べることにより水分補給が十分にできているかを確認することができる。尿量が通常より少なく，色が濃い場合は水分が不足している可能性があるので注意が必要である。また，運動前後の体重を測定することにより発汗量を調べることができ，水分補給の目安量を予測することができるので，運動前後に体重を測定する習慣を身につけることが望ましい。

1時間当たりの発汗量＝(運動前の体重－運動後の体重＋飲水量)／運動時間

(2) 摂取タイミング

運動時における水分の摂取タイミングについては，気温や湿度などの環境，運動の強度や継続時間，アスリート自身のコンディションに影響を受けるため，画一的なマニュアルを用いることは困難であるが，運動前・中・後における一般的な水分補給のポイントを以下に示す。

① 運動前

運動前の水分補給は，体内に十分な量の水分がある状態で運動を開始できるようにすることが主な目的である。運動の前日より十分に水分を摂取するようにする。アルコールやコーヒーなど利尿作用のある飲料は，体水分の減少を招くため控えるようにする。起床時は，睡眠中の水分喪失により脱水状態になっているため，早めにコップ1杯程度の水分を摂取する。

運動開始の2時間前にも500 mL程度の水分を数回に分けて摂取する。運動直前の水分摂取は尿意を催すことがあるため，運動の妨げになる可能性がある。また，運動直前に糖分が過剰に含まれた飲料を摂取すると一時的な低血糖状態に陥り，運動パフォーマンスが低下することがあるので注意する。

② 運動中

運動中は，失われた水分および電解質を速やかに補給することと，過度な体温上昇を防ぐことを目的に水分補給を行う。とくに1時間以上運動を継続する場合には，水分，電解質に加えて適量の糖分を含んだ飲料を摂取するとよい。運動中における水分の摂取タイミングは，およそ15分ごとを目安として，定期的に摂取することが望ましい。また，のどが渇く前に水分を摂取することも重要である。

このような運動中の積極的な水分補給により，運動パフォーマンスの低下を可能な限り抑えるようにする。

③ 運動後

運動後の水分補給は，運動中に失われた水分を可能な限り速やかに補充することが主な目的である。多くの場合，運動により喪失した水分や電解質を運動中にすべて補給することができないため，運動後も積極的な水分補給を心がける必要がある。また，運動後の水分補給は，失われた水分や電解質を回復させるだけでなく，トレーニングにおける身体の適応を効率的に活かすという点においても重要な役割を果たしている。

運動後は急に発汗がおさまるわけではないので，継続して水分が失われていることを認識し，運動中に失われた水分よりも多い量を摂取する必要がある。水分に加えて電解質や糖分を含むスポーツドリンクの摂取により，運動後の速やかな体水分の回復が期待できる。

水分補給の適切なあり方は，先に述べた通り様々な状況により異なる。したがって，日頃より適切な水分補給の量やタイミングを模索しながら，個別に計画を立てることが重要である。

2　スポーツドリンクの組成

運動中の発汗により失われた水分および電解質や長時間の運動により消費した糖質を補給するためには，スポーツドリンクの摂取が有効である。運動中の水分補給において最も重要なポイントは，水分の吸収を最大限にすることであるが，水が胃を通過する速度や腸管から吸収される速度は，摂取する水分の組成によって異なる。水と共に電解質(ナトリウム)40～80 mg/100 mL(0.1～0.2%の食塩水に相当)と糖質4～8 g/100 mLを同時に摂取することにより，腸管での水分吸収を促進する効果があることが報告されている。

(1)　浸透圧

電解質や糖質を含むスポーツドリンクなどの体内への吸収には浸透圧が関係している。浸透圧とは，半透膜によって仕切られた濃度の異なる2つの溶液が存在する場合，低濃度(浸透圧が低い)溶液の水分が高濃度(浸透圧が高い)溶液に移動する際に生じる圧力のことである(図10-9)。暑熱環境下でトレーニングや試合を行うアスリートはもちろんのこと，近頃の猛暑により日常生活においても熱中症に罹患するリスクが高まっていることから，スムーズな水分補給のためにも浸透圧を意識しておく必要がある。

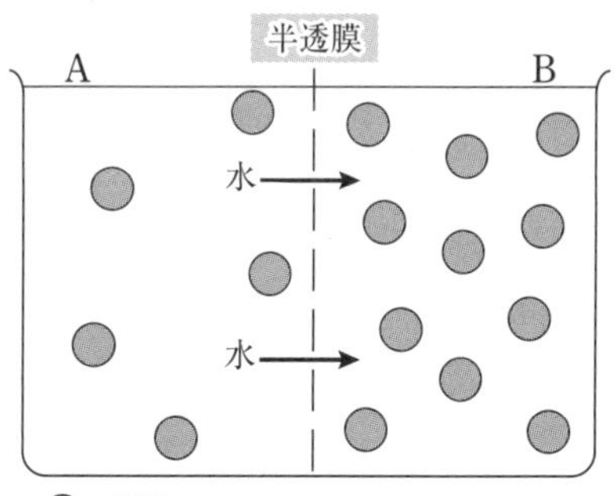

• AとBは半透膜で仕切られている。
• BはAより溶液の濃度が濃い(浸透圧が高い)。
• 水は浸透圧が等しくなるまで，AからBへ移動する(浸透)。この浸透する圧力を浸透圧という。

図10－9　浸透による水の移動

浸透圧が体液と等しい場合を等張性(アイソトニック)，体液より低い場合を低張性(ハイポトニック)，高い場合を高張性(ハイパートニック)という。ハイパートニック飲料は，浸透圧が体液より高いため，胃での滞留時間が長くなり，体内への吸収が遅くなる。したがって，体内への迅速な吸収が必要とされる運動中の水分補給には適していない。

(2)　アイソトニック飲料とハイポトニック飲料

市販されているスポーツドリンクの多くはアイソトニック飲料に分類される。運動前は発汗で喪失する電解質や長時間の運動に備えてエネルギー源である糖質を体内に蓄えておく必要があるため，これらを補給しやすいアイソトニック飲料の摂取がすすめられる。一方，ハイポトニック飲料を摂取した場合は，血液側の浸透圧が消化管側に比べ高くなるため，水分が体内へ吸収されやすくなっている。したがって，運動中に素早く水分を補給したい場合はハイポトニック飲料の摂取が適している。

スポーツドリンクは多種多様な製品が市販されているので，表示されている栄養成分をよく確認し，各々の目的や嗜好に合った飲料を選択することが望ましい。

〈参考文献〉

今村裕行ほか：イラスト スポーツ・運動と栄養－理論と実践－，p.143-147，東京教学社(2020)
小野雅司ほか編：熱中症環境保健マニュアル2022，p.3，環境省環境保健部環境安全課(2022)
片野由美ほか：新訂版　図解ワンポイント　生理学，p.215-219，サイオ出版(2015)
金子佳代子ほか編著：管理栄養士講座　改訂　環境・スポーツ栄養学(改訂版)，p.3-14，南江堂(2020)
栢下淳ほか編：栄養科学イラストレイテッド　応用栄養学，p.191-196，羊土社(2014)
川原貴ほか：スポーツ活動中の熱中症予防ガイドブック，p.4-38，日本スポーツ協会(2019)
木戸康博ほか編：管理栄養士養成課程におけるモデルコアカリキュラム準拠，第3巻，応用栄養学，ライフステージ別・環境別，p.129-134，医歯薬出版(2013)
坂井堅太郎編：エキスパート管理栄養士養成シリーズ13　基礎栄養学(第4版) p.157-159，化学同人(2016)
坂井建雄：系統看護学講座　専門基礎分野　人体の構造と機能[1]　解剖生理学(第9版)，p.49-50，医学書院(2017)
柴田克己ほか編：健康・栄養科学シリーズ　基礎栄養学(改訂第6版)，p.253-264，南江堂(2020)
田口素子ほか編著：体育・スポーツ指導者と学生のためのスポーツ栄養学，p.133-140, 市村出版(2015)
田中紀子ほか編：ステップアップ栄養健康科学シリーズ15　スポーツ栄養学，p.133-136，化学同人(2019)
内藤貴司ほか：競技者のための暑熱対策ガイドブック【実践編】，p.4-9，日本スポーツ振興センター　ハイパフォーマンススポーツセンター(2020)
中村大輔ほか：競技者のための暑熱対策ガイドブック，p.12-30，日本スポーツ振興センター(2017)
灘本知憲ほか編：新　食品・栄養科学シリーズ　応用栄養学(第3版)，p.222-227，化学同人(2013)
樋口満ほか：公認アスレティックトレーナー専門科目テキスト第9巻スポーツと栄養，p.34-37，日本スポーツ協会(2019)
横田裕行ほか：熱中症診療ガイドライン2015，p.7，日本救急医学会　熱中症に関する委員会(2015)
渡邊令子ほか編：健康・栄養科学シリーズ　応用栄養学(改訂第6版)，p.282-284，南江堂(2020)

11章 サプリメント

SECTION 1 サプリメントとは

1 医薬品と食品の分類

サプリメントを理解するには，わが国の医薬品と食品の分類(図11-1)を前提として整理する必要がある。健康食品は，特定保健用食品，栄養機能食品，機能性表示食品，そしてそれ以外の健康に関連する食品として，その他の健康食品に分類される。本書においては，これらの健康食品を総称して「サプリメント」とよぶこととする。

サプリメントと異なり，医薬品は「人又は動物の疾病の診断，治療又は予防に使用されることが目的とされている物」，また「人又は動物の身体の構造又は機能に影響を及ぼすことが目的とされている物」とされており，はっきりと効果効能を謡うことができる。

一方で，健康食品は保健機能食品制度に基づいた表示や表現に留まるため，その違いを明確に区別して理解しておく必要がある。また，健康食品であれば，管理栄養士やスポーツ栄養士が専門領域ではあるが，医薬品に関しては薬剤師やスポーツファーマシスト*がその専門領域となる。

＊スポーツファーマシスト：最新のアンチ・ドーピング規則に関する知識をもつ薬剤師のこと。

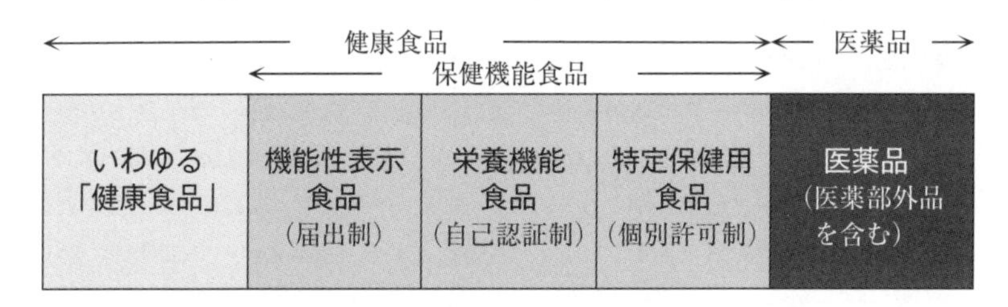

図11-1　健康食品と医薬品の分類

出典：厚生労働省，健康食品のホームページより作成

2 サプリメントの分類

(1) わが国におけるサプリメントの分類

図11-1より，健康食品(サプリメント)は保健機能食品とそのほかのいわゆる「健康食品」に分類される。さらに，保健機能食品は3つの食品に分類される。

① 特定保健用食品

「からだの生理学的機能などに影響を与える保健効能成分(関与成分)を含み，その摂取により，特定の保健の目的が期待できる旨の表示(保健の用途の表示)をする食品」(健康増進法第43条第1項)と定められている。個別許可制とある通り，食品ごとに有効性や安全性について国の審査を受け，許可を得る必要がある。

② **栄養機能食品**

特定の栄養成分の補給のために利用される食品で，栄養成分の機能や注意喚起などを表示するものとされている。自己認証制と記載されてある通り，個別に許可申請を行う必要はない。

③ **機能性表示食品**

国の定めるルールに基づき，事業者が食品の安全性と機能性に関する科学的根拠などの必要な事項を，販売前に消費者庁長官に届け出ることで機能性を表示できる。ただし，国が審査を行わないため，事業者は自らの責任において，科学的根拠を基に適正な表示を行うことが求められている。

これら3つの食品を総称したものが保健機能食品であるが，「『おなかの調子を整えます』，『脂肪の吸収をおだやかにします』など，特定の保健の目的が期待できる(健康の維持及び増進に役立つ)食品」とされている。さらにこれ以外に，法律上の定義はなく，広く健康の維持や増進に資する食品として販売されている多様な食品が，いわゆるその他の健康食品として幅広くある。したがって，健康食品と一言でいうものの，科学的根拠に基づいて製造された商品もあれば，そうではないものも多数存在する。

(2) 国際オリンピック委員会(IOC)が示すサプリメントの分類

サプリメントに世界共通の定義や分類は存在していない。

例えば，IOCが発表した合意声明では，選手にとってのサプリメントは，「健康やパフォーマンス発揮のために習慣的に摂る食事に加えて，意図的に摂る食品，食品成分，栄養素，または加工食品」と定められている。分類としては「スポーツフーズ」ならびに，栄養補助を目的とした「メディカルサプリメント」，パフォーマンスの向上を目的とした「エルゴジェニックエイド」，健康や身体の適応を目的としたいわゆる「ヘルスサプリメント」と大きく4つに分類されている(表11-1)。

表11－1　サプリメントの分類例

●スポーツフーズ	●メディカルサプリメント
スポーツドリンク	ビタミンD
エナジードリンク	鉄
スポーツジェル	カルシウム
スポーツ菓子	
電解質	●ヘルスサプリメント
プロテイン	ビタミンD
スポーツバー	プロバイオティクス
たんぱく質強化食	ビタミンC
液体食	牛の初乳
	ポリフェノール(ケルセチンなど)
●エルゴジェニックエイド	亜　鉛
カフェイン	グルタミン
クレアチン	カフェイン
硝酸塩	ハーブ類
β-アラニン	オメガ-3脂肪酸
重炭酸塩	ビタミンE
HMB	

出典：Maughan RJ, *et al.* (2018)より作成

3 サプリメントの活用

サプリメントを活用するには，栄養アセスメントを実施し，選手自身が栄養状態の課題を把握して目的を明確にすることが重要である。例えば，身体組成や血液検査，尿検査，食生活に関する問診や食事調査，さらにエネルギー消費量やトレーニング計画，トレーニングの目的など，多角的に把握したうえで必要性を見きわめて活用しなければならない。

サプリメントを活用することが想定される場合について，例を一覧にまとめたものが表11-2である。例えば，長時間の練習やトレーニングを行うことで，エネルギーや栄養素が欠乏してしまい，食事では補いきれない場合などが考えられる。また，そのような状況で，運動中に手軽に，実用的に，利便性のよいサプリメントを必要とする場合も想定される。さらに，減量を行う際に，除脂肪量を落とさないように高たんぱく質食にする場合など，選手の場合，多くのシーンでサプリメントを活用することが想定される。

一方で，活用を控えた方がよいと想定される場合の例は，表11-3である。そもそも食事の見直しを行っていない，研究がなされていない，品質保証や製造企業も不明瞭，さらに活用する本人が目的を明確に持っていないなどが想定される。次項Section2でまとめてあるように，アンチ・ドーピングの観点も踏まえて，安易に飲用するのではなく十分に検討したうえで，“今の自分にとって本当に必要なもの”を選択することが重要である。

表11－2 サプリメントを活用することが想定される場合の例

- 栄養素が欠乏し，健康やパフォーマンスに影響を与える可能性がある場合
- 運動中にエネルギーや栄養素を手軽に，実用的に補給する必要がある場合
- 勝つために，パフォーマンスの向上を追求しなければならない場合
- トレーニングやリカバリーを効果的に行う必要がある場合
- ウエイトコントロールを行う際に，食事だけでは達成することが難しい場合
- 傷害予防や傷害からの復帰，術前，術後など戦略的な栄養補給計画を行う場合
- スポンサーシップの関係性で利用することが契約になっている場合
- 疲労などで食欲がない場合
- 試合当日で補給の時間が短い場合

表11－3 サプリメントの活用を控えた方がよいと想定される場合の例

- 食事の改善，見直しを行っていない
- エビデンスレベルが低い，または研究がなされていない
- 安全性評価の結果が公表されていない
- 品質保証が示されていない
- ラベル表示がない
- 製造企業の会社概要が明確ではない
- 活用する本人が栄養成分表示や含有成分を理解していない
- 知人に斡旋されてなど，活用目的が明確ではない
- 表示にない物質の混入リスクが高い（他国で製造されている商品など）

SECTION 2　サプリメントとドーピング

（1）　ドーピングに関する社会的動向

選手がサプリメントを有効に活用していくためには，サプリメントそのものの安全性や信頼性はもちろん，ドーピングなどの弊害についても十分に理解する必要がある。

そもそもドーピングは，ユネスコが2006年に「スポーツにおけるドーピング防止に関する国際規約」を締結して以降，国際的に取り締まりが強化されてきた背景がある。

わが国では，2018年10月1日に「スポーツにおけるドーピング防止活動の推進に関する法律」が制定され，「ドーピング防止活動に関する施策を総合的に推進し，もってスポーツを行う者の心身の健全な発達及びスポーツの発展に寄与すること」と明記されている。

世界アンチ・ドーピング機構（World Anti-Doping Agency：WADA）は，図11-2の通り，検体分析数の推移をまとめている。2019年は1年間で278,047件の検体が分析され，2018年と比較すると，5.5％増加し，2012年以降，漸増し続けていることがわかる。このような検査の実施は「意図的にドーピングを行う者に対しての『抑止的アプローチ』」と捉えられていたが，2021年1月1日に施行された「教育に関する国際基準（International Standard of Education：ISE）によって，教育啓発活動などのアンチ・ドーピング活動を通じて，選手に対してスポーツの価値を認識してもらうことを重視する方向性に変化していった。このISEの目的について，WADAは「クリーンスポーツの価値に沿った行動を奨励し，選手およびその他の関わる人々によるドーピングの予防に寄与すること」と示している。アンチ・ドーピング活動の専門職としては，スポーツドクターやスポーツファーマシストがあるが，スポーツ栄養士や管理栄養士も連携を取りながら，選手へのクリーンスポーツの価値を守るための教育を展開していくことが求められている。

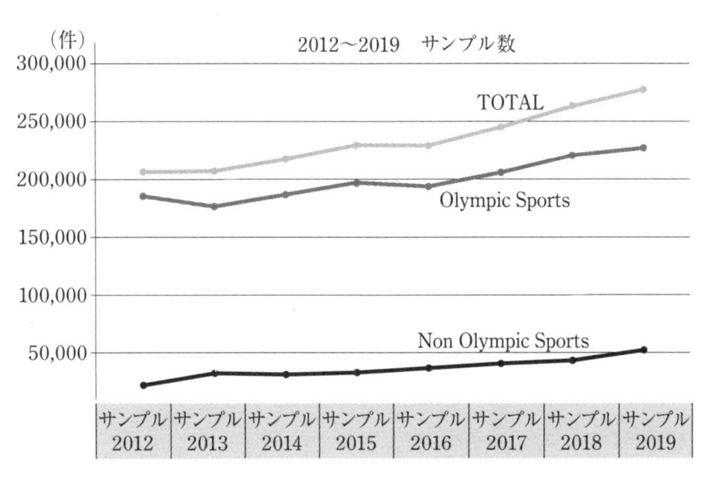

図11－2　2012年から2019年の検体分析数推移

出典：World Anti - Doping Agency（online）（2019）

(2) ドーピングから選手を守るために

ドーピング検査の対象となる選手は，一層ドーピングに注意しながら日常生活を送ることが求められるようになっている。それによるストレスが生活に影響を及ぼすこともあるが，選手は例外なく遵守することが必要となる。

わが国のドーピングに関する特徴について，今西ほか(2017)は，「国内陽性事例の多くが『意図的ではない』薬剤使用に起因したドーピング違反であること」を報告している。

したがって，いわゆる「うっかりドーピング」を如何に防ぐかが重要となる。特に気をつけたい医薬品として，滋養強壮薬，風邪薬，毛髪薬などが挙げられている。自分の服用中の薬や常備薬については，確実に記録し，他人任せにせずに自分自身で管理することが重要なことの一つであるといえるだろう。

なお，サプリメントを利用する場合は，薬以上に予防する対策が困難である。なぜならば，医薬品と食品の分類で示した通り，サプリメントは食品に分類されるため含有成分すべてが表示されるわけではないためである。特に，製造会社の信頼性や生産過程が不明瞭な海外製品や，筋肉増強，脂肪燃焼，痩身，ホルモンなどを誇張しているサプリメントは控えた方がよい。また，様々な第三者機関がアンチ・ドーピング認証をしている商品も多々存在するが，100％安全を保障するものではないので，誤解のないようにする必要がある。

(3) 安心・安全・信頼できるサプリメントを活用するために

サプリメントの情報源は，インターネットやコマーシャル，雑誌や友人，親などから得ていることが多いと報告されている。選手だけではなく，選手に関わる専門職も高い“情報リテラシー”が求められる。

IOCは，このような状況を踏まえて，信頼できる情報を選別するためにエビデンスレベルの構造を示している。エビデンスとしての信頼性の高低を示しており，ランダム化比較試験やそれらのデータを統合解析したメタアナリシス，またはシステマティックレビューなどは高いエビデンスレベルと示されている。一方で，専門家の意見や論説，アイディアなどは情報量としては最も多くあるものの信頼性が低いことが示されている。

本章では詳細を割愛するが，このよう研究のアウトカムに関する信頼性だけではなく，製造している企業の生産工場や製造規格，企業の透明性や歴史などもサプリメントを活用するうえで重要な情報の一つであると示されている。

活用する前に，食事による改善が現実的かどうか，安全かどうか，どこで製造されたか，エビデンスに基づいているか，そして飲用してみてどうかなど，必ず継続的に確認を行い，検討したうえで活用することが求められている。

〈参考文献〉

Burke, L. M., Peeling P.: Methodologies for investigating performance changes with supplement use. Int J Sport Nutr Exerc Metab. 28(2): p. 159 - 169(2018)

Maughan, R. J., *et al*.: IOC consensus statement: dietary supplements and the high - performance athlete. Br J Sports Med. 52: p. 439 - 455(2018)

Nakajima, R., *et al*.: Conditions and Hardships Related to Pharmacists' Provisions of Anti - Doping Activities in Japan.Int J Sport Health Sci. 18: p. 172 - 179(2020)

Rosenbloom, C. A., *et al*.: Nutrition knowledge of collegiate athletes in a division I national collegiate athle qtic association institution. J Am Diet Assoc. 102: p. 418 - 420(2002)

Shifflett, B., *et al*.: Understanding of athletes' nutritional needs among athletes, coaches, and athletic trainers.Res Q Exerc Sport. 73: p. 357 - 362(2002)

World Anti - Doping Agency: 2019 Anti - Doping Testing Figures.
https://www.wada - ama.org/sites/default/files/resources/files/2019_anti - doping_testing_figures_en.pdf,
（参照日：2022年2月20日）

今西孝至ほか：日本アンチ・ドーピング機構のドーピング防止規律パネル決定報告を基にした日本のドーピングの現状及び今後の薬剤師によるアンチ・ドーピング活動に対する考察. YAKUGAKU ZASSHI. 137(7)：p.883 - 891(2017)

公益財団法人日本アンチ・ドーピング機構：2021年版世界アンチ・ドーピング規程(2021 Code)における重要な変更点
https://www.realchampion.jp/assets/pdf/code2021/asp_guide_2021%20code_japanese_live_20210422.pdf
（参照日：2022年2月18日）

公益財団法人日本アンチ・ドーピング機構：アンチ・ドーピングとは
https://www.playtruejapan.org/about/ （参照日：2022年2月16日）

厚生労働省：「健康食品」のホームページ
https://www.mhlw.go.jp/stf/seisakunitsuite/bunya/kenkou_iryou/shokuhin/hokenkinou/index.html
（参照日：2022年2月14日）

消費者庁：健康食品
https://www.caa.go.jp/policies/policy/consumer_safety/food_safety/food_safety_portal/health_food/
（参照日：2022年2月15日）

スポーツ庁：スポーツにおけるドーピングの防止活動の推進に関する法律
https://www.mext.go.jp/sports/b_menu/sports/mcatetop10/list/detail/141646.htm.（参照日：2022年2月18日）

法律第58号：スポーツにおけるドーピングの防止活動の推進に関する法律
https://www.kantei.go.jp/jp/kanpo/2018/june.4/h300620/gifs/g106200005.pdf （参照日：2022年2月18日）

12章　健康維持と食事

SECTION 1　女性アスリートの三主徴

女性アスリートの三主徴(Female Athlete Triad：FAT)は1997年に続き2007年に女性アスリートに共通の医学的問題としてアメリカスポーツ医学会から発表された。女性アスリートの三主徴は，利用可能エネルギー不足(Low Energy Availability：LEA)，月経異常，低骨密度であり，継続的な激しいトレーニングが誘因となり図12-1に示すように相互に関連している。体脂肪率が低く，日々のエネルギー消費量が高い，持久系種目や審美系種目の女性アスリートやバレエダンサーで発生率が高く，女性アスリートの健康管理上の問題である。

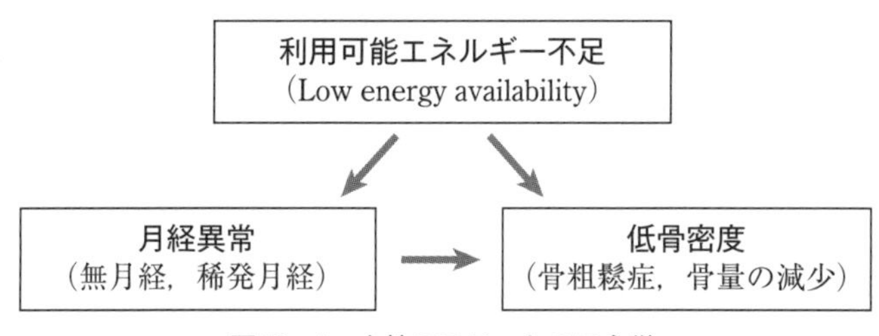

図12－1　女性アスリートの三主徴

(1)　利用可能エネルギー不足

利用可能エネルギー量とは，運動・トレーニングによってエネルギーを使用した後の残りのエネルギー量の部分で，生体の機能を維持するために使用される部分を指す。利用可能エネルギー量は，食事からのエネルギー消費量から運動やトレーニングにより消費されるエネルギーを引いた残りのエネルギーであり，30 kcal/kg 除脂肪量 / 日を下回った女性アスリートでは，利用可能エネルギー不足(Low Energy Availability：LEA)と推測される。利用可能エネルギー不足にならないためには，食事からのエネルギー摂取量が十分かどうか確認し，不足しているようであれば摂取量を増加させる。もしくは，運動・トレーニングがオーバートレーニングになっていないかを確認して，エネルギー消費量を減少できるか検討する必要がある。

利用可能エネルギー(kcal / LBM kg / 日)

$$= \frac{\text{食事からのエネルギー摂取量(kcal / 日)} - \text{運動・トレーニングでのエネルギー消費量(kcal / 日)}}{\text{除脂肪量(kg)}}$$

＊除脂肪量(kg) = 体重(kg) − 脂肪量(kg)

利用可能エネルギー(kcal／LBM kg／日)
＜ 30(kcal／kg 除脂肪量／日) ⇒利用可能エネルギー不足
＞ 45(kcal／kg 除脂肪量／日) ⇒良好

利用可能エネルギーの数値が45より大きいと良好，30より小さいとエネルギー不足の危険な状態であるということである。

国際オリンピック委員会(IOC)によるスポーツ選手における相対的エネルギー不足(RED-S)に関する公式声明では，健康や発育のために必要となるエネルギーや，日々の身体活動・スポーツ活動のために必要となるエネルギーを充足できない，すべての競技者において生じる可能性のある様々な生理学的問題が示されている。これらの問題には代謝，月経機能，骨，免疫，たんぱく質合成，心血管系，精神など，多くの生理的機能に影響を与えると主張されている(Mountjoy M ら 2014)。

(2) 月経異常

月経とは，子宮内膜がはがれ落ち，血液と共に体外に排出される現象をいう。月経は，ほぼ1か月周期で起こり，月経が始まる月経開始日から次の月経の前日までの期間のことを月経周期という。一般に正常な月経周期は25～38日とされている。

一方，月経異常には，月経が欠如しているか，3か月以上停止している状態の無月経と，月経周期が39日以上で発来する稀発月経などがある。月経異常は，利用可能エネルギー不足だけでなく，オーバートレーニングや低体脂肪率，生理学的ストレスにも影響を及ぼすが，中でも無月経はエストロゲンの血中濃度を低下させ，骨量損失のリスクを増加させる。

月経周期に伴う食欲の変化は，身体・体重の変化にも影響する。そのため，月経日を記録し，食欲との関係を知ることが大切である。

(3) 低骨密度

エネルギー，カルシウム，ビタミンDを十分に摂取できている場合には，ランニングやジャンプといった体重負荷のかかる運動を行うことで，骨密度は増加する。一方で，エネルギー摂取量の減少はカルシウムとビタミンD摂取量の不足につながり骨密度の低下をひき起こす。また，女性ホルモンのエストロゲンは，骨をつくる骨芽細胞および骨を溶かす破骨細胞とよばれる細胞に作用し，骨密度の維持に寄与しているが，無月経ではエストロゲンの血中濃度が低下するため，骨量の喪失を促進する。よって，利用可能エネルギーが慢性的に低下している状態の女性では，月経異常をひき起こし，骨粗鬆症や骨減少といった骨障害を発症することもある。体重が1～2kg増加するか，あるいはトレーニング量を10％減少させると，月経異常が改善し，骨密度は1年で5％程度上昇するとの報告がある(Javed A, *et al,* 2014)。

SECTION 2 アスリートの健康問題

1 貧血と鉄

(1) 貧　血

貧血はヘモグロビン量が不足した状態である。ヘモグロビンによる貧血の判断基準に関しWHO(世界保健機関)は成人男性13g/dL以下，成人女性12g/dL以下としている。国内ではヘモグロビン量の正常範囲は男性14～18g/dL，女性12～16g/dLと示されている。選手が競技パフォーマンスを上げるためには，体内に酸素を十分取り込み，それを組織・細胞へと運搬し，さらにその酸素をミトコンドリアで効率よく利用することが必要である。そのため，貧血では酸素運搬能力が低下することから，アスリートの競技パフォーマンスは低下する。

アスリートの貧血は，ヘモグロビンに必要な体内の鉄不足(鉄欠乏性貧血)だけではなく，成長や筋肉量増大による鉄需要の増加，汗からの鉄の喪失，運動に伴う溶血や赤血球破壊の亢進(溶血性貧血)，消化管，尿路系からの出血，トレーニングによる疲労とそれに伴う経口摂取量の低下，一過性の循環血漿量増加に伴う希釈性の貧血(希釈性貧血)などが考えられる(表12-1)。

表12-1　主にアスリートにみられる貧血の種類と原因

種　類	原　因
希釈性貧血	循環血漿量の増加
溶血性貧血	赤血球膜の破壊
鉄欠乏性貧血	ヘモグロビンに必要な体内の鉄不足

(2) 機能鉄と貯蔵鉄

鉄には大きく2つの役割がある。体内の鉄の総量は約3～4gであり，そのうち約80%は赤血球中のヘモグロビンと組織中のミオグロビンの中に存在している(機能鉄)。残りの20%は貯蔵鉄としてフェリチンとよばれるたんぱく質複合体として貯蔵される(表12-2)。

そのため，貧血を予防するためには，鉄の摂取だけではなく，たんぱく質，およびエネルギーの十分な摂取，赤血球の産生にはビタミンB_{12}，および葉酸が必要となる。

表12-2　鉄の所在

	機能鉄	貯蔵鉄
割　合	80%	20%
場　所	ヘモグロビン(赤血球) ミオグロビン(組織)	フェリチン (肝臓，脾臓，骨髄など)
はたらき	酸素を全身に供給	貯蔵する

(3) ヘム鉄と非ヘム鉄

鉄の吸収率は約15%であるが，貧血や月経などで体内の鉄が減少している場合は，鉄の吸収率は高くなる。日常から，鉄摂取量を多くする必要があるが，同時に鉄の吸収率を高める努力も必要である。食品中の鉄は2種類に分類され，肉や魚などの動物性食品に含まれるヘム鉄の吸収率は約30%で高いが，穀類，野菜，豆類などの植物性食品，および鶏卵や乳製品に含まれる非ヘム鉄の吸収率は約5%である。非ヘム鉄を食事から摂取する場合には，ビタミンCやたんぱく質多く含む食品と一緒に食べることで吸収率を高めることができる。一方で，食事中にシュウ酸，フィチン酸，タンニンが存在することで，鉄は不溶性の塩となり吸収率は低下してしまう。

ビタミンCは保存方法や調理方法で残存率が変化するため，調理方法や保存方法にも注意する必要がある(表12-3，図12-2)。野菜に含まれるビタミンCは保存期間が長くなると減少するため，食べる分だけ購入し，購入後はなるべく早く食べることが必要である(表12-3)。また，ビタミンCは水溶性ビタミンであるため，茹で汁にビタミンCが溶け出してしまう。例えば，ほうれんそうは5分茹でると，ビタミンCの残存率は40%である。ビタミンCを多く含む野菜を調理する場合は，スープなど汁ごと食べるようにすることや，茹ですぎに注意するといった調理方法を工夫することにより損失を減少させることができる。

表12-3 保存方法の違いによるピーマンのビタミンCの残存率

保存方法	残存率(%)
30度の室温で3日後	92
10度の冷蔵庫で3日後	92
10度の冷蔵庫で5日後	80
0度の冷蔵庫で3日後	100
0度の冷蔵庫で5日後	97

出典：女子栄養大学出版部，調理のためのベーシックデータ(2018)

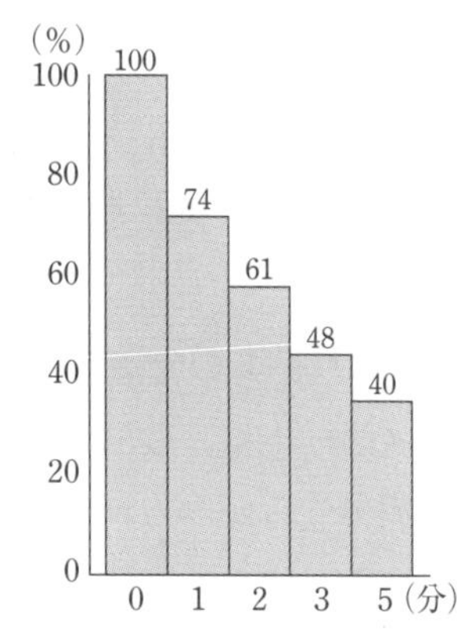

図12-2 ほうれんそうの茹で時間によるビタミンC残存率

出典：ビジュアル食品成分表，大修館書店

2 骨障害

(1) 骨密度に影響を及ぼす因子

様々な理由・要因によって成長期において骨密度を最大限に高めることができなかった場合，将来，中高齢期において骨粗鬆症を発症するリスクが増大する。骨密度に影響を及ぼす因子は，内因性因子と外因性因子に分けられる。

① 内因性因子

内因性因子には性別，年齢，体格が挙げられる。男女で比較すると，骨密度は一般に男性よりも女性の方が低値を示し，さらに月経が正常な女性に比べ，月経不順の女性の方が低値を示す。骨密度が最も高いのは20歳頃であり，その後50歳頃までは，ほぼ安定しているが50歳以降，男女とも急激に低下する。特に女性は，加齢と共にエストロゲンの分泌が低下するため，骨密度の低下が加速される。それはエストロゲンのはたらきである骨吸収の抑制と骨形成の促進が弱まることにより起こる。また体格が小さい人は，大きい人に比べ骨に対する負荷・ストレスが小さいため，骨密度が増加しにくい。

② 外因性因子

外因性因子には主に食事，身体活動，体重変動が挙げられる。食事ではカルシウム，ビタミンD，およびエネルギーを十分に摂取することで骨密度が増加する。特に，骨の材料となるカルシウムは，吸収率が約25%と低いため，カルシウムの吸収を阻害する①サプリメントなどからの食物繊維の多量摂取，②加工食品に多く含まれるリン，③野菜に含まれるシュウ酸，④穀物・豆類に含まれるフィチン酸 には，注意が必要である。また，カフェインの多量摂取は尿からのカルシウム排泄を増加させ，さらに，アルコールの多量摂取は，栄養素の吸収，および代謝に影響が生じ，骨密度の低下につながる。身体活動では，骨に機械的刺激や負荷を与えることにより，成長が促され，骨密度は大きく高まる。しかし若年齢期に身体活動が多くても，ビタミンD，カルシウム，エネルギー不足の場合は，骨密度を十分に高めることができず，その後の骨粗鬆症発症リスクも高まる。体重変動では，体重が重くなり，負荷が増大するほど骨格もそれに適応して骨密度が増大する。しかし，肥満者は，体重が重くなることで，活動量が減少し，骨密度が低下することもある。

(2) アスリートの骨障害

アスリートは，接触やトレーニングにより常に同じ場所に強い刺激が加わった場合に骨折や疲労骨折がみられる。疲労骨折とは，微細な外力が連続的に同一箇所へ加わることで発生する骨折である。競技別では，荷重や筋力などの負荷がかかるような競技で骨密度は高く，水泳などの荷重負荷が少ない競技，また，陸上長距離などの持久系競技で低い傾向にあるといえる。

(3) カルシウムおよびビタミンDの摂取

骨の健康にかかわる栄養素は多く，カルシウムのみが重要というわけではないが，カルシウム摂取量を増やすことは，骨障害の予防に有効である(表12-4)。そして腸管からのカルシウム吸収は，ビタミンDの栄養状態によっても影響を受ける。

カルシウムを多く含む食品は，牛乳・乳製品，小魚，緑黄色野菜，大豆・大豆製品であり，ビタミンDを多く含む食品は魚類，きのこ類が挙げられる。日本人の食事摂取基準(2020年版)のカルシウムの推奨量(mg/日)では18〜29歳の男性は800mgであり，女性は650mgである。カルシウムの1日当たりの摂取量は不足傾向であることから，表12-4を参考に，カルシウム摂取を心がける必要がある。

ビタミンDの目安量(μg/日)は18〜29歳の男性は8.5μgであり，女性は8.5μgである。ビタミンDは，食事だけではなく，皮膚からの紫外線照射からも産生されるという特徴があるので，日焼け止めクリームの使用や，屋内競技に属する選手，日照量が少ない冬季といった条件では，ビタミンDの栄養状態に注意する必要がある。

現在，日本人アスリートを対象としたカルシウム，およびビタミンDの摂取目標量は存在しない。そのため日本人の食事摂取基準(2020年版)を参考にしているが，この値を摂取していれば骨障害を回避できるというわけではない。日々変化する骨代謝，骨状態を考え，練習状況に応じて，カルシウム，およびビタミンDの摂取を柔軟に検討していく必要がある(虎石　2018)。

表12－4　カルシウム自己チェック表

		0点	0.5点	1点	2点	4点	点数
1	牛乳を毎日どのくらい飲みますか？	ほとんど飲まない	月1～2回	週1～2回	週3～4回	ほとんど毎日	
2	ヨーグルトをよく食べますか？	ほとんど食べない	週1～2回	週3～4回	ほとんど毎日	ほとんど毎日2個	
3	チーズなどの乳製品やスキムミルクをよく食べますか？	ほとんど食べない	週1～2回	週3～4回	ほとんど毎日	2種類以上毎日	
4	大豆，納豆など豆類をよく食べますか？	ほとんど食べない	週1～2回	週3～4回	ほとんど毎日	2種類以上毎日	
5	豆腐，がんも，厚揚げなど大豆製品をよく食べますか？	ほとんど食べない	週1～2回	週3～4回	ほとんど毎日	2種類以上毎日	
6	ほうれんそう，小松菜，チンゲン菜などの青菜をよく食べますか？	ほとんど食べない	週1～2回	週3～4回	ほとんど毎日	2種類以上毎日	
7	海藻類をよく食べますか？	ほとんど食べない	週1～2回	週3～4回	ほとんど毎日		
8	ししゃも，いわし丸干しなど骨ごと食べられる魚を食べますか？	ほとんど食べない	週1～2回	週1～2回	週3～4回	ほとんど毎日	
9	しらす干し，干しえびなど小魚類を食べますか？	ほとんど食べない	週1～2回	週3～4回	ほとんど毎日	2種類以上毎日	
10	朝食，昼食，夕食と1日に3食を食べますか？		1日1～2食		欠食が多い	きちんと3食	

合計点数	判　定	コメント
20点以上	よい	1日に必要な800 mg 以上摂れています。このままバランスのとれた食事を続けましょう。
16～19点	少し足りない	1日に必要な800 mg に少し足りません。20点になるよう，もう少しカルシウムを摂りましょう。。
11～15点	足りない	1日に600 mg しか摂れていません。このままでは骨がもろくなっていきます。あと5～10点増やして20点になるよう，毎日の食事を工夫しましょう。
8～10点	かなり足りない	必要な量の半分以下しか摂れていません。カルシウムの多い食品を今の2倍摂るようにしましょう。
0～7点	まったく足りない	カルシウムがほとんど摂れていません。このままでは骨が折れやすくなってとても危険です。食事をきちんと見直しましょう。

出典：骨粗鬆症の予防と治療ガイドライン2015年版

3　摂食障害

(1)　摂食障害の定義

摂食障害(eating disorder)は「拒食症」や「過食症」とよばれ，食行動に深刻な障害をひき起こす障害の一つである。自らの意思による持続する意図的な体重減少が特徴であり，生命の危機を伴うこともある。やせ願望などから，体重や見た目の細さにこだわり，自己のボディイメージが歪み，身体や精神に様々な障害がみられる。また，低体重・低栄養状態に起因する無月経，低体温，低血圧，骨量の減少，貧血などの合併症も発症する。摂食障害には神経性やせ症(anorexia nervosa)と神経性過食症(bulimia nervosa)の2つの症状があり，これらをもち合わせて拒食と過食を繰り返して身体障害がより悪化する場合もある。

神経性やせ症(anorexia nervosa)は，食べることを拒否して衰弱し，飢餓状態に陥る。やせ型体型を維持するために絶食，運動，下剤を含め，様々な手段を使う。無理な体重減少が，内分泌障害や低栄養などの身体機能の障害につながることが多い。神経性過食症(bulimia nervosa)は，大量の食べ物を摂取し，その後体重増加を防ぐために嘔吐することを繰り返すことが多い。

治療としては，低栄養・低体重状態によって生じた身体症状に対する対処療法を行う。しかし，ボディイメージの歪みなど食行動異常の原因を改善するわけではないことから，専門的な医療機関で受診することが望ましい。

(2)　アスリートの摂食障害

摂食障害は女性アスリートに発症率が高いが，男性アスリートも発症する。Sungot-Borgen J ら(2004)の研究では，トップアスリートは一般成人より，発症率が高く，中でも，女性トップアスリートは一般女性と比較して摂食障害が約2倍も多いと報告している。また女性アスリートにおける審美系競技は，持久的競技，球技より摂食障害が多いことも報告している。これらの競技では，やせていることが美しさや芸術性の向上に関連していたり，低体重が競技のパフォーマンスの向上につながっているため，トレーニングの一環として行っている体重コントロールが，体重を減少させることへのこだわりに変化してしまうのである。

こうしたやせ願望は，正常なボディイメージを見失ってしまうことで生じ，摂食障害におけるボディイメージの歪みの多くは，自尊感情の低さが根底にあると考えられている(山口　2014)。

食事直後は体重が増加するため，軽い重量の食品(高エネルギー，低栄養素の食品)を摂取することで，一時の空腹をしのがないことを心がける。1日に最低でも必要な炭水化物量は120 g/日であることから，主食はご飯茶碗約3杯分を下回らないようするようにする。さらに，体重の増減ばかりを重視せず，身体組成の測定を実施し，体重の増加が除脂肪量なのか脂肪量なのかを判断し，競技に適切な体重を維持することが大切である。

SECTION 3　喫煙による運動能力・栄養摂取への影響

1　たばこと健康に関する情報

わが国政府は，平成16年3月「たばこ規制に関する世界保健機関枠組み条約」(WHO Framework Convention on Tobacco Control)に関して，国会の承認を求めることを閣議決定し，6月8日ニューヨーク(国連)において，受諾書を国際連合事務総長に寄託した。平成17年2月27日，世界的には公衆衛生分野における初めての多数国条約が発効された(たばこと健康に関する情報ページより省略して一部掲載)。

(1)　たばこの煙

①　たばこの煙に含まれる有害物質

たばこの煙には200種類以上の有害物質が含まれており，そのうち三大有害物質といわれる物質がニコチン，タール，一酸化炭素である。煙はフィルターを通して，口から肺に入っていく主流煙，喫煙者が主流煙を吸って，口・鼻から出される煙を呼出煙，たばこが燃焼する際に，先端から発生する煙を副流煙という。

また，点火部から立ち昇る副流煙は，フィルターを通して直接吸い込む主流煙より高濃度の有害物質が含まれている(有害物質は低温で不完全燃焼時により多く発生するため)(表12-5)。

表12－5　たばこの煙に含まれる主な有害物質

有害物質	特　徴	副流煙／主流煙比*
ニコチン	血管を収縮させ血圧の上昇や血管の老化を促進する。依存をひき起こす原因物質である	2.8～19.6（倍）
タール	喫煙したときにフィルターや歯を茶色くする粘着性のあるもので，肺を黒く汚す。また，発がん性物質を多く含む	1.2～10.1
一酸化炭素(CO)	血液中のヘモグロビンと結合し酸素の運搬を妨害し，体内を酸欠状態にさせる	3.4～21.4

＊厚生労働省：e-ヘルスネットより，市販のたばこ7種類の最小値－最大値

②　喫煙の種類

喫煙者がたばこの吸い口から煙を吸うこと能動喫煙といい，喫煙者が口や鼻から出す呼出煙およびたばこの先端から立ち昇る副流煙を吸ってしまうことを受動喫煙という。副流煙や呼出煙が建物内の壁や埃に吸着した後に空気成分と反応してできた有害物質を吸収することを三次喫煙という。

このように，自らが喫煙しなくても受動喫煙や三次喫煙により健康に悪影響が及ぼされる。

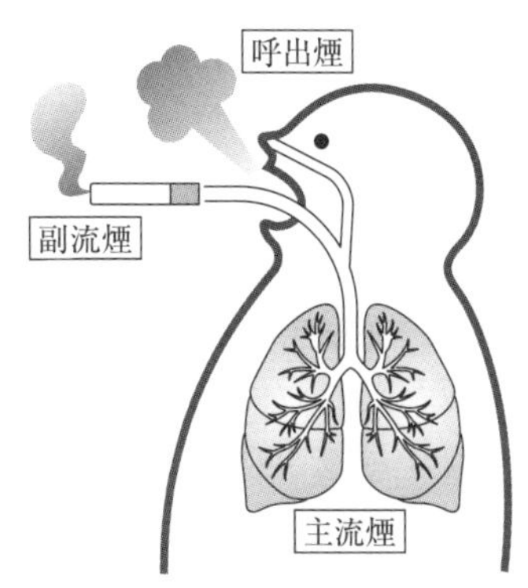

図12－3　たばこ煙の分類

(2) たばこの依存性

WHOによれば，たばこの主成分であるニコチンは，アヘン類，大麻，コカインと同列の依存性薬物であるとしている。依存している薬物(ニコチン)を断つと，禁断症状が現れ，イライラに襲われ，そこから逃れるために，新たなたばこに火をつけることになる。これが喫煙をやめられない原因となっている。

2 喫煙と運動能力・栄養摂取への影響

喫煙によって，すぐからだに影響が現れるわけではないので，特に若いアスリートにとって「たばこを吸ってもわるいことはない」と思いがちであるが，パフォーマンスを向上させたい，また選手生命を長く保ちたければ，喫煙は禁物である。

(1) 喫煙による運動能力への影響

喫煙の最大のデメリットは，有酸素系運動能力の低下と，回復力の低下である。

① 有酸素系運動能力の低下

運動中に必要なエネルギーをつくり出すには酸素が必要である。しかし，たばこの煙に含まれる有毒物質(ニコチン・タール・一酸化炭素)は，呼吸機能を低下させ有酸素系運動能力を低下させてしまう。ニコチンは末梢の血管を収縮させるため，血圧が上昇し心拍数が増加する。そのため心筋の負担が増えて酸素消費量が多くなる。またタールは気管支や肺胞を破壊し，炎症を起こしやすくするため，十分な酸素をからだに取り込むことが困難になる。さらに一酸化炭素は酸素を運ぶヘモグロビンや酸素を受けとるミオグロビンとの結びつきが酸素の200倍も強いため血液中の酸素の運搬を阻害してしまうのである。

② 回復力の低下

喫煙によって酸素の運搬量が減少し，疲労や損傷した組織の回復が低下する。また，息が上がりやすくなり，パフォーマンスが低下する。

(2) ビタミンCの必要量

喫煙により，生体内で活性酸素が多量に産生される。活性酸素は，病原菌の殺菌や免疫力の向上など，細胞にとってよいはたらきをもつが，からだの構成成分であるタンパク質や脂質，DNAを酸化してしまう特徴をもっている。

ビタミンCは，発生した活性酸素を素早くとり除くため，喫煙者は，ビタミンCを非喫煙者より1日35 mg多く摂取する必要があるとされる。ビタミンCはコラーゲンの生成，抗酸化作用(活性酸素を除去する)，ストレスに対抗するホルモンの生成(成長期の選手や受傷中の選手に)，鉄の吸収率を高めるなど，アスリートにとって重要なはたらきがあることを周知しておきたい。

Column　加熱式たばこ

加熱式たばこは，専用の道具を使ってたばこの葉に熱を加えて，発生する煙(エアロゾル)を喫煙するもので日本では最近使用者が増加している。加熱式たばこの主流煙には一酸化炭素は非常に少ないが，ニコチンやタールの量は紙巻たばこと大きな差がなく摂取量が減る可能性は少ない。加熱式たばこは，たばこの葉を燃焼させないため副流煙が発生しないが，喫煙者から吐き出される呼出煙を吸い込むことによる受動喫煙がなくなるわけではない。加熱式たばこによる受動喫煙については，有害な化学物質にさらされるレベルが紙巻たばこよりも低いとされているが，健康影響についての研究はまだ少ない。

日本呼吸器学会からは，2017年10月31日に「非燃焼・加熱式たばこや電子たばこに関する日本呼吸器学会の見解」が発表されている。

1. 加熱式たばこや電子たばこが産生するエアロゾルには有害成分が含まれており，健康への影響が不明のまま販売されていることは問題である。
2. 加熱式たばこの喫煙者や電子たばこの使用者の呼気には有害成分が含まれており，喫煙者・使用者だけでなく，他者にも健康被害を起こす可能性が高い。

＜参考文献＞

e-ヘルスネット(厚生労働省)：たばこの煙と受動喫煙
https://www.e-healthnet.mhlw.go.jp/information/tobacco/t-05-004.html

Institute of Medicine：Dietary Reference Intakes for Vitamin C,Vitamin E, Selenium, and Carotenoids, p.130(2000)

Javed, A. *et al*：Female athlete triad and its components：toward improved screening and management, Mayo Clin Proc, 88：p.996-1009(2013)

Margo, Mountjoy., *et al*：IOC consensus statement on relative energy deficiency in sport(RED-S)：2018 update, Br J Sports Med, 48(7)：p.491-7(2014)

Scott K. Powers, Edward T. Howley 著，内藤久士，柳谷登志雄，小林裕幸，髙澤祐治監修：パワーズ運動生理学，(株)メディカル・サイエンス・インターナショナル(2020)

Sungot, Borgen J., *et al*：Prevalence of eating disorders in elite athletes is higher than in the general populatlon. Clil J Sport Med 14：p.25-32(2004)

折茂肇 編集：骨粗鬆症の予防と治療ガイドライン2015年版，骨粗鬆症の予防と治療ガイドライン作成委員会(2015)

厚生労働省：「日本人の食事摂取基準2020年版」p.247，第一出版(2020)

精神保健対策費補助金『摂食障害治療支援センター設置運営事業』摂食障害情報ポータルサイト　https：//www.edportal.jp/index.html

ダン・ベナードット著，寺田新 訳：スポーツ栄養学ハンドブック，東京大学出版会(2021)

虎石真弥：アスリートの骨健康と骨強化―栄養面から疲労骨折の予防を考える―臨床スポーツ医学，35(11)：p.1142-1147(2018)

日本禁煙学会 編：「禁煙学」p.9，南山堂(2019)

松本仲子監修：調理のためのベーシックデータ，女子栄養大学出版部(2018)

山口聖子：アスリートの摂食障害，パニック障害―臨床スポーツ医学，3(10)：p.944-948(2014)

索　引

あ

RPE 数理モデル……………10
アイススラリー……………123
アイソトニック……………126
アイソトニック飲料……………126
アクチニン3……………38
アセスメント……………50, 99
アセチル CoA……………30
遊びと運動との出会い
　シート……………17
アミノ酸……………36
アミノ酸スコア……………39
アルギニン……………37
安静時代謝量（RMR）……………64
安全性……………131
アンチ・ドーピング……………130
アンチ・ドーピング活動……………131

い

意識性……………3
依存性薬物……………142
胃腸障害……………111
一酸化炭素……………141, 142
一般的準備期……………5, 6
遺伝子多型……………38

う

運動・休養・栄養……………14
運動強度……………2

え

Af（Activity factor）……………65
ATP……………27
ATP-CP 系……………32
ADP……………26
栄養機能食品……………128
栄養教育……………49
栄養計画……………90
栄養コンディショニング
　日誌……………87, 93, 95
栄養戦略……………115
栄養補給……………49
SV……………86
エネルギー供給量……………33
エネルギー源……………11
エネルギー効率……………34
エネルギーコントロール……………106
エネルギー収支……………98
エネルギー消費量……………62, 98
エネルギー消費量の亢進……………66
エネルギー出納バランス……………62
エネルギー必要量……………62
エルゴジェニックエイド……………129

お

オーバーストレス……………8
オーバートレーニング……………10, 134

か

外因性因子……………137
外殻温度……………118
解糖……………26
回復時間……………9
回復力の低下……………142
核心温度……………118
陰膳法……………79
加速度計法……………73
活動時代謝量（TEA）……………63
合併症……………140
果糖……………25
過負荷……………3
カルシウム……………138
間質液……………116

き

希釈性貧血……………136
基礎代謝量（BMR）……………63, 64
喫煙……………141
機能性表示食品……………128
機能鉄……………136
キャリパー……………59
休息期……………5, 90, 92
急速減量……………103
魚肉たんぱく質……………40
筋グリコーゲンの枯渇……………112
禁断症状……………142
筋力……………12

く

空気置換法……………59
グリコーゲン……………25
グリコーゲン合成酵素……………28
グリコーゲンロー
　ディング……………29, 110
グリセミックインデックス……………28
グルコース・アラニン回路……………37
グルコースの酸化速度……………28
グルタミン酸……………39

け

警告段階……………7
血液の熱伝導……………118
月経異常……………134, 135
血漿……………116
血糖値……………28
健康食品……………128

健康づくりのための身体活動
基準2013……66
減量の理論……103

こ

光合成……22
抗酸化作用……43, 142
抗酸化物質……41
行動計画……49, 90
行動性体温調節反応……119
呼吸商（RQ）……68
五大栄養素……23
5段階の人体モデル……55
骨芽細胞……135
骨障害……137, 138
骨粗鬆症……137
骨密度……137
個別性……3
コラーゲンの生成……142

さ

サーカディアンリズム……109
サービング……86
最大酸素摂取量……43, 122
細胞外液……116
細胞内液……116
サプリメント……24, 128
三次喫煙……141

し

試合期……6, 90, 92
持久力……12
脂質……29
システマティックレビュー……132
システム評価……50, 53
持続時間……2
脂肪組織……55
脂肪量（FM）……56, 140
シミュレーション……112
写真記録法……79, 83
シュウ酸……137
主観的運動強度（RPE）……94
主観的回復（TQR）……88, 94
主菜……87
主食……87
受動喫煙……141
準備期……5, 90, 92
脂溶性ビタミン……30, 42
情報リテラシー……132
食事記録法……81
食事摂取基準……23
食事摂取状況……78
食事の質のコントロール……106
食事バランスガイド……86, 89, 95
食事誘発性体熱
産生（DIT）……63, 64, 71, 98
食事歴法……79
食中毒……108
食品成分表……78
食物摂取頻度
調査法（FFQ）……79, 80
除脂肪組織……55
除脂肪体重……72
除脂肪量……56, 140
除脂肪量増加率……101
女性アスリートの三主徴……134
暑熱環境……122
暑熱順化……122
自律性体温調節反応……118
神経性過食症……140
神経性やせ症……140
心身の健全な発達……131
身体活動時のエネルギー
消費量（PAEE）……63
身体活動レベル（PAL）……65
身体冷却……122
浸透圧……126
心拍数法……74
深部体温の上昇……123
信頼性……131

す

随意尿……117
水中体重秤量法……58
水分補給……116, 122, 124
睡眠時代謝量（SMR）……64
睡眠のエネルギー
消費量（SEE）……64
水溶性食物繊維……109
水溶性ビタミン……41
スクリーニング……48, 50
スケトウダラ……40
スタッフ連携……49
スポーツ栄養……22
スポーツ栄養マネジメント……48
スポーツドリンク……124, 125, 126
スポーツの秋……43
スポーツの持続時間……11
スポーツの発展……131
スポーツフーズ……129

せ

成果評価……50, 53
生体電気インピーダンス法……61
静的エネルギー収支……98
生理的・心理的ストレス……18
摂取量……62
摂食障害……140
セルフコンディショニング……87, 93
選手生命……142
選手の性格や習慣……19
漸進性……3
全面性……3
専門的準備期……5, 6

そ

総エネルギー消費量（TEE）……63

総合的フィットネス…………9
相対的エネルギー不足………135
総トレーニング量(Load)…88, 94
増量の理論…………………101
組織細胞間…………………118

た

タール……………………141, 142
ダイエット……………………18
体温調節……………………118
大会数…………………………12
代謝水………………………117
代謝性熱産生………………118
体重減少……………………103
体重増加率…………………101
体重の増減…………………100
体密度法………………………58
タイミング……………………27
体力……………………………11
脱水症状……………………124
脱水状態……………………116
WBGT(湿球黒球温度)………121
食べ方のコントロール………106
多量ミネラル…………………44
炭水化物………………………25
タンニン……………………137
たんぱく質……………………36

ち

超回復………………………2, 8
長期競技者育成理論(LTAD)…15
腸内環境……………………111
腸内細菌………………………35
腸内細菌叢…………………109
腸内フローラ………………109
貯蔵脂肪………………………56
貯蔵鉄………………………136

て

TCAサイクル…………………26
低栄養状態…………………140
低血糖状態…………………125
抵抗段階…………………………7
低骨密度……………134, 135
ディスバイオーシス…………109
低体重……………………55, 140
データの共有…………………95
テーパーリング…………………6
鉄欠乏性貧血………………136
鉄の吸収率…………137, 142
鉄不足…………………………18
電子伝達系……………………26

と

糖質……………………………25
糖質摂取のタイミング………112
動静脈吻合(AVA)……………123
動的エネルギー収支……………98
ドーピング……………………131
特異性………………………3, 11
特定保健用食品………………128
特に気をつけたい医薬品……132
トレーニング…………2, 24, 42
トレーニング以外の
　ストレス……………………18
トレーニング期分け………4, 90
トレーニング計画………………4
トレーニング効果………………2
トレーニングプログラム…15, 90
トレーニング量…………………2

な

内因性因子……………………137

に

NEAT……………………………66
ニコチン………………………142
二重エネルギーX線吸収測定
　(DEXA)法……………………60
二重標識水法(DWL)…………70
24時間思い出し法………79, 81
2組成モデルによる区分………56
日内変動………………………100
日間変動………………………100
日誌……………………………93
日誌の記録方法………………95
日本食品標準成分表
　2020年版(八訂)……………84
日本人の食事摂取基準
　(2020版)………………72, 78
乳酸……………………32, 35
乳酸性パワー…………………13

ね

熱………………………………35
熱痙攣……………120, 121, 124
熱失神……………………120, 121
熱射病……………………120, 121
熱中症……………………116, 120
熱疲労……………………120, 121
熱放散…………………………120

の

脳腸相関………………………109
能動喫煙………………………141

は

ハイポトニック………………126
ハイポトニック飲料…………126
破骨細胞………………………135
発汗……………………………119
発汗能…………………………122
発汗量…………………………124
パルミチン酸……………………31
ハンガーノック…………………28

汎適応症候群……………………7
反復性………………………………3

ひ

PHV…………………………………17
BMI…………………………………54
ピーキング…………………………6
ピークパフォーマンス……………92
BCAA………………………………39
皮脂厚法……………………………59
ビタミン……………………………41
ビタミンC…………………137, 142
ビタミンD…………………………138
必須脂肪……………………………56
必須脂肪酸…………………………30
非ふるえ熱産生(NST)…………119
疲弊段階……………………………7
非ヘム鉄……………………………137
肥満…………………………………55
ヒューマンカロリメーター………71
秤量記録法……………………79, 82
ピリオダイゼーション……………4
微量ミネラル………………………44
貧血…………………………………136
頻度…………………………………2

ふ

ファットローディング……………31
フィードバック……………………95
フィチン酸…………………………137
不可避尿……………………………117
不感蒸泄……………………117, 118
副菜…………………………………87
2つの後効果………………………9
ブドウ糖(グルコース)………22, 69
不飽和脂肪酸………………………110
プラシーボ効果……………………114
ふるえ熱産生(ST)………………119
プロバイオティクス………………109

へ

β酸化………………………………31
ヘム鉄………………………46, 137
ヘモグロビン量……………………136
ヘルスサプリメント………………129

ほ

飽和脂肪酸…………………………110
補給計画……………………………111
保健機能食品………………128, 129
補酵素………………………………42
ボディイメージの歪み……………140
骨……………………………46, 135
ホルモンの分泌亢進………………118

ま

マクロサイクル……………………6

み

ミクロサイクル……………………6
ミネラル……………………………44

む

無酸素性パワー……………………12

め

メゾサイクル………………………6
メタアナリシス……………………132
METs…………………………65, 75
メッツ値(METs)………………65
メディカルサプリメント…………129
目安量記録法………………79, 83

ゆ

有酸素運動…………………………31
有酸素系運動能力の低下…………142
有酸素性パワー……………………13

よ

溶血性貧血…………………………136

り

利用可能エネルギー不足…………134

ろ

ロイシン……………………………40
ローエナジーアベイラ
ビリティ(LEA)…………………78

スポーツ栄養学
トレーニングの基礎と栄養管理の実践

初版発行　2022年11月30日

編著者©　岩田　純

発行者　森田　富子
発行所　株式会社 アイ・ケイ コーポレーション
東京都葛飾区西新小岩 4-37-16
メゾンドール I&K ／〒124-0025
Tel 03-5654-3722（営業）
Fax 03-5654-3720
表紙デザイン　㈱エナグ　渡部晶子
組版　㈲ぷりんてぃあ第二／印刷所　㈱エーヴィスシステムズ

ISBN978-4-87492-383-2 C3075

付 表1 実践用シート 年間トレーニングプログラム

トレーニング期分け マクロ／メゾ モデル

月	ピーク	スケジュール	マクロ	メゾ	技術的要素	体力的要素

令和 年 月 日（ ）

氏名

キリトリ

付　表2　**実践用シート**

生活活動記録表

〈　　日目〉

体　重：____________________ kg　　　（早朝排尿後など，同じタイミングで計ってください）

生活活動内容	活動時間（分）	METs 値	エネルギー消費量
合計			

＊太枠の中を記入。

＊活動時間は合計で1440分になるようにしてください。

令和　　年　　月　　日（　　）　　　　　　　　氏　名____________________

キリトリ

付　表3－1　実践用シート

食事記録表〈朝食〉

体　重：＿＿＿＿＿＿＿＿＿＿＿kg　　（早朝排尿後など，同じタイミングで計ってください）

料理名	食品名	目安量・重量	備　考
	1		
	2		
	3		
	4		
	5		
	6		
	7		
	8		
	9		
	10		
	11		
	12		
	13		
	14		
	15		

＊備考欄には計ったときの状態(果物の皮付き，魚の骨，貝の殻など)や飲んだ汁の量などを書いてください。また，目安量しかわからないときは量が推測できるように食品の大きさや器の大きさなど補足の情報を書いてください。

写真を添付

ここに食事の写真を添付してください。
＊実際にはメールやチケットアプリケーションなどを用いて，写真データを送ってもらうこともあります。

令和　　年　　月　　日　　　時　　分　　　　氏　名＿＿＿＿＿＿＿＿

場　所：自宅・コンビニ(店　名　　　　　　)　　〔　　日目〕
　　　　外食・その他(　　　　　　　　)

キ
リ
ト
リ

付　表3－2　実践用シート

食事記録表〈昼食〉

体　重：＿＿＿＿＿＿＿＿kg　（早朝排尿後など，同じタイミングで計ってください）

料理名	食品名	目安量・重量	備　考
	1		
	2		
	3		
	4		
	5		
	6		
	7		
	8		
	9		
	10		
	11		
	12		
	13		
	14		
	15		

＊備考欄には計ったときの状態(果物の皮付き，魚の骨，貝の殻など)や飲んだ汁の量などを書いてください。また，目安量しかわからないときは量が推測できるように食品の大きさや器の大きさなど補足の情報を書いてください。

写真を添付

ここに食事の写真を添付してください。
＊実際にはメールやチケットアプリケーションなどを用いて，写真データを送ってもらうこともあります。

令和　　年　　月　　日　　　時　　分　　　　　　　氏　名＿＿＿＿＿＿＿＿

場　所：自宅・コンビニ(店　名　　　　　　　)　　　　〔　　日目〕
　　　　外食・その他(　　　　　　　　　　)

付表3－3 実践用シート

食事記録表〈夕食〉

体　重：＿＿＿＿＿＿＿＿ kg　（早朝排尿後など，同じタイミングで計ってください）

料理名	食品名	目安量・重量	備　考
	1		
	2		
	3		
	4		
	5		
	6		
	7		
	8		
	9		
	10		
	11		
	12		
	13		
	14		
	15		

＊備考欄には計ったときの状態(果物の皮付き，魚の骨，貝の殻など)や飲んだ汁の量などを書いてください。また，目安量しかわからないときは量が推測できるように食品の大きさや器の大きさなど補足の情報を書いてください。

写真を添付

ここに食事の写真を添付してください。
＊実際にはメールやチケットアプリケーションなどを用いて，写真データを送ってもらうこともあります。

令和　　年　　月　　日　　　時　　分　　　　　　氏　名＿＿＿＿＿＿＿＿

場　所：自宅・コンビニ(店名　　　　　　　　)　　　　〔　　日目〕
　　　　外食・その他(　　　　　　　　　)

キリトリ

付表4 実践用シート　食事調査票

目安量記録法を使って

〈1週間分〉

日付	体重 朝一番排尿後 kg	体重 朝一番排尿後 %Fat	起床後体温	起床後心拍数	体調	排便	栄養剤 例）サプリメント Vt.C剤	食事内容 朝	食事内容 昼	食事内容 夕	食事内容 間食	運動	備考
例）11/1（木）	起床時間　5：15				(良)・普・悪	有・(無)・下痢	リポD	時間　6:30	時間　12:15	時間　19:00	時間　15:00	朝練 7:00〜8:00 ランニング 午後 4:00〜6:00 50m走 10本 補強	足が痛い（左足ヒザ）
	60.2 kg	10.7 %	35.7 ℃	60 拍				ご飯1杯，納豆，みそ汁（豆腐，わかめ，油揚げ），生卵	焼きそば（豚肉，たまねぎ，にんじん，ピーマン，キャベツ），目玉焼き	ご飯2杯，ハンバーグ（レタス，トマト，きゅうり），コンソメスープ（キャベツ，じゃがいも，にんじん，たまねぎ）	りんご（1/2）		
/（　）	起床時間　：				良・普・悪	有・無・下痢		時間　：	時間　：	時間　：	時間　：		
	kg	%	℃	拍									
/（　）	起床時間　：				良・普・悪	有・無・下痢		時間　：	時間　：	時間　：	時間　：		
	kg	%	℃	拍									
/（　）	起床時間　：				良・普・悪	有・無・下痢		時間　：	時間　：	時間　：	時間　：		
	kg	%	℃	拍									

キリトリ

キリトリ

つづき

/ ( )	起床時間 :				良・普・悪	有・無・下痢		時間 :	時間 :	時間 :	時間 :		
	kg	%	℃	拍									
/ ( )	起床時間 :				良・普・悪	有・無・下痢		時間 :	時間 :	時間 :	時間 :		
	kg	%	℃	拍									
/ ( )	起床時間 :				良・普・悪	有・無・下痢		時間 :	時間 :	時間 :	時間 :		
	kg	%	℃	拍									
/ ( )	起床時間 :				良・普・悪	有・無・下痢		時間 :	時間 :	時間 :	時間 :		
	kg	%	℃	拍									

令和　年　月　日　　氏名